자기주도학습 체크리스트

날짜	강의명		확인	날짜	강의명		확인
	강				강		
	강				강		
	강				강		
	강				강		
	강				강		
	강				강		
	강				강		
	강				강		
	강				강		
	강				강		
	강				강		
	강				강		
	강				강		
	강				강		
	강				강		
	강				강		
	강				강		
	강				강		
	강				강		
	강				강		
	강				강		
	강				강		
	강				강		
	강				강		

자기주도학습 체크리스트로 공부의 기쁨이 차곡차곡 쌓일 것입니다.

당신의 문해력

평생을 살아가는 힘,
문해력을 키워 주세요!

문해력을 가장 잘 아는 EBS가 만든 문해력 시리즈

예비 초등 ~ 중학

문해력을 이루는 핵심 분야별 / 학습 단계별 교재

| 어휘 | 쓰기 | ERI 독해 | 배경지식 | 디지털독해 |

우리 아이의 **문해력 수준은?**

더욱 효과적인 문해력 학습을 위한
EBS 문해력 진단 테스트

https://primary.ebs.co.kr/course/literacy

간단하게 문해력 수준을 확인하고
권장 단계에 맞추어 **체계적 학습**을 시작하세요!

문해력 진단 테스트

테스트 결과에 따라 문해력 수준과 추천 단계 지수를 알려 드려요!

NEW

내 문해력은 상위 몇 %일까?
**문해력
등급 평가**

등급으로 확인하는
문해력 수준

문해력
등급 평가

초1 - 중1

EBS

EBS
초등
인터넷·모바일·TV
무료 강의 제공

초 | 등 | 부 | 터 **EBS**

**BOOK 1
개념책**

예습·복습·숙제까지 해결되는 교과서 완전 학습서

만점왕

PENGSOO

국어 5-2

BOOK 1

개념책

BOOK 1 개념책으로
교과서에 담긴 **학습 개념**을
꼼꼼하게 공부하세요!

해설책 PDF 파일은 EBS 초등사이트(primary.ebs.co.kr)에서 내려받으실 수 있습니다.

| 교재
내용
문의 | 교재 내용 문의는 EBS 초등사이트
(primary.ebs.co.kr)의 교재 Q&A
서비스를 활용하시기 바랍니다. | 교 재
정오표
공 지 | 발행 이후 발견된 정오 사항을 EBS 초등사이트
정오표 코너에서 알려 드립니다.
교재 검색 ▶ 교재 선택 ▶ 정오표 | 교재
정정
신청 | 공지된 정오 내용 외에 발견된 정오 사항이
있다면 EBS 초등사이트를 통해 알려 주세요.
교재 검색 ▶ 교재 선택 ▶ 교재 Q&A |

초등 기본서

 만점왕

국어

5·2

구성과 특징

BOOK 1

개념책

① 단원 도입

단원을 시작할 때마다 도입 그림을 눈으로 확인하며 안내 글을 읽으면, 공부할 내용에 대해 흥미를 갖게 됩니다.

② 교과서 내용 학습

국어 교과서에 실린 지문, 활동을 꼼꼼하게 살펴보며 교과서에 담긴 개념을 빈틈없이 학습할 수 있습니다.

③ 서술형 수행 평가 돋보기

단원의 주요 개념과 관련된 서술형 문항을 심층적으로 학습하여, 학교에서 출제되는 서술형 수행 평가를 미리 준비할 수 있습니다.

④ 교과서 문제 확인

교과서 문제와 답을 제시하여 만점왕 하나로 학교 숙제까지 해결할 수 있도록 하였습니다.

❺ 단원 정리 학습

지문과 활동을 통해 접했던 단원 학습 개념을 정리하는 단계입니다. 자세한 개념 설명과 그림, 예시를 통해 핵심 개념을 분명하게 파악할 수 있습니다.

❻ 단원 확인 평가

평가를 통해 단원 학습을 마무리하고, 자신이 보완해야 할 점을 파악할 수 있습니다.

BOOK 2

실전책

❶ 핵심+쪽지시험

핵심 정리를 통해 학습한 내용을 복습하고, 간단한 쪽지 시험을 통해 자신의 학습 상태를 확인할 수 있습니다.

❷ 학교 시험 만점왕

앞서 학습한 내용을 바탕으로 보다 다양한 문제를 경험하여 단원별 수시 평가를 대비할 수 있습니다.

BOOK 1
개념책

자기주도 활용 방법

평상 시 진도 공부

교재(북1 개념책)로 공부하기

만점왕 북1 개념책으로 진도에 따라 공부해 보세요.
개념책에는 학습 개념이 자세히 설명되어 있어요. 따라서 학교 진도에 맞춰 만점왕을 풀어 보면 혼자서도 쉽게 공부할 수 있습니다.

TV(인터넷) 강의로 공부하기

개념책으로 혼자 공부했는데, 잘 모르는 부분이 있나요? 더 알고 싶은 부분도 있다고요?
만점왕 강의가 있으니 걱정 마세요.
만점왕 강의는 TV를 통해 방송됩니다. 방송 강의를 보지 못했거나 다시 듣고 싶은 부분이 있다면 인터넷(EBS 초등사이트)을 이용하면 됩니다.

만점왕 방송 시간: EBS홈페이지 편성표 참조
EBS 초등사이트: primary.ebs.co.kr

앗, 만점왕 방송 시간이네!

이 부분은 잘 모르겠으니 인터넷으로 다시 봐야겠어.

시험 대비 공부는 북2 실전책으로! (북2 2쪽 자기주도 활용 방법을 읽어 보세요.)

BOOK 1 차례

어느 쪽이 공감하며 대화하는 것일까요? 공감하며 대화하면 대화하는 상대가 좋아하고, 상대와 사이가 더 좋아집니다.

이제, 1단원에서는 공감하며 대화해야 하는 까닭을 알고, 공감하며 대화하는 방법을 배울 거예요. 또 예절을 지키며 누리 소통망에서 대화해 보고, 이야기를 읽고 공감하며 대화도 나누어 볼 거예요.

1 마음을 나누며 대화해요

21쪽 단원 정리 학습에서 더 자세히 공부해 보세요.

단원 학습 목표

1. 공감하며 대화하는 방법을 압니다.
- 상대의 말을 경청합니다.
- 처지를 바꾸어 생각합니다.
- 공감하며 말합니다.

2. 예절을 지키며 누리 소통망 대화를 할 수 있습니다.
- 말하고 싶은 내용을 정확하게 전달합니다.
- 이상한 말이나 줄임말을 쓰지 않습니다.
- 상대가 대화하고 싶은지 확인하고 말을 걸어야 합니다.
- 혼자서 너무 많이 말하지 않도록 합니다.

단원 진도 체크

회차		학습 내용	진도 체크
1차	단원 열기	단원 학습 내용 미리 보고 목표 확인하기	✓
	교과서 내용 학습	공감하며 대화해야 하는 까닭 알기	✓
2차	교과서 내용 학습	공감하며 대화하는 방법 알기	✓
	교과서 내용 학습	예절을 지키며 누리 소통망에서 대화하기	✓
3차	교과서 내용 학습	「니 꿈은 뭐이가?」	✓
4차	서술형 수행 평가 돋보기	서술형 수행 평가 대비 학습하기	✓
	교과서 문제 확인	교과서 문제 학습하며 학교 숙제 해결하기	✓
5차	단원 정리 학습	단원 학습 내용 정리하기	✓
	단원 확인 평가	확인 평가를 통한 단원 학습 상황 파악하기	✓

해당 부분을 공부하고 나서 ✓표를 하세요.

교과서 30~33쪽 내용   학습 목표 ▶ 공감하며 대화해야 하는 까닭 알기   교과서 **30~33쪽**

[01~02] 다음 그림을 보고, 물음에 답하시오.

01 지윤이의 말하기 태도로 알맞은 것을 두 가지 고르시오. (,   )

① 상대를 배려하며 말했다.
② 자기가 하고 싶은 말만 했다.
③ 상대의 기분을 생각하며 말했다.
④ 상대의 일에 관심을 기울이며 말했다.
⑤ 상대의 기분을 생각하지 않고 말했다.

02 지윤이의 말을 들은 명준이의 기분은 어떠했을지 쓰시오.

(   )

■ 공감하며 대화해야 하는 까닭
· 상대의 처지를 이해할 수 있기 때문입니다.
· 처지를 바꾸어 생각하면 상대의 마음을 알 수 있기 때문입니다.
· 상대에게 공감하며 말하면 기분 좋은 대화를 할 수 있기 때문입니다.
· 대화를 즐겁게 이어 갈 수 있기 때문입니다.

서술형
03 빈칸에 들어갈 지윤이의 말을 상대의 처지를 고려하여 알맞게 쓰시오.

_____

도움말 친구의 기분을 생각하며 위로하는 말을 떠올려 봅니다.

중요
04 공감하며 대화해야 하는 까닭으로 알맞지 <u>않은</u> 것은 무엇입니까? (   )

① 대화를 짧게 끝낼 수 있기 때문이다.
② 상대의 마음을 알 수 있기 때문이다.
③ 기분 좋은 대화를 할 수 있기 때문이다.
④ 상대의 처지를 이해할 수 있기 때문이다.
⑤ 대화를 즐겁게 이어 갈 수 있기 때문이다.

05 공감하는 대화로 알맞은 것에 모두 ○표를 하시오.

(1) 귀 기울여 듣는 대화   (   )
(2) 자신의 처지만 생각하는 대화   (   )
(3) 상대를 배려하며 말하는 대화   (   )

[06~09] 현욱이가 쓴 일기를 읽고, 물음에 답하시오.

20○○년 8월 26일 토요일　날씨: 비 오다 갬

엄마, 고마워요

오늘은 친척 결혼식이 있어서 외출하신 부모님께서 늦게 오시는 날이다. 나는 부모님 대신 <u>동생을 돌보고 저녁밥도 챙기기</u>로 했다.
현욱이가 하기로 한 일

"엄마, 아빠께서 오시면 피곤하실 테니까 우리가 저녁밥을 해 먹자."

나는 동생과 함께 저녁밥을 먹고 설거지도 했다. 그릇을 다 씻고 나서 ★프라이팬도 닦기로 했다.

'프라이팬이 잘 닦이지 않네?'

나는 고민하다가 철 수세미를 쓰기로 했다. <u>부모님께서 냄비 같은 것을 철 수세미로 박박 문질러 닦으시는 것을 본 적이 있기 때문이다.</u> / 철 수세미로 프라이팬을 문지르니 금세 찌든 때가 벗겨져 나갔다.
철 수세미로 프라이팬을 닦은 까닭

때나 기름이 들러붙어 몹시 더러워진.

저녁 늦게 부모님께서 돌아오셨다.

"너무 늦어서 미안하구나. 잘 있었니?"

"예. 저희가 저녁도 차려 먹고 설거지도 했어요."

"설거지까지? 우리 현욱이 다 컸네."

흐뭇한 얼굴로 부엌을 둘러보시던 엄마께서 놀란 표정으로 물으셨다.

"현욱아, 혹시 프라이팬도 닦았니?"

★ 바르게 쓰기
프라이팬	후라이팬
(○)	(×)

"예. 제가 철 수세미로 문질러 깨끗이 닦았어요."

"뭐라고? 철 수세미로 문질렀다는 말이니?"

"예. 수세미로는 잘 닦이지 않아서 철 수세미를 썼어요."

엄마는 한숨을 한 번 쉬시고는 다시 웃음을 띠고 말씀하셨다.

"우리 아들이 집안일을 도와주려는 마음으로 설거지를 열심히 했구나. 그렇지만 <u>금속으로 프라이팬 바닥을 긁으면 바닥이 벗겨져서 못 쓰게 된단다.</u>"
현욱이가 알지 못했던 내용

엄마의 말씀을 듣고 나니 부모님의 일을 도와드렸다는 생각에 뿌듯했던 나는 금세 부끄러워졌다.

"죄송해요, 엄마. 집안일을 도와드리려다가 오히려 프라이팬만 망가뜨렸어요."

엄마는 웃으며 나를 꼭 안아 주셨다.

"미안해하지 않아도 돼. 집안일을 도와주려고 한 현욱이 마음이 엄마는 정말 고마워."

엄마의 말씀을 듣고 ㉠<u>내 마음은 한순간에 봄눈 녹듯 풀렸다.</u>

06 현욱이가 피곤하실 부모님을 위해 한 일을 두 가지 고르시오 (　　,　　)

① 청소하기　② 설거지하기
③ 저녁밥 차려 먹기　④ 이부자리 정리하기
⑤ 동생 숙제 도와주기

07 현욱이 엄마가 부엌을 둘러보다가 놀란 까닭은 무엇인지 쓰시오.

(　　　　　　　　　　　　　　　　)

08 다음은 현욱이의 마음 변화를 나타낸 것입니다. 빈칸에 들어갈 알맞은 마음을 쓰시오.

뿌듯함. ➡ 　　　　　 ➡ 마음이 풀림.

중요
09 ㉠의 까닭은 무엇일지 쓰시오.

(　　　　　　　　　　　　　　　　)

[10~11] 다음 그림을 보고, 물음에 답하시오.

1

저희가 저녁도 차려 먹고 설거지도 했어요.

설거지까지? 우리 현욱이 다 컸네.

현욱　엄마

2

우리 아들이 집안일을 도와주려는 마음으로 설거지를 열심히 했구나.

죄송해요, 엄마. 집안일을 도와드리려다가 오히려 프라이팬만 망가뜨렸어요.

3

미안해하지 않아도 돼. 집안일을 도와주려고 한 현욱이 마음이 엄마는 정말 고마워.

10 **1**~**3**에서 알 수 있는 현욱이 엄마의 대화 태도를 알맞게 선으로 이으시오.

(1) **1** ・　　　・① 공감하며 말하기

(2) **2** ・　　　・② 상대의 말을 경청하기

(3) **3** ・　　　・③ 처지를 바꾸어 생각하기

11 현욱이 엄마는 왜 화를 내지 않았을지 바르게 추측한 친구의 이름을 쓰시오.

세은: 현욱이의 마음이 고맙고 기특했기 때문이야.
대현: 다음에 현욱이가 설거지를 하지 않을까 봐 걱정이 되었기 때문이야.

(　　　　　)

■ 공감하며 대화하는 방법
• 상대의 말을 경청합니다.
• 처지를 바꾸어 생각합니다.
• 공감하며 말합니다.

중요
12 공감하며 듣고 말하는 방법에 알맞게 선으로 이으시오.

(1) 경청하기 ・　　　・① 말이나 행동으로 맞장구치기

(2) 공감하며 말하기 ・　　　・② 상대의 기분을 고려해 말하기

(3) 처지를 바꾸어 생각하기 ・　　　・③ 말하는 사람의 처지가 되어 생각하기

13 경청하는 방법으로 대화할 때 할 수 있는 말로 알맞은 것을 두 가지 고르시오. (　　,　　)

① 그렇구나.
② 그래서 어떻게 되었어?
③ 나라도 화가 났을 거야.
④ 내 말을 어떻게 생각하니?
⑤ 다음에는 잘할 수 있을 거야.

서술형
14 다음 친구의 말을 듣고 처지를 바꾸어 생각한 후 공감하며 하는 말을 쓰시오.

 넓은 구역을 청소하는 학생은 힘든 일을 오랫동안 하게 돼.

_____

도움말 넓은 구역을 청소하느라 힘들었을 친구의 처지를 생각해 본 후 공감하는 말을 떠올려 봅니다.

교과서 40~42쪽 내용 | **학습 목표 ▶** 예절을 지키며 누리 소통망에서 대화하기 | 교과서 40~42쪽

[15~17] 다음 대화를 보고, 물음에 답하시오.

15 '소셜 네트워크 서비스[SNS]'를 다듬은 말로, 이와 같이 온라인에서 자유롭게 글이나 사진 따위를 올리거나 나누는 것을 뜻하는 말에 ○표를 하시오.

(1) 누리집 (   )   (2) 누리 소통망 (   )

16 이와 같은 대화를 하는 경우로 알맞은 것에 모두 ○표를 하시오.

(1) 자신의 생각을 나누고 싶을 때 (   )
(2) 많은 사람에게 알릴 것이 있을 때 (   )
(3) 혼자만 간직하고 싶은 기억이 있을 때 (   )

 중요

17 이와 같은 대화가 직접 하는 대화와 다른 점이 <u>아닌</u> 것은 무엇입니까? (   )

① 글자로 대화한다.
② 인터넷을 연결해야 한다.
③ 얼굴을 보지 않고 대화한다.
④ 대화하는 상대가 있어야 한다.
⑤ 컴퓨터나 스마트폰이 있어야 한다.

■ 누리 소통망 대화의 좋은 점

직접 말하기에 어색하고 서먹서먹했을 때 누리 소통망 대화로 마음을 전할 수 있습니다.

서술형
18 다음 그림을 보고, 누리 소통망에서 대화하면 좋은 점을 쓰시오.

도움말 직접 말하기 어려울 때 누리 소통망에서 대화하는 모습입니다.

19 누리 소통망 대화로 불편해진 점을 말한 두 사람을 고르시오. (,   )

① 동하: 만나지 않고도 대화할 수 있어.
② 민지: 얼굴을 보지 않고 대화해서 어색해.
③ 연우: 언제나 빨리 연락해 대화할 수 있어.
④ 채민: 많은 사람에게 쉽게 소식을 전할 수 있어.
⑤ 다은: 대화의 분위기를 알 수 없는 경우도 있어.

[20~22] 다음 대화를 읽고, 물음에 답하시오.

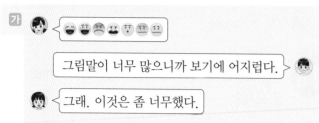

가
그림말이 너무 많으니까 보기에 어지럽다.
그래. 이것은 좀 너무했다.

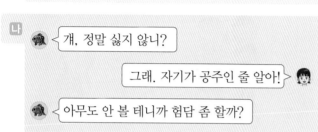

나
걔, 정말 싫지 않니?
그래. 자기가 공주인 줄 알아!
아무도 안 볼 테니까 험담 좀 할까?

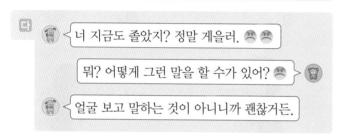

다
너 지금도 졸았지? 정말 게을러.
뭐? 어떻게 그런 말을 할 수가 있어?
얼굴 보고 말하는 것이 아니니까 괜찮거든.

라
왜 나한테 물어보지도 않고 대화방에 초대하니?
같이 놀자는 건데 뭘. ㅋㅋ
중요한 일을 하는데 자꾸 신경 쓰이잖아!

■ 예절을 지키며 누리 소통망에서 대화하기
· 말하고 싶은 내용을 정확하게 전달합니다.
· 이상한 말이나 줄임말을 쓰지 않습니다.
· 상대가 대화하고 싶은지 확인하고 말을 걸어야 합니다.
· 혼자서 너무 많이 말하지 않도록 합니다.

20 라에서의 문제점은 무엇입니까? (   )

① 혼자서 너무 많이 말하였다.
② 상대에게 기분 나쁜 말을 했다.
③ 대화방에 없는 친구를 험담했다.
④ 그림말을 지나치게 많이 사용했다.
⑤ 원하지 않는 친구를 대화방에 초대했다.

21 라에서 예절을 지키며 대화하려면 어떻게 해야 합니까? (   )

① 자신이 할 말만 하고 나간다.
② 지나친 줄임말을 쓰지 않는다.
③ 혼자서 너무 많이 말하지 않는다.
④ 다른 사람에 대해 함부로 험담하지 않는다.
⑤ 상대가 대화하고 싶은지 확인하고 대화방에 초대한다.

중요 22 가~라와 같은 누리 소통망 대화에서 예절을 지키며 대화하는 방법으로 알맞은 것을 두 가지 고르시오.
(,   )

① 이상한 말이나 줄임말을 쓰지 않는다.
② 말하고 싶은 내용을 정확하게 전달한다.
③ 자신이 할 말만 하고 대화방을 빨리 나온다.
④ 상대가 없는 곳에서만 험담하는 말을 한다.
⑤ 원하지 않는 사람도 대화방에 많이 초대한다.

서술형 23 다음 상황에서 남자아이의 말에 공감하는 답글을 쓰시오.

빨리 학교에 가고 싶다. 다들 어떻게 지낼까?

그래, 누리 소통망으로 연락해 볼까?

빨리 나아서 학교에 가고 싶어. 모두 보고 싶어요. (ㅠ.ㅠ)

_____

도움말 아픈 친구의 처지를 공감하며 할 말을 떠올려 봅니다.

니 꿈은 뭐이가?

학습 목표 ▶ 이야기를 읽고 공감하며 대화 나누기

교과서 47~58쪽

중심내용 공장에서 일하여 동생들을 밥 먹이던 나는, 목사님이 학교에 보내 주셔서 열심히 공부했습니다.

1 조그만 내 손으로 조물조물 집안일하고, 공장에서 일해서 쌀을 사 왔네. 동생들 밥을 먹이니 나는 좋은데 ⊙어머니는 마음이 많이 아프다고 하셨어.

나 홀로 한글을 깨쳤어. 어느 날 목사님이 그러셨어. 너는 똑똑하니 학교를 공짜로 보내 주겠다고. / 참말로 기뻤어. 아침밥 짓고 동생을 업고 만날 학교에 나갔네. 일
등을 못 하면 분해서 잠이 안 왔어야.
학교를 가게 되어서

중심내용 열일곱 살 때 처음 비행기를 보고, 비행사가 되겠다는 꿈이 생겼습니다.

2 보라, 내 열일곱 살 때야. 너덜너덜 짚신 신고 덜컹덜컹 소달구지 탔지. 가난한 조선 사람들은 자동차도 잘 몰랐어. 그런데

"사람이 괴물 타고 하늘을 난대!"
비행기
스미스란 미국 사람이 비행기를 타고 온다네? 온 마을이 들썩들썩. 내 마음도 들썩들썩. / 구름처럼 몰려온 저 사람들 좀 봐. 구름을 뚫고 쇳덩이 괴물이 혼자만 날아올
설레는 마음
라. 이 산 위로 쑥, 저 하늘로 쌩 **솟구치고** 돌아 나와 못 가는 곳이 없네.
비행기

⊙"사람들아, 이 날개를 봐. 정말 자유로워."

저 비행기란 놈이 그러네. 나는 땅에 딱 붙어 서서 두 발만 동동 굴렀어.
신이 남.
바로 그날 밤, 잠을 못 잤지. 바로 그날 밤, 꿈이 생겼지.

- **글의 종류**: 이야기
- **글쓴이**: 박은정
- **글의 특징**: 우리나라 최초의 여자 비행사이며 독립운동가인 권기옥이 자신의 꿈을 이루기 위해 어떤 노력을 하였는지 알 수 있는 이야기입니다.

★ 바르게 쓰기

짚신	집신
(○)	(×)

낱말 사전

니 '네'를 일상적인 대화에서 이르는 말.
뭐이가 '무엇인가'의 평안도 방언.
솟구치고 아래에서 위로, 또는 안에서 밖으로 세차게 솟아오르고.

---

24 ⊙의 까닭으로 알맞은 것은 무엇입니까? ( )

① '내'가 공부를 하지 않아서
② '내'가 사온 쌀이 맛이 없어서
③ 동생들이 밥을 잘 먹지 않아서
④ '내'가 돈을 조금밖에 못 벌어서
⑤ '내'가 고생하는 것이 안타까워서

25 목사님이 '나'를 학교에 공짜로 보내 주신 까닭은 무엇이겠습니까? ( )

① 학교에도 일자리가 있어서
② 어머니께서 목사님에게 부탁을 해서
③ '내'가 똑똑하고 혼자서 열심히 공부해서
④ '내'가 공부는 하지 않고 일만 열심히 해서
⑤ '내'가 학교에 가고 싶다고 목사님을 졸라서

중요 26 '내'가 비행기를 처음 보았을 때 느꼈던 기분으로 알맞지 **않은** 것은 무엇입니까? ( )

① 신기하고 놀라웠다.
② 비행기가 무섭고 두려웠다.
③ 정말 자유롭다는 생각을 했다.
④ 발을 동동 구를 정도로 신이 났다.
⑤ 바로 그날 밤 잠을 못 잘 정도로 생각이 났다.

서술형 27 ⊙을 듣고, 다음의 공감하며 대화하는 방법으로 할 수 있는 말을 쓰시오.

경청하기

_____

_____

도움말 경청하기 방법에는 고개를 끄덕이거나 맞장구를 치는 방법 등이 있습니다.

'여자라고 못 하겠어? 조선 사람이라고 왜 못 하겠어? 얼른얼른 커서 꼭 비행사가
비행사가 되는 걸림돌①   비행사가 되는 걸림돌②
될 거야.'

니 꿈은 뭐이가?
    무엇이니?
나는 하늘을 훨훨 날고 싶었어야.

**중심
내용** 독립운동을 하다 감옥에 끌려갔고, 다시 잡히지 않기 위해 중국으로 건너가 비행사가 되기로 결심했습니다.

3 그때는 일본이 조선을 다스리고 있었어. 일본이 조선 땅을 빼앗았거든. 조선 사람
            일제 강점기
들은 거리로 몰려나와 소리쳤어. 나도 친구들과 거리로 몰려나와 소리쳤어.

"일본은 물러가라!" / "조선 땅에서 물러가라."

사람이 많이 잡혔네. 나도 일본 경찰에게 잡혔네. 경찰이 학교에 못 다니게 하네.
조선 사람들은 힘을 모아 싸웠어. 나는 무기를 나르고 돈을 모으다가 또 잡혔어. 깜깜
                                        독립운동을 하다가
한 감옥으로 끌려갔어. 내 손으로 내 나라를 되찾는 게 죄야?

우리 땅에서 또 싸우다 잡히면 죽을 거야. 나는 가족을 떠나 중국으로 가는 배를 탔
지. 깜깜한 밤바다, 빼앗긴 내 나라 이제 다시는 못 갈지 몰라. 못 가는 곳이 없던데,
            조선
저 비행기란 놈은…….

'그래! 진짜로 비행사가 되는 거야. 비행기를 타고 날아가서 일본과 싸우는 거야!'

니 꿈은 뭐이가?

나는 하늘을 훨훨 날고 싶었어야.

이 이야기의 주인공인
권기옥은 일제 강점기 때
가난과 여성이라는 장벽을
뛰어넘어 꿈을 향해 한 발씩
나아간 인물이야.
또 독립운동가로 평양
일대에서 군자금
모집 등의 활약을 했고,
1920년 이후에는 상하이
임시 정부에서 활동했어.
그녀는 한국 최초의 여자
비행사로 중국군에서
10여 년간 복무하면서
항일 운동을 계속
했다고 해.

**중요
28** '나'의 꿈은 무엇이 되는 것인지 세 글자로 쓰시오.

(   )

29 '내'가 살던 시대에 대한 설명으로 알맞은 것은 무엇입니까? (   )

① 일본에 나라를 빼앗겼다.
② 조선이 일본을 다스리고 있었다.
③ 나라를 되찾아 평화롭게 지냈다.
④ 다른 나라로 여행가거나 이동할 수 없었다.
⑤ 일본과 조선과 중국이 친하게 지내고 있었다.

30 이 글에서 '나'에게 있었던 일이 아닌 것은 무엇입니까? (   )

① 감옥에 끌려갔다.
② 독립운동을 하였다.
③ 일본 경찰에게 잡혔다.
④ 비행기를 타고 일본과 싸웠다.
⑤ 가족을 떠나 중국으로 가는 배를 탔다.

31 '내'가 비행사가 되어 하고 싶은 일은 무엇입니까?

(   )

① 비행사가 되어서 돈을 많이 버는 것
② 비행기를 타고 세계 여행을 하는 것
③ 비행기를 타고 일본에 다시 돌아가는 것
④ 비행기를 타고 날아가서 일본과 싸우는 것
⑤ 비행기를 타고 조선을 떠나 중국으로 가는 것

중심 내용 나는 비행 학교에 들어가기 위해 열심히 공부했지만 여자는 들어갈 수 없다는 말을 듣고, 당계요 장군을 어렵게 찾아가 비행 학교에 들어갈 수 있었으며, 힘든 훈련도 이겨 냈습니다.

❹ 중국의 중학교부터 들어갔어. 2년 반 만에 영어와 중국어를 다 배웠지. 중국의 비행 학교를 찾아갔어.

"여자는 들어올 수 없소!" / 여자는 날 수 없다네? 중국에서도.

나는 윈난성의 장군 당계요를 찾아갔어. / 배 타고 기차 타고 걷고 또 걸어갔어야.
_{당계요 장군을 찾아가는 길이 멀고 험했음.}
앞만 바라보며 드넓은 중국 땅을 가로질러 갔어야.

당계요 장군은 많이 놀랐지.

"여자가 어떻게 여기 왔나?" / "세상을 돌고 돌아 왔어요."

"여자가 왜 여기 왔나?" / "하늘을 날고 싶어서요."

"여자가 왜 비행사가 되려 하나?" / "내 나라를 빼앗아 간 일본과 싸우려고요!"

"…… 좋다!"

당 장군은 비행 학교에다 편지를 썼어. 여자가 자기 나라를 되찾으려고 왔으니 꼭 들여보내라고 썼어.

드디어 비행 학교 학생이 되었어. 남학생들과 똑같이 훈련했지. 빙글빙글 어지러움을 견디는 훈련, 비행기를 조종하고 고치는 기술까지 배웠어. 너무 힘들고 위험했어야. _{학생들이 많이 떠난 까닭} 학생들이 많이 떠났지만 나는 하루하루가 행복했어. 내 꿈을 따라서 산다는 게 꿈만 같았거든. _{힘든 훈련에도 하루하루가 행복했던 까닭}

■ 당계요 장군의 대화를 공감하는 대화로 바꾸어 말하기

경청하기	"왜 비행사가 되려 하나?"
처지를 바꾸어 생각하기	"내가 너라도 나라를 빼앗기면 되찾고 싶을 것이다."
공감하며 말하기	"좋다. 비행 학교에 들어갈 수 있게 편지를 써 주겠다."

★ 바르게 읽기

[똑까치]	[똑가티]
(○)	(×)

32 '나'는 왜 당계요 장군을 만나러 갔습니까? ( )

① 비행 학교에 들어갈 수 없어서
② 비행 학교에 조선인은 갈 수 없어서
③ 당계요 장군에게 영어를 배우기 위해서
④ 당계요 장군에게 중국어를 배우기 위해서
⑤ 당계요 장군 밑에서 일본군과 싸우기 위해서

중요 33 꿈을 이루기 위한 '나'의 노력으로 알맞지 않은 것은 무엇입니까? ( )

① 비행 학교의 힘든 훈련을 이겨 냈다.
② 비행 학교에 가려고 열심히 공부했다.
③ 훈련이 너무 힘들어 비행 학교를 떠났다.
④ 당계요 장군을 만나고 그의 마음을 움직였다.
⑤ 영어와 중국어를 배운 후 중국의 비행 학교를 찾아갔다.

34 당계요 장군이 왜 '나'를 도와주었겠는지 알맞게 추측한 것에 ○표를 하시오.

(1) 내가 영어와 중국어를 잘해서 ( )
(2) 내가 나라를 되찾으려고 한 마음에 공감했기 때문에 ( )

서술형 35 공감하며 대화하는 방법을 생각하며 빈칸에 들어갈 당계요 장군의 말을 쓰시오.

"여자가 왜 여기 왔나?" / "하늘을 날고 싶어서요."
"여자가 왜 비행사가 되려 하나?"
"내 나라를 빼앗아 간 일본과 싸우려고요!"
_____
_____

도움말 처지를 바꾸어 생각해 봅니다.

낱말 사전

조종간 조종사가 항공기의 비행 방향과 운동 방향을 조종하는 막대 모양의 장치. 또는 그 장치의 손잡이.

너울너울 물결이나 늘어진 천, 나뭇잎 따위가 부드럽고 느릿하게 굽이져 자꾸 움직이는 모양.

좇으며 목표, 이상, 행복 따위를 추구하며. 예 나는 편한 것만 좇으며 살고 싶지 않습니다.

'언젠가 내 나라를 자유롭게 만들 거야. 반드시 저 하늘을 훨훨 날아갈 거야.'
나라의 독립을 이룰 거야.

중심내용 하늘을 훨훨 날고 싶었던 나 권기옥은 비행사가 되어 처음으로 하늘을 난 우리나라 여자가 되었습니다. 당신의 꿈은 무엇입니까?

⑤ 처음으로 비행기를 타는 날. 비행기에 올라타서 배운 대로 움직였지. 훌쩍! 날아올라, 깜짝! 너무 놀라 비행기가 부릉부릉, 눈앞이 기우뚱기우뚱. 잘 날다가 뚝 떨어지기도 해. 펑 터지기도 해. **조종간**을 꽉, 이를 악물었지. 조종을 했지.

'진짜로 날고 있나?'

얼른 아래를 내려다봤더니……. / 아름다워!

끝없는 산과 들과 강물이, 두 발목을 딱 붙들던 온 세상이 눈앞에서 **너울너울** 춤을 추네.

"이 세상아! 내 날개를 봐. 정말 자유로워. 구름을 뚫고 온몸이 날아올라."

내 이름은 권기옥. 사람들이 그러지, 처음으로 하늘을 난 우리나라 여자라고.
권기옥에 대한 설명

나는 하늘을 훨훨 날고 싶었어야. 온 세상이 너더러 날 수 없다고 말해도 날고 싶다면 이 세상 끝까지 달려가 보라. 어느 날 니 몸이 훨훨 날아오를 거야. 니 꿈을 ⊙**좇★으며** 자유롭게 살게 될 거야.

보라, 니 꿈은 뭐이가?

중요 36 '내'가 비행기를 처음 탔을 때의 마음으로 알맞지 <u>않은</u> 것은 무엇입니까? (　　　)

① 꿈을 이루어 기뻤다.
② 자유롭다고 생각했다.
③ 세상이 아름답다고 느꼈다.
④ 기대했던 것보다 시시하다고 느꼈다.
⑤ 비행기가 훌쩍 날아오를 때 깜짝 놀랐다.

37 권기옥이 누구인지 설명하려고 합니다. 빈칸에 들어갈 알맞은 말을 쓰시오.

> 권기옥은 처음으로 [　　　　　] 우리나라 여자입니다.

(　　　　　　　　　　)

38 ⊙을 사용하여 짧은 글을 지은 것으로 알맞은 것을 두 가지 고르시오. (　　,　　)

① 경찰이 도둑을 좇고 있다.
② 돈을 좇으며 살지 말아라.
③ 동생이 나를 좇아오며 괴롭힌다.
④ 나는 희망을 좇아 이곳으로 왔다.
⑤ 말이 꼬리를 흔들어 파리를 좇았다.

서술형 39 「니 꿈은 뭐이가?」를 읽고 공감하며 대화를 나누려고 합니다. 빈칸에 들어갈 알맞은 말을 쓰시오.

> 지윤: 권기옥은 정말 대단한 것 같아. 일제 강점기 때 여자의 몸으로 중국에 건너가서 비행사가 되었잖아.
>
> 나: _____
>
> _____

도움말 친구의 말을 경청하고 처지를 바꾸어 생각하며 공감하는 말을 떠올려 봅니다.

서술형 수행 평가 돋보기

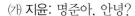

◑ 다음 대화를 읽고, 물음에 답하시오.

학교에서 출제되는 서술형 수행 평가를 미리 준비하세요.

(가) 지윤: 명준아, 안녕?

명준: 지윤아, 안녕? 너를 찾고 있었는데 마침 잘됐다.

지윤: 나를 찾고 있었어? 왜?

명준: 너에게 할 말이 있어. 내 이야기 좀 들어 줄래? 어제 말이야······.

지윤: ㉠(말을 하는데 중간에 끊고) 나 지금 바쁜데, 내가 꼭 들어야 하니?

명준: (실망하는 목소리로) 뭐라고? 아직 내용을 듣지도 않았잖아.

지윤: 네 이야기보다는 내 일이 훨씬 중요해.

(나) 명준: 지난번 질서 지키기 그림 대회에서 내가 그린 그림이 뽑히지 않아서 무척 서운했어.

지윤: ㉡네가 그림을 못 그렸겠지. 그러니까 할 수 없잖아?

명준: (화내는 목소리로) 너는 친구에게 어떻게 그런 말을 하니?

지윤: 그냥 내 생각을 말한 건데, 왜?

명준: (화내는 목소리로) 생각을 말한 것뿐이라고?

문제 파악

친구들의 대화에서 잘못된 점을 찾아 공감하며 듣고 말하는 내용으로 고쳐 쓰는 문제입니다.

해결 전략

1 단계	대화를 읽고 지윤이의 태도에서 잘못된 점 찾기
2 단계	대화를 할 때 어떻게 말해야 할지 바른 태도 생각하기
3 단계	공감하며 대화하는 방법 떠올리기
4 단계	대화에서 잘못된 부분을 공감하며 대화하는 내용으로 바꾸어 쓰기

1 지윤이의 태도에서 잘못된 점을 찾아 쓰시오.

_____

2 공감하며 대화하려면 지윤이는 어떤 방법으로 말하면 좋을지 쓰시오.

_____

학교 선생님께서 알려 주시는 모범 답안과 채점 기준도 book ❸ 해설책에서 꼭 확인해 보자!

3 공감하며 대화하는 방법을 떠올려 ㉠과 ㉡을 바르게 고쳐 쓰시오.

(1) ㉠ ⇒ _____

(2) ㉡ ⇒ _____

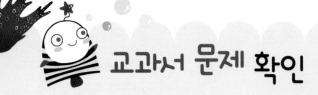

교과서 문제 확인

교과서 30~33쪽 　　○ 공감하며 대화해야 하는 까닭 알기

- 상대의 말을 듣는 태도를 생각해 보세요.

  명준: 지윤아, 너에게 할 말이 있어. / 지윤: 예 그래? 무슨 일이야? 어서 말해 봐.

  명준: 내 말에 귀를 기울여 줘서 고마워.

- 상대의 처지를 어떻게 고려할지 생각해 보세요.

  명준: 지난번 질서 지키기 그림 대회에서 내가 그린 그림이 뽑히지 않아서 무척 서운했어.

  지윤: 예 그랬구나. 내가 너처럼 그림 그리기를 좋아하면 나도 서운했을 것 같아.

- 지윤이가 상대에게 자신의 생각을 말하는 태도를 생각해 보세요.

  명준: 이번 일로 그림 그리기에 자신감을 많이 잃었어.

  지윤: 예 힘내! 너는 그림을 열심히 그리니까 다음에는 꼭 뽑힐 거야.

  명준: 그렇게 말해 줘서 고마워.

- 1과 2의 내용으로 대화한 뒤에 든 생각이나 느낌을 친구들과 이야기해 봅시다.

	생각이나 느낌	
	자신	친구
1의 대화	예 상대를 무시하는 것 같아 기분이 나빴습니다.	예 상대를 생각하지 않고 자신만 생각하는 말인 것 같습니다.
2의 대화	예 말을 잘 들어 주고 배려하는 말을 해 줘서 기분이 좋았습니다.	예 상대의 처지를 생각해서 말하는 것이 좋았습니다.

- 공감하는 대화가 무엇인지 생각해 보세요.

  예 상대의 마음을 이해하고, 상대가 느끼는 감정과 같이 느끼며 귀 기울여 듣고, 상대를 배려하며 말하는 대화입니다.

- 공감하는 대화를 하면 어떤 점이 좋은지 말해 보세요.

  예 기분 좋게 대화할 수 있습니다. / 사이가 좋아집니다. / 말할 내용이 풍부해집니다.

- 공감하며 대화해야 하는 까닭을 알아봅시다.

  상대의 처지를 이해할 수 있기 때문이다. / 예 처지를 바꾸어 생각하면 상대의 마음을 알 수 있기 때문이다. / 예 상대에게 공감하며 말하면 기분 좋은 대화를 할 수 있기 때문이다. / 예 대화를 즐겁게 이어 갈 수 있기 때문이다.

교과서 34~39쪽 　　○ 공감하며 대화하는 방법 알기

- 현욱이가 설거지를 할 때 철 수세미를 쓴 까닭은 무엇인가요?

  예 프라이팬이 잘 닦이지 않았기 때문입니다.

- 현욱이 엄마가 한숨을 쉬었다가 다시 웃음을 띠고 말한 까닭은 무엇일까요?

  예 현욱이가 실수를 해서 번거로운 일이 생겼지만 집안일을 도와주려는 착한 마음씨에 고마움을 느꼈기 때문입니다.

- 대화에서 두 사람이 서로에게 공감하는 내용을 찾아보세요. 그리고 공감한다고 생각한 까닭을 말해 보세요.

  예 "집안일을 도와주려고 한 현욱이 마음이 엄마는 정말 고마워." / 엄마가 현욱이 처지에서 생각하며 한 말이기 때문입니다.

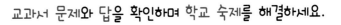
• 공감하며 듣고 말하는 방법을 생각해 보세요.

방법	활동
경청하기	• 말하는 사람에게 주의를 기울여 집중해서 듣기 • ㉖ 말이나 행동으로 맞장구치기 / 상대의 말 반복해 주기
처지를 바꾸어 생각하기	• ㉖ 말하는 사람의 처지가 되어 생각하기 • 자신과 상대의 처지가 어떻게 다른지 생각하기
공감하며 말하기	• ㉖ 상대의 기분을 고려해 말하기 • 자신의 잘못은 없는지 생각하며 말하기
㉖ 생각을 정확히 전달하기	• ㉖ 전하고 싶은 생각을 정확히 말하기 • ㉖ 예의 바르게 또박또박 말하기

• 공감하며 대화하는 방법을 정리해 봅시다.

방법	활동	할 수 있는 말	표정이나 행동
경청하기	말하는 사람에게 주의를 기울여 집중해서 듣기	• 그렇구나. ㉖ • 그래서 어떻게 되었어? / • 네 말이 그런 뜻이구나.	• 고개를 끄덕인다. ㉖ • 눈을 맞추고 웃는다. / • 손뼉을 친다. / • 상황에 맞게 손짓을 한다.
처지를 바꾸어 생각하기	말하는 사람의 처지가 되어 생각하기	㉖ • 정말 슬펐을 것 같아. / • 내가 너라면 아주 기뻤겠어. / • 나라도 화가 났을 거야.	㉖ • 주먹을 불끈 쥔다. / • 손을 모아 쥔다. / • 어깨를 토닥여 준다.
공감하며 말하기	상대의 처지를 생각하면서 말하기	㉖ • 네가 무척 힘들었겠구나. / • 다음에는 잘할 수 있을 거야.	• 친절하게 웃는 표정 ㉖ • 온화한 표정 / • 눈을 맞추고 몸을 가까이한다.
㉖ 상대의 반응 살펴보기	㉖ 자신의 말에 상대가 어떻게 반응하는지 살펴보기	㉖ • 내 말을 어떻게 생각하니?	㉖ • 부드럽게 웃는 표정 / • 얼굴을 가까이한다.

교과서
41~43쪽

교과서 40~45쪽

○ 예절을 지키며 누리 소통망에서 대화하기

• 이 상황과 비슷한 경험을 떠올려 보세요. ㉖ 직접 말로 하기에는 부끄러워 메신저로 대화한 적이 있습니다.

• 직접 하는 대화와 누리 소통망 대화의 다른 점은 무엇인가요?

㉖ 얼굴을 보고 하는 대화는 가까운 거리에서만 되고, 직접 말하기 어려운 주제는 말 꺼내기가 어렵습니다. 누리 소통망 대화는 얼굴을 보고 전하기 어려운 마음과 생각을 전할 수 있으며, 멀리 떨어져 있어도 소통할 수 있습니다.

• 누리 소통망 대화의 좋은 점을 말해 보세요.

㉖ 직접 말하기가 어색하고 서먹서먹할 때 누리 소통망 대화로 마음을 전할 수 있습니다.

• 누리 소통망 대화로 좋아진 점은 무엇인가요? ㉖ 언제나 빨리 연락해 대화할 수 있습니다. / 만나지 않고도 대화할 수 있습니다. / 간편하게 편지를 보낼 수 있습니다. / 급한 연락을 쉽게 할 수 있습니다. / 많은 사람에게 소식을 전할 수 있습니다.

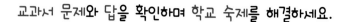
- 누리 소통망 대화로 불편해진 점은 무엇인가요?

  예 대화의 분위기를 알 수 없습니다. / 글자를 일일이 입력하는 것이 불편합니다. / 얼굴을 보지 않고 대화해서 어색합니다.

- 누리 소통망에서 나눈 대화 가운데 예절을 지키지 않은 부분을 찾아 바르게 고쳐 봅시다.

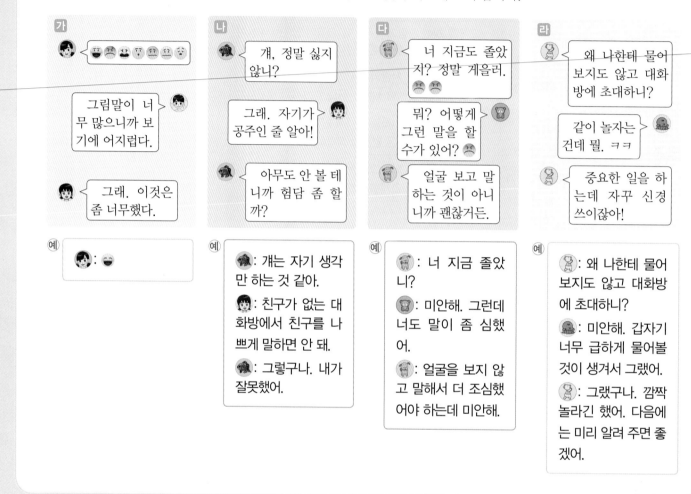

교과서
58쪽

「니 꿈은 뭐이가?」

○ 우리나라 최초의 여자 비행사이자 독립운동가인 권기옥에 대한 이야기

- '나'는 비행기를 처음 보았을 때 어떤 기분이 들었나요?

  예 발을 동동 구를 정도로 신났습니다. / 신기하고 놀라웠습니다. / 하늘을 날고 싶다는 생각을 했습니다.

- '나'는 왜 중국으로 갔나요? / 예 우리 땅에서는 더 이상 독립운동을 할 수 없었기 때문입니다. / 비행사가 되고 싶었기 때문입니다.

- '내'가 중국의 비행 학교에서 "여자는 들어올 수 없소!"라는 말을 들었을 때 어떤 기분이 들었을까요?

  예 공정하지 못하다는 마음이 들었을 것입니다. / 억울하다는 생각이 들었을 것입니다.

- '나'는 비행기를 처음 탔을 때 어떤 마음이 들었나요?

  예 자유롭다고 생각했습니다. / 세상이 아름답다고 느꼈습니다. / 꿈을 이루어 기뻤습니다.

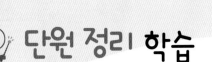 

단원 정리 학습

핵심 1 공감하며 대화하기

1 공감하며 대화해야 하는 까닭 알기

- 상대의 처지를 이해할 수 있기 때문입니다.
- 처지를 바꾸어 생각하면 상대의 마음을 알 수 있기 때문입니다.
- 상대에게 공감하며 말하면 기분 좋은 대화를 할 수 있기 때문입니다.
- 대화를 즐겁게 이어 갈 수 있기 때문입니다.

2 공감하며 듣고 말하는 방법 알기

방법	활동
경청하기	• 말하는 사람에게 주의를 기울여 집중해서 듣기 • 말이나 행동으로 맞장구치기 • 상대의 말 반복해 주기
처지를 바꾸어 생각하기	• 말하는 사람의 처지가 되어 생각하기 • 자신과 상대의 처지가 어떻게 다른지 생각하기
공감하며 말하기	• 상대의 기분을 고려해 말하기 • 자신의 잘못은 없는지 생각하며 말하기
생각을 정확히 전달하기	• 전하고 싶은 생각을 정확히 말하기 • 예의 바르게 또박또박 말하기
상대의 반응 살펴보기	• 자신의 말에 상대가 어떻게 반응하는지 살펴보기

핵심 2 예절을 지키며 누리 소통망에서 대화하기

1 누리 소통망 대화

- 누리 소통망은 '소셜 네트워크 서비스[SNS]'를 다듬은 말로, 온라인에서 자유롭게 글이나 사진 따위를 올리거나 나누는 것을 말합니다.
- 누리 소통망에서 상대와 나누는 대화를 '누리 소통망 대화'라고 합니다. 상대와 직접 대화하기 어려울 때 누리 소통망 대화를 하는 경우가 많으며, 누리 소통망에서는 상대를 직접 만나지 않고도 대화를 주고받을 수 있습니다.

2 누리 소통망에서 예절을 지키는 대화

- 말하고 싶은 내용을 정확하게 전달합니다.
- 이상한 말이나 줄임말을 쓰지 않습니다.
- 상대가 대화하고 싶은지 확인하고 말을 걸어야 합니다.
- 혼자서 너무 많이 말하지 않도록 합니다.

단원 확인 평가

1. 마음을 나누며 대화해요

01 공감하며 대화하면 좋은 점으로 알맞지 <u>않은</u> 것은 무엇입니까? (　　　)

① 대화가 즐겁게 이어진다.
② 말할 내용이 풍부해진다.
③ 상대와 사이가 더 좋아진다.
④ 상대의 생각을 쉽게 알 수 있다.
⑤ 대화 내용을 기억하지 않아도 된다.

03 현욱이와 엄마가 대화한 방법으로 알맞지 <u>않은</u> 것을 두 가지 고르시오. (　　, 　　)

① 자기가 할 말만 한다.
② 상대의 말을 경청한다.
③ 상대를 꾸짖고 무시한다.
④ 처지를 바꾸어 생각한다.
⑤ 상대를 공감하며 말한다.

[02~04] 다음 글을 읽고, 물음에 답하시오.

> "예. 저희가 저녁도 차려 먹고 설거지도 했어요."
> "설거지까지? 우리 현욱이 다 컸네."
> 흐뭇한 얼굴로 부엌을 둘러보시던 엄마께서 놀란 표정으로 물으셨다.
> "현욱아, 혹시 프라이팬도 닦았니?"
> "예. 제가 철 수세미로 문질러 깨끗이 닦았어요."
> "뭐라고? 철 수세미로 문질렀다는 말이니?"
> "예. 수세미로는 잘 닦이지 않아서 철 수세미를 썼어요."
> 엄마는 한숨을 한 번 쉬시고는 다시 웃음을 띠고 말씀하셨다.
> "우리 아들이 집안일을 도와주려는 마음으로 설거지를 열심히 했구나. 그렇지만 금속으로 프라이팬 바닥을 긁으면 바닥이 벗겨져서 못 쓰게 된단다."
> 엄마의 말씀을 듣고 나니 부모님의 일을 도와드렸다는 생각에 뿌듯했던 나는 금세 부끄러워졌다.
> "죄송해요, 엄마. 집안일을 도와드리려다 오히려 프라이팬만 망가뜨렸어요."
> 엄마는 웃으며 나를 꼭 안아 주셨다.
> "미안해하지 않아도 돼. 집안일을 도와주려고 한 현욱이 마음이 엄마는 정말 고마워."
> 엄마의 말씀을 듣고 ㉠내 마음은 한순간에 봄눈 녹듯 풀렸다.

04 ㉠의 까닭으로 알맞은 것은 무엇입니까? (　　　)

① 프라이팬이 망가진 것이 아니라서
② 실수를 통해 새로운 사실을 알게 되어서
③ 다음부터는 설거지를 하지 않아도 되어서
④ 엄마가 자신의 마음을 이해해 주고 공감해 주어서
⑤ 엄마가 어차피 프라이팬을 바꿀 때가 되었다고 하셔서

05 다음은 공감하며 대화하는 방법 중 무엇에 해당하는 활동인지 알맞은 것에 ○표를 하시오.

> • 상대의 기분을 고려해 말하기
> • 자신의 잘못은 없는지 생각하며 말하기

(1) 경청하기 (　　　)
(2) 처지를 바꾸어 생각하기 (　　　)
(3) 공감하며 말하기 (　　　)

02 현욱이가 프라이팬을 무엇으로 닦았는지 찾아 쓰시오.

(　　　　　　　　　　)

06 누리 소통망 대화로 우리 생활에서 좋아진 점으로 알맞지 <u>않은</u> 것은 무엇입니까? ( )

① 만나지 않고도 대화할 수 있다.
② 간편하게 편지를 보낼 수 있다.
③ 많은 사람에게 소식을 전할 수 있다.
④ 급한 연락을 빠르고 쉽게 할 수 있다.
⑤ 대화 상대의 표정과 분위기를 쉽게 알 수 있다.

07 서술형 다음 누리 소통망에서의 대화를 예절 바른 대화로 고쳐 쓰시오.

> 🐻 < 걔, 정말 싫지 않니?
>
> 그래. 자기가 공주인 줄 알아! 👧
>
> 🐻 < 아무도 안 볼 테니까 험담 좀 할까?

> 🐻 : 걔는 자기 생각만 하는 것 같아.
> 👧 : _____
> 🐻 : _____

도움말 이 누리 소통망에서는 대화하지 않는 친구를 험담하고 있습니다.

[08~10] 다음 글을 읽고, 물음에 답하시오.

> 중국의 중학교부터 들어갔어. 2년 반 만에 영어와 중국어를 다 배웠지. 중국의 비행 학교를 찾아갔어.
> "여자는 들어올 수 없소!"
> 여자는 날 수 없다네? 중국에서도.
> 나는 윈난성의 장군 당계요를 찾아갔어.
> 배 타고 기차 타고 걷고 또 걸어갔어야.
> 앞만 바라보며 드넓은 중국 땅을 가로질러 갔어야.
> 당계요 장군은 많이 놀랐지.
> "여자가 어떻게 여기 왔나?" / "세상을 돌고 돌아 왔어요."
> "여자가 왜 여기 왔나?" / "하늘을 날고 싶어서요."
> "여자가 왜 비행사가 되려 하나?"
> "내 나라를 빼앗아 간 일본과 싸우려고요!"
> ㉠"…… 좋다!"

> 당 장군은 비행 학교에다 편지를 썼어. 여자가 자기 나라를 되찾으려고 왔으니 꼭 들여보내라고 썼어.
> 드디어 비행 학교 학생이 되었어. 남학생들과 똑같이 훈련했지. 빙글빙글 어지러움을 견디는 훈련, 비행기를 조종하고 고치는 기술까지 배웠어. 너무 힘들고 위험했어야. 학생들이 많이 떠났지만 나는 하루하루가 행복했어. 내 꿈을 따라서 산다는 게 꿈만 같았거든.

08 여자는 비행 학교에 들어갈 수 없다는 사실을 알게 된 '내'가 한 일은 무엇입니까? ( )

① 고향으로 돌아갔다.
② 비행사의 꿈을 포기했다.
③ 당계요 장군을 만나 설득했다.
④ 날마다 비행 학교를 찾아갔다.
⑤ 비행 학교에서 일하며 배웠다.

09 중요 ㉠을 공감하며 나누는 대화로 알맞게 고친 것에 ○표를 하시오.

(1) "좋다. 나라를 지키려고 하니 비행 학교에 들어갈 수 있게 편지를 써 주겠다." ( )

(2) "여자가 어떻게 비행기를 타고, 어떻게 일본과 싸운단 말이냐? 그래도 여기까지 찾아왔으니 좋다!" ( )

(3) "말도 안 되니 다시 생각해라. 비행은 남자들에게도 어려운 일이다. 고향으로 돌아가는 것이 좋겠다." ( )

10 이 글을 통해 알 수 있는 '나'의 성격으로 알맞은 것은 무엇입니까? ( )

① 대책 없이 밀어붙이고 본다.
② 다른 사람의 말을 잘 듣고 따른다.
③ 모든 일을 쉽게 해내며 요령이 좋다.
④ 마음이 여려 어려움이 닥치면 쉽게 포기한다.
⑤ 마음먹은 것은 반드시 이루려고 노력하며 인내심이 강하다.

친구가 글을 읽으면서 떠올린 것은 무엇인가요? 사회 시간에 배운 우리나라의 기후를 떠올렸네요. 글을 읽을 때 이미 알고 있는 지식이나 경험을 활용해 읽으면 글 내용을 더 잘 이해할 수 있고, 새로운 지식을 더 많이 쌓을 수 있답니다.

이제, 2단원에서는 지식이나 경험을 활용해 글을 읽고 쓰는 것을 공부해 볼 거예요.

2 지식이나 경험을 활용해요

39쪽 단원 정리 학습에서 더 자세히 공부해 보세요.

단원 학습 목표

1. **지식이나 경험을 활용해 글을 읽을 수 있습니다.**
   - 책을 읽을 때 궁금한 점은 다른 책이나 자료를 찾아 가며 읽습니다.
   - 자신이 아는 내용과 책 내용을 비교하며 읽습니다.
   - 글을 읽기 전에 여러 가지 질문을 떠올려 본 뒤 떠올렸던 질문을 생각하며 글을 읽습니다.

2. **체험한 일을 떠올리며 감상이 드러나는 글을 쓸 수 있습니다.**
   - 체험에서 글쓴이가 본 것, 들은 것, 한 것 등 체험한 일을 자세히 풀어 씁니다.
   - 체험에 대한 감상은 그때의 생각이나 느낌을 떠올려 보고 생생하게 전합니다.

단원 진도 체크

회차		학습 내용	진도 체크
1차	단원 열기	단원 학습 내용 미리 보고 목표 확인하기	✓
	교과서 내용 학습	「줄다리기, 모두 하나 되는 대동 놀이」	✓
2차	교과서 내용 학습	「조선의 냉장고 '석빙고'의 과학」	✓
3차	교과서 내용 학습	체험한 일을 떠올리며 감상이 드러나는 글 쓰기	✓
	교과서 내용 학습	지식이나 경험을 활용해 함께 글 고치기	✓
4차	서술형 수행 평가 돋보기	서술형 수행 평가 대비 학습하기	✓
	교과서 문제 확인	교과서 문제 학습하며 학교 숙제 해결하기	✓
5차	단원 정리 학습	단원 학습 내용 정리하기	✓
	단원 확인 평가	확인 평가를 통한 단원 학습 상황 파악하기	✓

해당 부분을 공부하고 나서 ✓표를 하세요.

줄다리기, 모두 하나 되는 대동 놀이

- 글의 종류: 설명하는 글
- 글의 특징: 영산 줄다리기를 준비하는 과정과 줄다리기를 한 까닭, 줄다리기에 담긴 조상들의 지혜에 대해 알려 주는 글입니다.

★ 바르게 쓰기

벌이지요	벌리지요
(○)	(×)

낱말 사전

장정 나이가 젊고 기운이 좋은 남자.
농한기(農 농사 농, 閑 한가할 한, 期 기간 기) 농사일이 바쁘지 아니하여 겨를이 많은 때.

중심내용 영산 줄다리기는 준비하는 과정에 더 많은 뜻이 있고, 더 즐겁습니다.

1 준비하는 과정이 더 즐거운 영산 줄다리기

　줄다리기는 줄을 당길 때보다 줄다리기를 준비하는 과정에 더 많은 뜻이 있습니다. <u>줄을 준비하는 과정이 더 의미 있습니다.</u> 영산 줄다리기는 어른들보다 아이들이 먼저 겨룹니다. 작은 줄을 만들어 어른들이 하는 것처럼 아이들이 경기를 벌이지요. 아이들 줄다리기가 끝나고 어느 편이 이겼다는 소리가 돌면 그제야 **장정**들이 나섭니다. 장정들은 집집을 돌면서 짚을 모아 마을 사람들과 함께 줄을 만들지요. <u>짚을 모으기 위해</u> 음력 정월은 **농한기**라서 마을 사람이 모두 모여 줄을 만드는 일에만 매달릴 수 있어요. <u>농한기라서 가능한 일</u>

　줄다리기하는 모습을 실제로 본 적 있나요? 줄다리기에 쓰이는 줄은 엄청나게 굵답니다. 옛날에는 <u>ⓑ 굉장히, 대단히</u> 어른이 줄 위에 걸터앉으면 발이 땅에 닿지 않을 정 <u>줄이 너무 굵어서</u> 도였다고 해요. 『요즈음 영산 줄다리기에 쓰는 줄은 예전에 비하여 훨씬 가늘고 짧아졌는데도 굵기가 1.5미터, 길이가 40미터가 넘습니다. 또 암줄, 수줄로 나누어져 있지요.』 『 』: 요즈음 영산 줄다리기에 쓰는 줄에 대한 설명이 나타나 있는 부분

> 줄다리기하는 줄의 굵기가 15센티미터 정도일 것이라고 생각했는데 영산 줄다리기는 그것보다 열 배나 더 굵은 줄을 사용하는 놀이라니 놀라워.
> 윤지

---

01 줄다리기에 대해 아는 것을 떠올려 쓰시오.

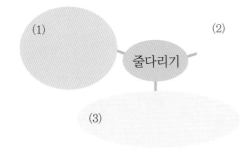

(1)　　　　　　　　　　(2)

줄다리기

(3)

02 줄다리기에서 더 많은 뜻이 담겨 있는 때는 언제인지 ○표를 하시오.

(1) 줄다리기를 준비할 때 　　　　(　)
(2) 줄을 당길 때 　　　　　　　(　)
(3) 줄다리기가 끝났을 때 　　　　(　)

03 영산 줄다리기를 준비하는 과정에서 하는 일을 두 가지 고르시오. (　 , 　)

① 장정들이 먼저 모여 경기를 벌인다.
② 노인들이 먼저 모여 경기를 벌인다.
③ 작은 줄을 만들어 아이들이 경기를 벌인다.
④ 아이들이 먼저 모여 가늘고 긴 줄을 만든다.
⑤ 장정들이 짚을 모아 마을 사람들과 함께 줄을 만든다.

중요 04 윤지가 글을 읽으며 떠올린 생각에 ○표를 하시오.

(1) 줄다리기를 하는 줄의 굵기가 1.5미터가 넘을 것이다. 　　　　　　　　　　(　)
(2) 줄다리기를 하는 줄의 굵기가 15센티미터 정도일 것이다. 　　　　　　　　(　)

줄을 다 만들면 여러 마을에서 모인 **농악대**가 앞장을 서고, 그 뒤로 수백 명의 장정이 줄을 어깨에 메고서 줄다리기할 곳으로 줄을 옮깁니다. 그리고 노인들과 아이들, 여자들이 **행렬** 끝에 서서 쫓아갑니다. 이렇게 줄을 메고 가는 모습을 멀리서 보면, 마치 용이 꿈틀거리는 것 같답니다.

줄을 만들고 나서 하는 일

드디어 줄을 당길 장소에 다다르면 양편에서는 상대의 기를 누르려고 있는 힘을 다하여 **함성**을 질러요. 이 소리에 영산 지방 전체가 쩌렁쩌렁 울릴 정도이지요.

도착하면

상대의 기를 누르려고 지르는 함성 소리

그렇지만 장소에 도착하자마자 줄을 당기는 것은 아닙니다. 한동안 암줄과 수줄을 합하지 않고 **어르기만** 하다가 어느 정도

줄을 옮긴 뒤 하는 일

시간이 지난 뒤에야 암줄에 수줄을 끼우고 **비녀목**을 지릅니다. 그리고 나서 양편에서 서로 힘차게 줄을 당겨서 승부를 가리지요. 이때 모두 신이 나서 자기편을 응원합니다.

★ 바르게 쓰기

메고서	매고서
(○)	(×)

줄을 다 만들면 장정들이 줄을 당길 장소로 줄을 옮긴 뒤 줄을 한참을 어르다가 암줄에 수줄을 끼우고 비녀목을 지른 뒤 힘차게 줄을 당겨서 승부를 가리는구나.

낱말 사전

농악대 풍물놀이를 하는 사람들의 조직적인 무리.

행렬(行 갈 행, 列 줄 렬) 여럿이 줄지어 감. 또는 그런 줄.

함성 여러 사람이 함께 외치거나 지르는 소리.

어르기만 사람이나 짐승을 놀리며 장난하기만.

비녀목 줄다리기에서, 암줄에 수줄을 끼울 때 벗겨지지 않게 하기 위하여 수줄 가닥 사이에 끼우는 나무.

05 줄을 옮길 때 가장 앞장 서는 사람은 누구입니까?
( )

① 농악대
② 장정들
③ 노인들
④ 아이들
⑤ 여자들

06 줄을 메고 가는 모습을 멀리서 보면 무엇처럼 보인다고 하였습니까? ( )

① 코끼리의 긴 코
② 뱀이 기어가는 것
③ 용이 꿈틀거리는 것
④ 목을 뺀 기린의 모습
⑤ 애벌레가 기어가는 것

07 줄을 당길 장소에 다다라서 양편 사람들이 힘을 다하여 함성을 지르는 까닭은 무엇입니까? ( )

① 줄이 너무 무거워서
② 상대의 기를 누르려고
③ 줄다리기를 하게 되어 신이 나서
④ 줄다리기가 시작되었음을 알리려고
⑤ 줄을 당기는 데 힘이 너무 많이 들어서

서술형
08 이 글을 읽으며 떠올린 생각을 자유롭게 쓰시오.

_____

_____

_____

도움말 줄다리기와 관련된 경험이나 지식을 떠올려 써 봅니다.

■ 지식이나 경험을 활용해 글을 읽
으면 좋은 점

· 글 내용을 쉽게 이해할 수 있습니다.
· 글 내용에 흥미를 느낄 수 있습니다.
· 글 내용을 깊이 이해할 수 있습니다.
· 이미 아는 내용과 비교하며 글을
읽을 수 있습니다.
· 글 내용을 끝까지 집중해서 읽을
수 있습니다.
· 이미 아는 내용에 새롭게 안 내용
을 더해 글 내용을 더 오래 기억
할 수 있습니다.

★ 바르게 읽기

[윤노리]	[윤노리]
(○)	(×)

중심내용 우리 조상들이 줄을 만들어 당기는 놀이를 한 까닭은 풍년을 기원하기 위해서입니다.

2 풍년을 기원하는 줄다리기

우리 조상들은 왜 줄을 만들어 서로 당기는 놀이를 했을까요? 그것은 농사와 관련
이 깊어요. 오랜 세월 동안 농사를 지어 온 우리 조
상들의 가장 큰 소망은 풍년이었어요. 농사가 잘되
려면 물이 가장 중요하고요. 그런데 우리 조상들은
용이 물을 다스리는 신이라고 생각했답니다. 그래서
용을 닮은 줄을 만들고 흥겹게 줄다리기를 해서 용
을 기쁘게 하려고 했어요. 물의 신인 용을 즐겁고 기
쁘게 해야 풍년이 들 테니까요.

또 조상들은 계절이 바뀌는 이유가 신들끼리 힘겨
루기를 하기 때문이라고 생각했답니다. 봄부터 가을
까지는 착한 신들의 힘이 세지만 추운 겨울에는 악
한 신들의 힘이 더 세진다고 여겼어요. 그래서 새해
의 첫 달인 정월에 힘이 약해진 착한 신들을 도울 수
있는 놀이를 했답니다. 그것이 바로 여럿이 힘을 모
아 겨루는 윷놀이나 줄다리기였던 거예요.

(줄다리기 놀이는)

(줄다리기를 한 까닭)

(윷놀이와 줄다리기)

우리나라의 민속
놀이 가운데 풍물놀이도
풍년을 기원하며 많이 해
왔다고 배웠어.

윤지

제목에 있는 '대동'
이라는 낱말 뜻을 정확히
몰랐는데 글 전체 내용과
함께 나온 그림을 살펴보니
'여러 사람이 힘을 합치다'
라는 뜻인 것 같아.

09 줄다리기는 무엇과 관련이 깊습니까? ( )

① 농사　　　　　② 명절
③ 어업　　　　　④ 음식
⑤ 임업

10 다음은 **09**에서 답한 것과 줄다리기가 관련이 깊은 까
닭입니다. ㉮와 ㉯에 들어갈 알맞은 말을 쓰시오.

물을 다스리는 신인 [㉮]을/를 닮은 줄
을 만들고, 그 줄로 줄다리기를 해서 용을 기쁘게
하면 [㉯]이/가 든다고 생각했기 때문이다.

(1) ㉮: ( )
(2) ㉯: ( )

11 윤지는 풍년을 기원하며 행해진 줄다리기와 비슷한
것으로 무엇을 떠올렸습니까? ( )

① 윷놀이　　　　② 강강술래
③ 다리밟기　　　④ 풍물놀이
⑤ 제기차기

중요
★12 윤지처럼 글을 읽을 때 자신이 아는 지식이나 경험을
떠올리면 좋은 점과 거리가 먼 것은 무엇입니까?

( )

① 글 내용을 쉽게 이해할 수 있다.
② 글 내용을 깊이 이해할 수 있다.
③ 글 내용에 흥미를 느낄 수 있다.
④ 이미 아는 내용과 비교하며 글을 읽을 수 있다.
⑤ 아는 내용이 많아 시시하고 재미없을 수 있다.

중심내용 줄다리기는 마음을 한데 모아 무사히 한 해 농사를 지으려는 우리 조상들의 지혜가 담긴 놀이입니다.

❸ 마음을 한데 모으는 놀이

조상들은 대보름이면 모든 일을 **제쳐 두고** 줄다리기 준비에 정성을 쏟았어요. 그리
음력 1월 15일
고 마을 사람이 모두 함께 줄다리기를 했지요. 온 마을이 참여해서 집집마다 짚을 거
두고 놀이에 필요한 돈과 일손을 내어 줄을 만들어 놀이를 한다는 게 생각처럼 쉬운
힘들고 어려운 일입니다.
일은 아니랍니다. 그런데도 해마다 줄다리기를 거르는 법이 없었어요. 여기에는 봄기
빼고 넘기는
운이 시작되는 정월에 풍년을 기원하고, 줄다리기라는 큰 행사를 치르면서 마을 사람
들이 마음을 한데 모아 무사히 한 해 농사를 지으려는 지혜가 담겨 있어요. 영산 줄다
리기는 1969년에 국가 **무형 문화재(무형유산)**로 **지정되었답니다.**

또 다른 국가 무형 유산에는 무엇이 있는지 궁금해.

★ 바르게 읽기

[지플]	[지블]
(○)	(×)

■ 지식이나 경험을 활용해 글 찾아 읽기
• 글과 관련 있는 내용을 조사합니다.
• 책을 고를 때 책 내용과 관련한 지식이나 경험을 떠올리며 읽을 수 있을지 생각합니다.
• 글을 읽다가 잘 모르는 내용이 나오면 먼저 관련 있는 지식을 공부합니다.
• 글을 골라 읽을 때에는 관련 있는 지식이나 경험이 많은 것으로 고릅니다.

낱말 사전
제쳐 두고 일을 미루어 두고.
무형유산 연극, 무용, 음악, 공예 기술 따위의 무형의 문화적 소산으로 역사적 또는 예술적으로 가치가 큰 것.
지정(指 가리킬 지, 定 정할 정) 되었답니다 관공서, 학교, 회사, 개인 등으로부터 어떤 것에 특정한 자격이 주어지게 되었답니다.

13 줄다리기는 언제 하였습니까? ( )

① 눈이 내리는 한겨울
② 여름이 시작되는 유월
③ 봄기운이 끝나는 오월
④ 곡식을 거두고 난 시월
⑤ 봄 기운이 시작되는 정월

15 영산 줄다리기는 무엇으로 지정되었습니까? ( )

① 국보
② 보물
③ 자연유산
④ 국가 무형유산
⑤ 국가 문화유산

중요 14 줄다리기에 담긴 조상들의 지혜는 무엇입니까? ( )

① 용을 기쁘게 해 복을 받으려는 지혜
② 짚을 모두 모아 마을을 깨끗하게 하려는 지혜
③ 마음을 한데 모아 힘든 겨울을 이겨내려는 지혜
④ 마음을 한데 모아 무사히 한 해 농사를 지으려는 지혜
⑤ 마음을 한데 모아 마을의 어려운 일을 해결하려는 지혜

서술형 16 지식이나 경험을 활용해 글을 읽는 방법을 한 가지만 쓰시오.

_____

_____

도움말 지식이나 경험을 활용해 어떻게 글을 읽으면 좋을지 생각하여 써 봅니다.

조선의 냉장고 '석빙고'의 과학

- **글의 종류**: 설명하는 글
- **글쓴이**: 윤용현
- **글의 특징**: 겨울에 얼려두었던 얼음을 가을까지 녹지 않게 효과적으로 보관해 두었던 석빙고의 과학적 원리를 알기 쉽게 설명한 글입니다.

중심 내용 우리 조상들은 무더위를 이기려고 냉장고 역할을 하는 석빙고를 만들었습니다.

1 여름철 **무더위**가 시작되면 누구나 냉장고 속의 시원한 얼음과 아이스크림, 그리고 선풍기와 에어컨 등을 떠올릴 것이다. 이것은 더위를 이기려는 한 방법이다.
　　　　　　　　　　　얼음, 아이스크림, 선풍기, 에어컨
그렇다면 우리 조상들은 무더위를 이기려고 어떻게 노력했을까? 우리 조상들이 살던 시대에도 냉장고가 있었을까? 결론적으로 말하자면 냉장고는 아니지만 냉장고 역할을 하는 석빙고가 있었다.
　　　　　　　　　냉장고 역할을 한 것

중심 내용 기록에 의하면 삼국 시대부터 얼음을 녹지 않게 보관하는 냉동 창고인 빙고를 이용하였습니다.

2 현대인의 **생활필수품**인 냉장고는 냉기나 얼음을 인공적으로 만드는 기계 장치이지만, 빙고는 겨울에 보관해 두었던 얼음을 봄·여름·가을까지 녹지 않게 효과적으로 보관하는 냉동 창고이다. 우리나라에서 얼음을
　　　　　빙고의 역할
보관하기 시작했다는 기록은 『삼국사기』에 나타난다.
　　　　　　　　　신라, 고구려, 백제 세 나라의 역사를 기록한 책
또한 신라 시대 때에는 얼음 창고에 관한 일을 맡아보던 '빙고전'이라는 **기관**이 있었다고 한다. 고려 시대에 얼음을 보관하여 사용한 기록은 『고려사』에 나타나는데, 음력 4월에 임금에게 얼음을 진상한 기록이 있고 또 법으로 해마다 6월부터 **입추**까지 신하들에게 얼음을 나누어 준 기록이 있다.

낱말 사전

무더위 습도와 온도가 매우 높아 찌는 듯 견디기 어려운 더위.
생활필수품 일상생활에 반드시 있어야 할 물품.
기관(機 틀 기, 關 빗장 관) 사회생활의 영역에서 일정한 역할과 목적을 위하여 설치한 기구나 조직.
입추(立 설 립, 秋 가을 추) 가을이 시작되는 때로 이십사절기의 하나. 양력으로 8월 8일이나 9일경.

○글과 관련 있는 지식이나 경험을 떠올려 보고 생각한 내용을 쓰는 것이 좋겠어. 선생님께서는 글에서 답을 찾을 수 없는 질문을 써도 좋다고 하셨어. 무엇을 쓸까?

얼음 창고에서 겨울에 만든 얼음을 이듬해 가을까지 보관할 수 있었던 까닭은 무엇일까?

---

17 이 글의 제목만 보고 질문을 만든 것에 ○표를 하시오.

(1) 석빙고의 어떤 점에 대해 설명하는 글일까? ( )

(2) 석빙고에서 얼음이 녹지 않게 하는 방법은 무엇이었을까? ( )

18 다음은 냉장고와 석빙고의 다른 점입니다. ( ) 안에 알맞은 말을 쓰시오.

> 냉장고는 냉기나 얼음을 인공적으로는 만드는 (1)( )이지만, 빙고는 겨울에 보관해 두었던 얼음을 봄·여름·가을까지 녹지 않게 효과적으로 보관하는 (2)( )이다.

19 우리나라에서 얼음을 보관하기 시작한 최초의 기록은 어느 시대입니까? ( )

① 고조선 시대 　　② 삼국 시대
③ 고려 시대 　　　④ 조선 시대
⑤ 일제 강점기

중요
20 ○에서 안내한 글 읽기 방법으로 알맞은 것을 두 가지 고르시오. (,)

① 문단의 중심 문장 찾으며 읽기
② 뒤에 이어질 내용 추측하며 읽기
③ 모르는 낱말은 사전에서 찾으며 읽기
④ 글과 관련 있는 지식이나 경험 떠올리기
⑤ 글에서 답을 찾을 수 없는 질문 떠올리기

중심내용 조선 시대에는 서울 한강가에 정식 관청인 동빙고와 서빙고를 두고 법으로 엄격히 규정하여 얼음을 공급하였습니다.

3 조선 시대에는 서울 한강가에 얼음 창고를 만들었는데, 동빙고와 서빙고를 두었다. 동빙고는 **왕실**의 제사에 쓰일 얼음을 보관했고, 서빙고는 음식 저장용, 식용, 또는 의료용으로 쓸 얼음을
★ 먹을 것으로 씀.
왕실과 고급 관리들에게 **공급했다**. 조선 시대의 빙고는 정식 관청이었으며, 얼음의 공급 규정을 법으로 엄격히
국가의 사무를 집행하는 국가 기관.
규정할 만큼 얼음의 공급을 중요하게 여겼다.
빙고를 정식 관청으로 지정하고 얼음 공급 규정을 법으로 엄격히 규정한 까닭

| ⊙ | (라)는 |
사실이 신기하다.

★ 바르게 읽기

[괄리]	[관니]
(○)	(×)

■ 조선 시대의 빙고-정식 관청

동빙고	왕실의 제사에 쓰일 얼음 보관하던 곳.
서빙고	음식 저장용, 의료용으로 쓸 얼음을 왕실과 고급 관리들에게 공급하던 곳.

중심내용 우리나라는 얼음을 보관했다가 쓰는 장빙 기술이 크게 발달했으며, 현재 석빙고는 일곱 개가 남아 있습니다.

4 한겨울의 얼음을 보관했다가 쓰는 기술을 장빙이라고 했다. 우리나라는 여름과 겨울의 기온 차가 커서 옛날부터 장빙 기술이 크게 발달했다. 장빙 기술을 활용한 석빙고는 현재 일곱 개가 남아 있는데, 남한에는 경주, 안동, 영산, 창녕, 청도, 현풍에 각각 한 개가, 북한 해주에 한 개가 남아 있다. 그중
석빙고가 남아 있는 곳
가장 완벽한 것이 바로 경주의 석빙고이다.

낱말 사전

왕실(王 임금 왕, 室 집 실) 임금의 집안.
공급(供 이바지할 공, 給 줄 급)**했다** 요구나 필요에 따라 물품 따위를 제공했다.

---

21 조선 시대에는 어디에 얼음 창고를 만들었습니까?
( )

① 한강가
② 바닷가
③ 궁궐 안
④ 산 속 동굴
⑤ 각 관청의 지하

23 '장빙'의 뜻으로 알맞은 것은 무엇입니까? ( )

① 얼음을 쉽게 얼리는 기술
② 한겨울에 얼음을 얻는 기술
③ 얼음을 창고까지 나르는 기술
④ 얼음을 여러 곳에 이용하는 기술
⑤ 한겨울의 얼음을 보관했다가 쓰는 기술

22 중요 동빙고의 역할로 알맞은 것은 무엇입니까? ( )

① 의료용 얼음 보관
② 시장에서 쓸 얼음 보관
③ 음식 저장용으로 쓸 얼음 보관
④ 왕실의 제사에 쓰일 얼음을 보관
⑤ 왕실과 고급 관리들에게 공급할 얼음 보관

24 서술형 이 글을 읽으며 알게 된 사실을 떠올려 ⊙에 들어갈 알맞은 내용을 쓰시오.

_____

도움말 이 글을 읽고 새롭게 알게 된 점이나 신기한 점을 찾아 써 봅니다.

■ 과학 시간에 배운 열의 이동

고체	열이 고체 물질을 따라 온도가 높은 곳에서 낮은 곳으로 이동함.
액체	주위보다 온도가 높은 액체가 위로 올라가고 위에 있던 액체가 아래로 내려오면서 열이 이동함.
기체	주위보다 온도가 높은 기체가 위로 올라가고 온도가 낮은 기체가 아래로 내려오면서 열이 이동함.

■ 글을 읽으며 질문을 만드는 방법

• 글의 제목만 보고 질문을 만들어 봅니다.
• 글쓴이의 입장에서 생각해 보며 질문을 만들어 봅니다.
• 글 내용과 자신이 아는 내용을 관련지은 질문을 만들어 봅니다.

중심 내용 경주 석빙고는 얼음이 적게 녹고 장기간 보관할 수 있도록 과학적인 구조로 만들어졌습니다.

5 보물인 경주 석빙고는 1738년에 만들었으며, 입구에서부터 점점 깊어져 창고 안은 길이 14미터, 너비 6미터, 높이 5.4미터이다. 석빙고는 온도 변화가 적은 반지하
　　　　　　　　석빙고의 규모
구조로 한쪽이 긴 흙무덤의 모양이며, 바깥 공기가 들어오지 않도록 출입구의 동쪽은
온도 변화가 적음.
담으로 막고 지붕에는 구멍을 뚫었다.
바깥의 공기가 들어오지 않도록
　지붕은 이중 구조인데 바깥쪽은 열을 효과적으로 막아 주는 진흙으로, 안쪽은 열전달이 잘되는 화강암으로 만들었다. 천장은 반원형으로 기둥 다섯 개에 장대석이 걸쳐 있고,
　　　　　　　　　　　　　　길게 다듬어 만든 돌.
장대석을 걸친 곳에는 밖으로 통하는 공기구멍이 세 개가 나 있다. 이 구멍은 아래쪽이 넓고 위쪽은 좁은 직사각형 기둥 모양인데, 이렇게 함으로써 바깥에서 바람이 불 때 빙실 안의 공기가 잘 빠져나온다.
구멍의 아래쪽을 넓게, 위쪽을 좁게 함으로써
즉, 열로 데워진 공기와 출입구에서 들어오는 바깥의 더운 공기가 지붕의 구멍으로 빠져나가기 때문에 빙실 아래의 찬 공기가 오랫동안
　　　　　　　얼음이 있는 방.
머물 수 있어 얼음이 적게 녹는 것이다.

왜 지붕은 이중 구조로 만들었을까?

★ 바르게 쓰기

오랫동안	오래동안
(○)	(×)

중요
25 이 글은 무엇에 대해 설명하고 있습니까? (　　)

① 경주 석빙고의 구조
② 경주 석빙고의 위치
③ 경주 석빙고의 유래
④ 경주 석빙고에 얽힌 전설
⑤ 경주 석빙고에 가는 방법

26 경주 석빙고에 대한 설명으로 알맞지 <u>않은</u> 것은 무엇입니까? (　　)

① 온도 변화가 적은 반지하 구조로 되어 있다.
② 출입구 외에는 공기가 드나드는 구멍이 전혀 없다.
③ 바깥 공기가 들어오지 않도록 출입구의 동쪽은 담으로 막았다.
④ 열로 데워진 공기와 출입구에서 들어오는 바깥의 더운 공기가 지붕의 구멍으로 빠져나간다.
⑤ 지붕의 바깥쪽은 열을 효과적으로 막아 주는 진흙으로, 안쪽은 열전달이 잘되는 화강암으로 만들었다.

27 이 글의 내용과 같이 경주 석빙고를 만든 까닭은 무엇입니까? (　　)

① 겨울에도 따뜻하게 지낼 수 있게 하려고
② 음식을 맛있는 온도로 발효시키기 위해서
③ 여름에도 시원하고 쾌적하게 지내고 싶어서
④ 온도와 습도를 유지하여 국가유산을 보호하기 위해서
⑤ 빙실 아래에 찬 공기가 오랫동안 머물게 하여 얼음을 적게 녹게 하기 위해서

서술형
28 이 글의 내용과 관련 있는 과학 지식을 떠올려 보고 알맞은 내용을 쓰시오.

_____

_____

_____

도움말 5학년 1학기 과학 시간에 배운 열의 이동에 관한 내용 중 글의 내용과 관련된 내용을 떠올려 써 봅니다.

또한 지붕에는 잔디를 심어 태양열을 차단하였고, 내부 바닥 한가운데에 배수로를
〔태양열을 차단하기 위해〕 〔얼음에서 녹은 물이 잘 빠지게 하려고〕
5도 경사지게 파서 얼음에서 녹은 물이 밖으로 흘러 나갈 수 있는 구조를 갖추어 과

학적이다.

여기에다가 석빙고의 얼음을 왕겨나 짚으로 싸 보관
했다. 왕겨나 짚은 **단열** 효과를 높이기도 하지만, 얼음
이 약간 녹을 때 주변 열도 흡수하므로 왕겨나 짚의 안
쪽 온도가 낮아져 얼음을 오랫동안 보관할 수 있다.

중심내용 자연 상태에서 효과적으로 얼음을 보관할 수 있는 구조로 지어진 석
빙고에서 조상들의 과학적인 지혜를 엿볼 수 있습니다.

6 석빙고는 자연 그대로의 **순환** 원리에 맞춰 계절의 변화와 돌, 흙, 바람, **지형** 등을
〔석빙고의 구조적 특징〕
활용해 자연 상태에서 가장 효과적으로 얼음을 오랫동안 저장할 수 있는 구조로 되어
있다. 이러한 시설은 세계적으로도 드문데 조상들의 과학적인 지혜를 한껏 엿볼 수
〔자주 볼 수 없는데〕
있다.

> ㉠얼음을 장기간 보관할 수 있는 다른 방법으로는 무엇이 있을까?

■ 지식이나 경험을 활용해 글을 읽는 방법

- 책을 읽을 때 궁금한 점은 책 내용을 찾아가며 읽습니다.
- 자신이 아는 내용과 책 내용을 비교하며 읽습니다.
- 글을 읽기 전에 여러 가지 질문을 떠올려 본 뒤 떠올렸던 질문을 생각하며 글을 읽습니다.

낱말 사전

단열 물체와 물체 사이에 열이 서로 통하지 않도록 막음.
순환 주기적으로 자꾸 되풀이하여 돎. 또는 그런 과정.
지형(地 땅 지, 形 형상 형) 땅의 생긴 모양이나 형세.

29 석빙고의 얼음을 왕겨나 짚으로 싸서 보관한 까닭을 두 가지 고르시오. (,)

① 얼음이 더렵혀지지 않도록 하려고
② 왕겨나 짚이 단열 효과를 높이기 때문에
③ 얼음을 이동시킬 때 쉽게 잡아 끌 수 있게 하려고
④ 시원해진 왕겨나 짚을 음식물에 이용하기 위해서
⑤ 얼음이 약간 녹을 때 주변 열을 흡수하여 왕겨나 짚의 안쪽 온도가 낮아지기 때문에

30 석빙고를 통해 확인할 수 있는 것은 무엇입니까? ( )

① 조상들의 예의
② 조상들의 인내심
③ 조상들의 겸손함
④ 조상들의 과학적인 지혜
⑤ 조상들의 서로 돕는 마음

31 ㉠은 다음 항목 중 무엇에 해당하는지 ○표를 하시오.

(1) 짐작한 것 ( )
(2) 알고 싶은 것 ( )
(3) 새롭게 안 것 ( )

중요
32 지식이나 경험을 활용해 이 글을 읽는 방법으로 알맞지 **않은** 것을 두 가지 고르시오. (,)

① 가장 많이 반복되는 낱말을 찾으면서 읽는다.
② 자신이 아는 내용과 책 내용을 비교하며 읽는다.
③ 책을 읽을 때 궁금한 점은 다른 책을 찾아 가며 읽는다.
④ 글을 쉽게 이해하기 위해 여러 차례 반복해서 읽는다.
⑤ 글을 읽기 전에 여러 가지 질문을 떠올려 본 뒤 떠올렸던 질문을 생각하며 글을 읽는다.

- **글의 종류**: 기행문, 견학기록문 (체험과 감상이 드러나는 글)
- **글의 특징**: 국립한글박물관을 관람한 뒤 인상 깊은 체험과 체험에 대한 생각이나 느낌을 생생하게 쓴 글입니다.

중심 내용 국립한글박물관의 한글 놀이터, 한글 배움터, 특별 전시실을 관람했습니다.

1 ㉠상설 전시실 바로 위에는 '한글 놀이터'와 '한글 배움터' 그리고 '특별 전시실'이 있었다. 아이들이 놀면서 한글을 배울 수 있는 '한글 놀이터', 한글에 익숙하지 않은 사람들을 위해 마련한 '한글 배움터'는 모두 체험과 놀이를 하면서 한글을 이해하도록
'한글 놀이터'와 '한글 배움터'의 공통점
만들어졌다는 점이 흥미로웠다. ㉡'특별 전시실'에서는 국립한글박물관 개관 기념 특
기관이 처음으로 시설을 차려 놓고 문을 엶.
별전을 진행했는데, '세종 대왕, 한글문화 시대를 열다'라는 기획 아래 세종 대왕의 업적과 일대기, 세종 시대의 한글문화, 세종 정신 따위를 주제로 한 전통적인 유물과
특별 전시실에서 체험한 것
이를 현대적으로 해석한 현대 작가의 작품을 만날 수 있었다.

■ **체험과 감상이 드러나게 글을 쓰는 방법**
- 체험에서 글쓴이가 본 것, 들은 것, 한 것 등 체험한 일을 자세히 풀어 씁니다.
- 체험한 일에 대한 생각이나 느낌이 생생하게 전달되도록 씁니다.
- 체험할 때 느낀 감동을 과장하지 말고 느낀 만큼 솔직하게 씁니다.

중심 내용 한글 유물을 직접 볼 수 있어 신기하고 즐거웠고, 한글을 더 생생하고 자세하게 배우는 소중한 기회를 얻어 뿌듯했습니다.

2 ㉢박물관을 관람하면서 책과 화면으로만 봤던 한글 유물을 직접 볼 수 있어서 신
선대의 인류가 후대에 남긴 물건.
기하고 즐거웠다. 그뿐만 아니라 날마다 세 번씩 운영하는 해설이 있는 관람 프로그램을 활용하면 더 많은 지식을 쌓으며 관람할 수 있겠다는 생각이 들었다. ㉣이번 관람으로 국어 시간에 배웠던 한글을 더 생생하고 자세하게 배우는 소중한 기회를 얻어서 무척 뿌듯했다.

---

33 어디에 다녀와서 쓴 글입니까? (   )

① 경복궁
② 역사박물관
③ 국립중앙박물관
④ 국립김치박물관
⑤ 국립한글박물관

34 글쓴이가 체험한 일을 바르게 말한 친구의 이름을 쓰시오.

> 재현: 국립한글박물관의 개관 기념식에 직접 참여했어.
> 태이: 세종대왕에 관한 전기문을 읽고, 그의 업적에 대해 조사해 보았어.
> 다경: 국립한글박물관의 한글 놀이터, 한글 배움터, 특별 전시실을 관람했어.

(   )

35 ㉠~㉣ 중 글쓴이가 체험한 일에 대한 감상에 해당하는 것의 기호를 모두 쓰시오.

(   )

36 이와 같은 글을 쓰는 방법으로 알맞은 것을 두 가지 고르시오. (,   )

① 주장과 주장에 대한 근거가 잘 나타나도록 쓴다.
② 감각적인 표현을 사용하여 내 생각을 재미있게 쓴다.
③ 언제, 누가, 무엇을, 왜 했는지 육하원칙에 맞게 쓴다.
④ 체험에서 글쓴이가 본 것, 들은 것, 한 것 등을 자세히 풀어 쓴다.
⑤ 체험한 일에 대한 생각이나 느낌이 생생하게 전달되도록 쓴다.

교과서 82~85쪽 내용 | 학습 목표 ▶ 지식이나 경험을 활용해 함께 글 고치기 |

⑦ 국립한글박물관을 찾았다. 국립한글박물관은 '한글'로만 기록한 한글 자료와 한글을 활용한 작품들을 전시해 놓은 곳이다. 국립한글박물관은 용산 국립중앙박물관 옆에 있다. 우리 가족은 집 근처에서 지하철을 타고 가서 '박물관 나들길'을 이용해 박물관까지 걸어갔다. 이정표를 따라 걷다 보니 큰 박물관 건물이 눈에 들어왔다.
<u>국립한글박물관의 위치</u>
<u>국립한글박물관에 간 방법</u>
<u>거리 및 방향을 알려주는 표지.</u>

④ 처음 발끝이 닿은 장소는 2층 '한글이 걸어온 길' 상설 전시실이었다. 전시실 이름처럼 '한글이 걸어온 길'을 주제로 마련한 상설 전시실은 총 3부로 구성되었다. 1부 주제는 '새로 스물여덟 자를 만드니'로, 세종 25년 한글이 그 모습을 드러내던 때를 살펴볼 수 있었고, 2부 주제는 '쉽게 익혀서 편히 쓰니'이며, 마지막으로 3부 주제는 '세상에 널리 퍼져 나아가니'이다. 상설 전시실의 이름이 한글의 역사를 잘 말해 주는 것 같았다.
<u>처음 관람한 곳</u>
<u>글쓴이의 감상</u>

의견을 쓴 사람	글에 대한 의견
민주	내 경험으로는 지하철역에서 국립한글박물관까지 걸어가는 길 주변 건물의 모습이 인상 깊었다. 글 ⑦에 이런 부분을 덧붙이면 글이 더 생생하게 느껴질 것이다.
동호	문장 중간중간에 감상을 넣어 주면 글쓴이가 어떻게 느꼈는지 알 수 있어서 좋을 것 같다. 지금은 글 ⑦와 글 ④ 모두 체험에 비해 감상이 부족해 보인다.
정욱	글 ④에서 '발끝이 닿은 장소'보다는 '발길이 닿은 장소'가 더 자연스럽다.
성민	상설 전시실이라는 낱말의 뜻이 조금 어려워 보인다. 간단히 뜻을 설명해 주면 좋겠다.
유원	글 ④에서 한글을 설명할 때 4학년 1학기 때 배운 『훈민정음해례본』 내용도 함께 설명하면 읽는 사람이 이해하기 쉬울 것이다.

■ **지식이나 경험을 활용해 글을 고치면 좋은 점**
• 배운 지식을 활용하면 글 내용을 더 정확하고 자세하게 나타낼 수 있습니다.
• 서로의 경험을 활용해서 글 내용을 생생하게 고칠 수 있어서 좋습니다.
• 글쓴이가 잘못 이해하고 쓴 내용도 다른 친구들이 바르게 고쳐 줄 수 있습니다.

■ **글에 대한 의견을 말하는 방법**
• 글 내용에서 보충해야 할 부분을 말합니다.
• 읽는 사람의 처지에서 이해하기 쉬운 방향으로 말해 줍니다.
• 글의 목적이 분명한지 살펴보고 말해 줍니다.

★ 바르게 읽기

[궁닙]	[국립]
(○)	(×)

---

37 글 ⑦와 ④를 통해 알 수 있는 정보가 **아닌** 것은 무엇입니까? (   )

① 한글의 우수성
② 국립한글박물관의 위치
③ 국립한글박물관에 가는 방법
④ 체험한 내용에 대한 글쓴이의 감상
⑤ 국립한글박물관 상설 전시실의 주제와 전시 내용

38 자신의 경험을 활용해서 글에 대한 의견을 말한 친구는 누구인지 ○표를 하시오.

(민주 , 동호 , 정욱)

39 친구들의 의견과 같이 지식이나 경험을 활용해 글을 고치면 좋은 점이 **아닌** 것은 무엇입니까? (   )

① 글 내용을 생생하게 고칠 수 있다.
② 글 내용이 어렵고 복잡해질 수 있다.
③ 글 내용을 더 정확하게 나타낼 수 있다.
④ 글 내용을 더 자세하게 나타낼 수 있다.
⑤ 잘못 이해하고 쓴 내용도 바르게 고쳐 줄 수 있다.

40 글 ⑦와 ④를 어떻게 고쳐 쓰면 좋을지 자신의 의견을 쓰시오.

[도움말] 글 내용에 대해 보충할 부분, 고칠 부분 등을 읽는 사람이 이해하기 쉬운 방향으로 생각해 봅니다.

서술형 수행 평가 돋보기

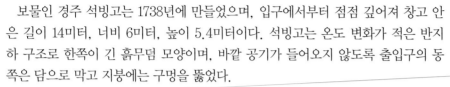

학교에서 출제되는
서술형 수행 평가를
미리 준비하세요.

◐ 다음 글을 읽고, 물음에 답하시오.

> 보물인 경주 석빙고는 1738년에 만들었으며, 입구에서부터 점점 깊어져 창고 안은 길이 14미터, 너비 6미터, 높이 5.4미터이다. 석빙고는 온도 변화가 적은 반지하 구조로 한쪽이 긴 흙무덤 모양이며, 바깥 공기가 들어오지 않도록 출입구의 동쪽은 담으로 막고 지붕에는 구멍을 뚫었다.
>
> 지붕은 이중 구조인데 바깥쪽은 열을 효과적으로 막아 주는 진흙으로, 안쪽은 열 전달이 잘되는 화강암으로 만들었다. 천장은 반원형으로 기둥 다섯 개에 장대석이 걸쳐 있고, 장대석을 걸친 곳에는 밖으로 통하는 공기구멍이 세 개가 나 있다. 이 구멍은 아래쪽이 넓고 위쪽은 좁은 직사각형 기둥 모양인데, 이렇게 함으로써 바깥에서 바람이 불 때 빙실 안의 공기가 잘 빠져나온다. 즉, 열로 데워진 공기와 출입구에서 들어오는 바깥의 더운 공기가 지붕의 구멍으로 빠져나가기 때문에 빙실 아래의 찬 공기가 오랫동안 머물 수 있어 얼음이 적게 녹는 것이다. 또한 지붕에는 잔디를 심어 태양열을 차단했고, 내부 바닥 한가운데에 배수로를 5도 경사지게 파서 얼음에서 녹은 물이 밖으로 흘러 나갈 수 있는 구조를 갖추어 과학적이다.

🔍 **문제 파악**
배운 지식을 활용해 글을 읽으면 좋은 점을 알아보는 문제입니다.

🔍 **해결 전략**

1 단계	글 내용과 관련된 지식 확인하기

↓

2 단계	배운 지식을 글을 읽을 때 어떻게 활용할지 생각하기

↓

3 단계	배운 지식을 활용해 글을 읽고 좋은 점 쓰기

1 다음 과학 시간에 배운 내용 중 이 글의 내용과 직접 관련 있는 지식은 무엇인지 쓰시오.

> • 고체: 열이 고체 물질을 따라 온도가 높은 곳에서 낮은 곳으로 이동함.
> • 액체: 주위보다 온도가 높은 액체가 위로 올라가고 위에 있던 액체가 아래로 내려오면서 열이 이동함.
> • 기체: 주위보다 온도가 높은 기체가 위로 올라가고 온도가 낮은 기체가 아래로 내려오면서 열이 이동함.

_____

2 과학 시간에 배운 내용을 이 글을 읽을 때 어떻게 활용할 수 있을지 쓰시오.

_____

학교 선생님께서
알려 주시는 모범 답안과
채점 기준도 book ❸ 해설책에서
꼭 확인해 보자!

3 지식이나 경험을 활용해 글을 읽으니 어떤 점이 좋았는지 쓰시오.

_____

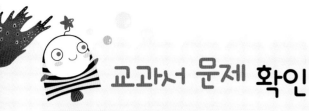 

교과서 문제 확인

교과서 65~67쪽

「줄다리기, 모두 하나 되는 대동 놀이」

○ 영산 줄다리기를 준비하는 과정과 줄다리기를 한 까닭, 줄다리기에 담긴 조상들의 지혜에 대해 알려 주는 글

• 음력 정월에 사람들이 모여 함께 줄을 만들 수 있었던 까닭은 무엇인가요?

예 음력 정월은 농사일을 잠시 쉬는 시기였기 때문에 사람들이 함께 모여 줄을 만들 수 있는 시간이 있었습니다.

• 조상들은 왜 용을 닮은 줄을 만들어 줄다리기를 했나요?

예 조상들은 용이 물을 다스리는 신이라고 생각해서 용을 즐겁고 기쁘게 하면 풍년이 들 것이라고 믿었기 때문에 용을 닮은 줄을 만들어 줄다리기를 했습니다.

• 줄다리기에 담긴 조상들의 지혜는 무엇인가요?

예 봄기운이 시작되는 정월에 풍년을 기원하고, 큰 행사를 치르면서 마을 사람들이 마음을 한데 모아 무사히 한 해 농사를 지으려는 지혜가 담겨 있습니다.

• 윤지가 어떤 생각을 하며 글을 읽었는지 살펴보고, 윤지가 떠올린 생각이 글을 읽는 데 어떤 도움이 되었을지 친구들과 이야기해 보세요.

예 윤지는 궁금한 내용을 생각하면서 글을 읽어서 글 내용에 더 집중할 수 있었을 것 같아. / 예 윤지는 글의 내용을 짐작하며 읽어서 글이 더 재미있게 느껴졌나 봐.

• 지식이나 경험을 활용해 글을 읽는 방법을 생각해 봅시다.

예 글을 읽다가 잘 모르는 내용이 나오면 먼저 관련 있는 지식을 공부한다. / 글을 골라 읽을 때에는 관련 있는 지식이나 경험이 많은 것으로 고른다.

교과서 72~75쪽

「조선의 냉장고 '석빙고'의 과학」

○ 한겨울의 얼음을 가을까지 녹지 않게 효과적으로 보관해 두었던 석빙고의 과학적 원리를 알기 쉽게 설명한 글

• 냉장고와 빙고는 어떤 점이 다른가요?

예 냉장고는 냉기나 얼음을 인공적으로 만드는 기계 장치이지만, 빙고는 겨울에 보관해 두었던 얼음을 봄·여름·가을까지 녹지 않게 효과적으로 보관하는 냉동 창고입니다.

• 조선 시대 동빙고와 서빙고는 어떤 역할을 했나요?

예 동빙고는 왕실의 제사에 쓰일 얼음을 보관했고, 서빙고는 음식 저장용, 식용, 또는 의료용으로 쓸 얼음을 왕실과 고급 관리들에게 공급했습니다.

• 경주 석빙고가 과학적이라고 말할 수 있는 까닭을 세 가지 찾아보세요.

예 바깥 공기가 들어오지 않도록 출입구 동쪽이 담으로 막혀 있고 지붕에 구멍이 뚫려 있어 더운 공기가 빠져나가도록 했습니다. 지붕에 잔디를 심어 태양 열을 차단했습니다. 내부 바닥 한가운데에 배수로를 경사지게 파서 얼음에서 녹은 물이 밖으로 흘러 나가도록 했습니다.

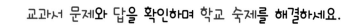

• ①~⑧을 보기 의 항목에 따라 분류해 보세요.

보기

ㄱ 알고 싶은 것   ㄴ 짐작한 것   ㄷ 새롭게 안 것

①	조선 시대에는 음식이 상하지 않도록 어떻게 보관했을까?	ㄱ
②	빙고는 얼음을 보관하는 창고라는 뜻인 것 같아.	예 ㄴ
③	얼음을 나누어 주는 법이 있었다니 신기해.	예 ㄷ
④	'한겨울의 얼음을 보관했다가 쓰는 기술'이라는 부분에서 '장빙'이라는 낱말의 뜻을 알 수 있었어.	예 ㄷ
⑤	경주에 있는 석빙고에 간 적이 있어. 무덤처럼 생겼는데 어떻게 냉장고의 역할을 하는지 궁금했어.	예 ㄱ
⑥	'장대석'의 뜻을 국어사전에서 찾아봐야겠어.	예 ㄱ
⑦	석빙고의 구조를 그림으로 설명한 자료가 있으면 좋겠어.	예 ㄱ
⑧	석빙고의 얼음을 왕겨나 짚에 싸서 보관했다는 것을 알았어.	예 ㄷ

• 「조선의 냉장고 '석빙고'의 과학」을 읽으며 쓴 생각이나 질문을 정리해 보세요.

알고 싶은 것	예 얼음 창고에서 겨울에 만든 얼음을 이듬해 가을까지 보관할 수 있었던 까닭은 무엇일까? / 얼음을 장기간 보관할 수 있는 다른 방법으로는 무엇이 있을까?
짐작한 것	예 주위보다 온도가 높은 기체는 위로 올라가는 성질이 있어서 빙고 속의 온도가 낮아졌을 것이다. 그래서 얼음을 오랫동안 보관할 수 있었을 것이다.
새롭게 안 것	예 조선 시대에는 빙고가 관청이었다는 사실이 신기하다.

• 「조선의 냉장고 '석빙고'의 과학」을 이해할 때 과학 시간에 배운 내용을 어떻게 활용할 수 있는지 써 보세요.

예 내부 바닥 한가운데에 배수로를 경사지게 파서 얼음에서 녹은 물이 밖으로 흐르도록 했다. / 온도가 높은 공기가 위로 올라가고 온도가 낮은 공기가 아래로 내려가서 석빙고의 바닥은 낮은 온도를 유지했다.

교과서
78쪽

교과서 76~81쪽   ○ 체험한 일을 떠올리며 감상이 드러나게 글 쓰기

• 글쓴이가 체험한 일은 무엇인지 말해 보세요.

예 국립한글박물관의 한글 놀이터, 한글 배움터, 특별 전시실을 관람했습니다.

• 글쓴이가 체험한 일에 대한 감상은 무엇인지 찾아보세요.

예 한글 유물을 직접 볼 수 있어서 신기하고 즐거웠다. / 국어 시간에 배웠던 한글을 더 생생하고 자세하게 배우는 소중한 기회를 얻어서 무척 뿌듯했다.

• 체험한 일을 떠올리며 감상이 드러나는 글을 쓰는 방법을 말해 보세요.

예 체험한 일에 대한 감상을 생생하게 전하도록 써야 해.

단원 정리 학습

핵심 1   지식이나 경험을 활용해 글 읽기

1 지식이나 경험을 활용해 글을 읽으면 좋은 점

- 글 내용을 쉽게 이해할 수 있습니다.
- 글 내용에 흥미를 느낄 수 있습니다.
- 글 내용을 깊이 이해할 수 있습니다.
- 이미 아는 내용과 비교하며 글을 읽을 수 있습니다.

> 글 내용을 끝까지 집중해서 읽을 수 있고, 이미 아는 내용에 새롭게 안 내용을 더하니 글 내용을 더 오래 기억할 수 있지.

2 지식이나 경험을 활용해 글을 읽는 방법

- 책을 읽을 때 궁금한 점은 다른 책이나 자료를 찾아 가며 읽습니다.
- 자신이 아는 내용과 책 내용을 비교하며 읽습니다.
- 글을 읽기 전에 여러 가지 질문을 떠올려 본 뒤 떠올렸던 질문을 생각하며 글을 읽습니다.

핵심 2   체험한 일을 떠올리며 감상이 드러나는 글을 쓰고 고쳐 쓰기

1 체험한 일을 떠올리며 감상이 드러나는 글을 쓰는 방법

- 체험에서 본 것, 들은 것, 한 것 등 체험한 일을 자세히 풀어 씁니다.
- 체험할 때의 생각이나 느낌을 떠올려 보고, 체험한 일에 대한 감상이 생생하게 전해지도록 씁니다.

2 지식이나 경험을 활용해 함께 글 고치기

평가 기준	
내용	• 체험한 일을 자세히 풀어 썼는가?
	• 글 내용이 정확한가?
	• 어떤 일인지 이해하기 쉬운가?
조직	• 글 내용에 따라 문단을 구분했는가?
	• 처음, 가운데, 끝으로 나누었는가?
	• 사실과 의견을 구분해 썼는가?
표현	• 체험한 일을 생생하게 표현했는가?
	• 정확한 표현을 사용했는가?
	• 알기 쉬운 표현을 사용했는가?

> 지식이나 경험을 활용해 글을 고치면 배운 지식을 활용해 글 내용을 더 정확하고 자세하게 나타낼 수 있고, 서로의 경험을 활용해 글 내용을 생생하게 고칠 수 있어. 또, 글쓴이가 잘못 이해하고 쓴 내용도 다른 친구들이 바르게 고쳐 줄 수 있어 좋아.

단원 확인 평가

2. 지식이나 경험을 활용해요

[01~03] 다음 글을 읽고, 물음에 답하시오.

> ㉠우리 조상들은 왜 줄을 만들어 서로 당기는 놀이를 했을까요? 그것은 농사와 관련이 깊어요. 오랜 세월 동안 농사를 지어 온 우리 조상들의 가장 큰 소망은 풍년이었어요. 농사가 잘되려면 물이 가장 중요하고요. 그런데 우리 조상들은 용이 물을 다스리는 신이라고 생각했답니다. 그래서 용을 닮은 줄을 만들고 흥겹게 줄다리기를 해서 용을 기쁘게 하려고 했어요. 물의 신인 용을 즐겁고 기쁘게 해야 풍년이 들 테니까요.
>
> 또 조상들은 계절이 바뀌는 이유가 신들끼리 힘겨루기를 하기 때문이라고 생각했답니다. 봄부터 가을까지는 착한 신들의 힘이 세지만 추운 겨울에는 악한 신들의 힘이 더 세진다고 여겼어요. 그래서 새해의 첫 달인 정월에 힘이 약해진 착한 신들을 도울 수 있는 놀이를 했답니다.

우리나라의 민속놀이 가운데 풍물놀이도 풍년을 기원하며 많이 해 왔다고 배웠어.

윤지

01 ㉠에 대한 답으로 알맞은 것은 무엇입니까? (   )

① 활동이 적은 추운 겨울에 힘을 기르려고
② 한 해 농사를 잘 짓기 위해 힘을 기르려고
③ 힘센 마을 사람들을 가려 군인으로 뽑으려고
④ 짚을 모아 줄로 만들어 나중에 필요할 때 쓰려고
⑤ 용을 닮은 줄로 줄다리기를 해서 풍년을 기원하려고

02 〔중요〕 윤지는 어떤 방법으로 글을 읽었는지 ○표를 하시오.

(1) 글의 중요한 내용을 간추리며 읽기   (   )
(2) 아는 지식이나 경험을 떠올리며 읽기   (   )

03 〔서술형〕 윤지처럼 이 글을 읽으며 떠올릴 수 있는 관련 내용이나 지식, 자신의 경험을 쓰시오.

_____

_____

도움말 글과 관련하여 이미 알고 있는 지식이나 읽은 책의 내용, 들은 내용 등을 떠올려 봅니다.

[04~06] 다음 글을 읽고, 물음에 답하시오.

> 보물인 경주 석빙고는 1738년에 만들었으며, 입구에서부터 점점 깊어져 창고 안은 길이 14미터, 너비 6미터, 높이 5.4미터이다. 석빙고는 온도 변화가 적은 반지하 구조로 한쪽이 긴 흙무덤 모양이며, 바깥 공기가 들어오지 않도록 출입구의 동쪽은 담으로 막고 지붕에 구멍을 뚫었다.
>
> 지붕은 이중 구조인데 바깥쪽은 열을 효과적으로 막아 주는 진흙으로, 안쪽은 열전달이 잘되는 화강암으로 만들었다. 천장은 반원형으로 기둥 다섯 개에 장대석이 걸쳐 있고, 장대석을 걸친 곳에는 밖으로 통하는 공기구멍이 세 개가 나 있다. 이 구멍은 아래쪽이 넓고 위쪽은 좁은 직사각형 기둥 모양인데, 이렇게 함으로써 바깥에서 바람이 불 때 빙실 안의 공기가 잘 빠져나온다. 즉, 열로 데워진 공기와 출입구에서 들어오는 바깥의 더운 공기가 지붕의 구멍으로 빠져나가기 때문에 빙실 아래의 찬 공기가 오랫동안 머물 수 있어 [㉠   ]이다.

04 ㉠에 들어갈 말로 알맞은 것은 무엇입니까? (   )

① 얼음이 맛있는 것
② 얼음이 적게 녹는 것
③ 얼음이 빨리 어는 것
④ 음식이 잘 발효되는 것
⑤ 석빙고의 공기가 건조한 것

05 과학 시간에 배운 지식을 활용해 글의 내용을 잘 이해한 친구의 이름을 쓰시오.

> 현준: 석빙고 안쪽의 화강암은 고체로서 열을 효과적으로 막아 주는 역할을 했어.
> 지안: 빙실 안에 찬 공기가 오래 머물 수 있었던 까닭은 찬 공기가 아래로 내려가기 때문이야.
> 진세: 데워진 공기가 위로 올라갔다가 차가워지면 다시 내려오면서 석빙고 안의 공기가 잘 순환되었어.

(   )

06 다음은 글을 읽으며 어떤 내용을 떠올린 것인지 알맞게 선으로 이으시오.

(1) 조선 시대에는 빙고가 관청이었다는 사실이 신기하다. ・　・① 짐작한 것

(2) 빙고는 얼음을 보관하는 창고라는 뜻인 것 같다. ・　・② 알고 싶은 것

(3) 얼음을 장기간 보관할 수 있는 다른 방법으로는 무엇이 있을까? ・　・③ 새롭게 안 것

07 지식이나 경험을 활용해 글을 읽는 방법을 생각하며 ( ) 안에 알맞은 말을 쓰시오.

(1) 자신이 아는 내용과 책 내용을 ( ) 하며 읽는다.

(2) 글을 읽기 전에 여러 가지 ( )을/를 떠올려 본 뒤 떠올렸던 ( )을/를 생각하며 글을 읽는다.

[08~09] 다음 글을 읽고, 물음에 답하시오.

(가) ㉠국립한글박물관을 찾았다. ㉡국립한글박물관은 '한글'로만 기록한 한글 자료와 한글을 활용한 작품들을 전시해 놓은 곳이다. 국립한글박물관은 용산 국립중앙박물관 옆에 있다. ㉢우리 가족은 집 근처에서 지하철을 타고 가서 '박물관 나들길'을 이용해 박물관까지 걸어갔다. 이정표를 따라 걷다 보니 큰 박물관 건물이 눈에 들어왔다.

(나) 처음 발끝이 닿은 장소는 2층 '한글이 걸어온 길' 상설 전시실이었다. 전시실 이름처럼 '한글이 걸어온 길'을 주제로 마련한 상설 전시실은 총 3부로 구성되었다. ㉣1부 주제는 '새로 스물여덟 자를 만드니'로, 세종 25년 한글이 그 모습을 드러내던 때를 살펴볼 수 있었고, 2부 주제

는 '쉽게 익혀서 편히 쓰니'이며, 마지막으로 3부 주제는 '세상에 널리 퍼져 나아가니'이다. ㉤상설 전시실의 이름이 한글의 역사를 잘 말해 주는 것 같았다.

의견을 쓴 사람	글에 대한 의견
민주	내 경험으로는 지하철역에서 국립한글박물관까지 걸어가는 길 주변 건물의 모습이 인상 깊었다. 글 ㉮에 이런 부분을 덧붙이면 글이 더 생생하게 느껴질 것이다.
동호	문장 중간중간에 감상을 넣어 주면 글쓴이가 어떻게 느꼈는지 알 수 있어서 좋을 것 같다. 지금은 글 ㉮와 글 ㉯ 모두 체험에 비해 감상이 부족해 보인다.
정욱	글 ㉯에서 '발끝이 닿은 장소'보다는 '발길이 닿은 장소'가 더 자연스러울 것 같다.
성민	상설 전시실이라는 낱말의 뜻이 조금 어려워 보인다. 간단히 뜻을 설명해 주면 좋겠다.

08 ㉠~㉤ 중 감상에 해당하는 것의 기호를 쓰시오.

( )

09 친구들이 글에 대한 의견을 말한 방법으로 알맞지 않은 것은 무엇입니까? ( )

① 알맞은 표현에 대해 말하였다.
② 심하게 비난하며 단점만 말하였다.
③ 자신의 경험을 활용해 의견을 말하였다.
④ 글 내용에 대해 보충해야 할 부분을 말하였다.
⑤ 읽는 사람의 처지에서 이해하기 쉬운 방향으로 말하였다.

10 글을 고쳐 쓰기 위해 평가 기준을 만들 때, 글의 '내용'과 관련하여 만들 수 있는 기준으로 알맞은 것을 두 가지 고르시오. (,)

① 글 내용이 정확한가?
② 알기 쉬운 표현을 사용했는가?
③ 체험한 일을 자세히 풀어 썼는가?
④ 처음, 가운데, 끝으로 나누었는가?
⑤ 글 내용에 따라 문단을 구분했는가?

지저분한 재활용 처리장을 보고 아파트 주민들은 'CCTV를 설치하자.', '일주일에 한 번 날을 정해 재활용품을 배출하자.', '재활용 처리장을 지하로 옮기자.' 등 다양한 의견을 냈어요. 그런데 모두 자기 의견만 말하고 있네요. 어떻게 하면 의견을 하나로 모을 수 있을까요? 토의해서 합리적인 방법을 정하거나 서로 의견을 조정하며 토의하면 가능하겠죠?

이제, 3단원에서는 의견 조정의 필요성과 방법을 알고 토의에 스스로 참여하는 방법을 공부해 볼 거예요.

3 의견을 조정하며 토의해요

55쪽 단원 정리 학습에서 더 자세히 공부해 보세요.

단원 학습 목표

1. **토의 과정에서 의견을 조정하는 방법을 알 수 있습니다.**
   - 해결하려는 문제를 정확히 파악하고 여러 사람의 다양한 의견을 들어 봅니다.
   - 자료를 찾아 의견을 뒷받침하고, 문제를 해결하기에 적합한 의견인지 생각합니다.
   - 의견대로 실천했을 때 결과를 생각하고, 일어날 수 있는 문제점을 예측해 봅니다.
   - 어떤 의견을 더 따르고 싶어 하는지 살펴보고, 의견에 대한 토의 참여자의 생각을 듣습니다.

2. **토의에서 자신의 의견을 뒷받침할 자료를 찾아 알기 쉽게 표현할 수 있습니다.**
   - 기사문이나 보도문은 제목을 중심으로 훑어 읽고, 책은 차례를 살펴서 건너뛰며 읽습니다.
   - 중요한 정보는 간단하게 요약하고, 사진이나 그림, 표를 이용해 쉽고 간단하게 나타냅니다.

단원 진도 체크

회차		학습 내용	진도 체크
1차	단원 열기	단원 학습 내용 미리 보고 목표 확인하기	✓
	교과서 내용 학습	의견을 조정해야 하는 까닭 알기	✓
2차	교과서 내용 학습	토의 과정에서 의견을 조정하는 방법 알기	✓
	교과서 내용 학습	토의에서 자신의 의견을 뒷받침할 자료 찾아 읽기	✓
3차	교과서 내용 학습	찾은 자료를 정리해 알기 쉽게 표현하기	✓
	교과서 내용 학습	의견을 조정하며 토의하기	✓
4차	서술형 수행 평가 돋보기	서술형 수행 평가 대비 학습하기	✓
	교과서 문제 확인	교과서 문제 학습하며 학교 숙제 해결하기	✓
5차	단원 정리 학습	단원 학습 내용 정리하기	✓
	단원 확인 평가	확인 평가를 통한 단원 학습 상황 파악하기	✓

해당 부분을 공부하고 나서 ✓표를 하세요.

교과서 94~99쪽 내용   학습 목표 ▶ 의견을 조정해야 하는 까닭 알기   교과서 94~99쪽

[01~03] 다음 그림을 보고, 물음에 답하시오.

1 공기 청정기가 없는 곳은 어떻게 하나요? 그럼 공기 청정기가 설치된 곳에서만 지내야 하나요?

2 마스크를 쓰는 것은 안 불편한 줄 아십니까? 마스크를 쓰면 답답하고 숨을 쉬기 어렵습니다.

3 하루 종일 공기 청정기를 켜 놓으면 전기 소모가 많을 수 있습니다.

4 미세 먼지를 걸러야 하는데 그깟 전기가 중요합니까? 정말 뭘 모르시는군요.

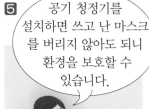

5 공기 청정기를 설치하면 쓰고 난 마스크를 버리지 않아도 되니 환경을 보호할 수 있습니다.

6 마스크를 쓰면 추운 겨울에도 얼굴을 따뜻하게 할 수 있습니다.

01 친구들은 무엇에 대해 이야기를 나누고 있습니까?
(   )

① 교실을 깨끗하게 하는 방안
② 학생들의 운동량을 늘리는 방안
③ 미세 먼지 문제에 대처하는 방안
④ 화장실을 깨끗하게 이용하는 방안
⑤ 학교 운동장을 공평하게 사용하는 방안

02 다음 토의 장면에 나타난 문제점을 알맞게 선으로 이으시오.

(1) **1~2** ·   · ① 상대의 기분을 배려하지 않고 무시하듯이 말한다.

(2) **3~4** ·   · ② 토의 주제와 관련 없는 근거를 말한다.

(3) **5~6** ·   · ③ 상대의 의견을 비판하기만 하고, 상대 의견의 장점을 받아들이지 않는다.

중요
03 이 그림과 같이 의견을 조정하지 않으면 발생할 수 있는 일에 ○표를 하시오.

(1) 말하는 사람들끼리 갈등이 생긴다.   (   )
(2) 상대 의견의 장점과 단점을 알 수 없다.
(   )

서술형
04 다음 토의 장면에 나타난 문제점은 무엇인지 쓰시오.

좀처럼 의견이 좁혀지지 않는군요. 박이슬 님의 의견은 어떻습니까?

예? 아, 뭐 저는 뭘 해도 상관없습니다.

_____

_____

도움말 박이슬 학생의 태도가 어떤 점에서 바람직하지 않은지 생각해 봅니다.

[05~07] 다음 그림을 보고, 물음에 답하시오.

05 사회자가 토의로 해결할 문제를 다시 물어본 까닭은 무엇이겠습니까?(　)

① 토의 주제를 다시 정하기 위해서
② 토의 주제가 무엇인지 잊어버려서
③ 토의를 처음부터 다시 진행하기 위해서
④ 자신의 의견에 알맞은 근거를 찾지 못해서
⑤ 토의로 해결할 문제를 정확하게 파악하기 위해서

06 '결과 예측하기' 단계에서 한 일은 무엇입니까?

(　)

① 여러 사람의 다양한 의견 듣기
② 자료를 찾아 의견을 뒷받침하기
③ 해결하려는 문제를 정확히 파악하기
④ 의견대로 실천했을 때 결과를 생각하기
⑤ 어떤 의견을 더 따르고 싶어 하는지 살펴보기

07 ^{중요} 이와 같이 의견을 조정하는 과정을 차례대로 나열한 것에 ○표를 하시오.

(1) 문제 파악하기 → 의견 실천에 필요한 조건 따지기 → 결과 예측하기 → 반응 살펴보기

(　)

(2) 반응 살펴보기 → 문제 파악하기 → 의견 실천에 필요한 조건 따지기 → 결과 예측하기

(　)

[08~10] 다음 그림을 보고, 물음에 답하시오.

10 그림 **라**와 같이 읽기 자료를 의견과 함께 제시하면 좋은 점에 ○표를 하시오.

(1) 정보를 한눈에 이해하기 쉽다. 　　(　　)

(2) 발표 내용 이외에도 더욱 풍부한 정보를 얻을 수 있다. 　　(　　)

[11~12] 다음 그림을 보고, 물음에 답하시오.

08 그림 **가**, **다**와 그림 **나**, **라**는 무엇이 다른지 바르게 이야기한 친구의 이름을 쓰시오.

> 민우: 그림 **가**, **다**에서는 아무런 자료 없이 의견을 말하고 있지만, 그림 **나**, **라**에서는 자료를 제시하며 말하고 있어.
>
> 다영: 그림 **가**, **다**에서는 의견에 대한 근거를 말하지 못하고 있지만, 그림 **나**, **라**에서는 의견에 대한 근거를 말하고 있어.

(　　　　　　　)

09 그림 **나**와 같이 눈으로 확인하기 쉬운 자료에 해당하지 <u>않는</u> 것을 두 가지 고르시오. (　, 　)

① 책　　　② 사진　　　③ 그림
④ 도표　　　⑤ 보고서

11 토의 주제는 무엇인지 쓰시오.

(　　　　　　　)

12 아이들이 자료를 찾으려는 까닭으로 알맞은 것에 ○표를 하시오.

(1) 문제점을 분명히 파악하려고 　　(　　)

(2) 의견을 뒷받침하는 근거를 자세히 확인하려고

(　　)

[13~14] 다음 그림을 보고, 물음에 답하시오.

가 신문 기사를 찾아보자.

관련 기사가 정말 많구나! 이 많은 것을 언제 다 읽어 보지?

나 책을 찾아보자.

읽어야 할 책이 많구나. 이것을 언제 다 읽지?

13 여자아이가 찾으려는 자료는 무엇인지 쓰시오.

( )

14 남자아이가 곤란해하는 까닭으로 알맞은 것에 ○표를 하시오.

(1) 어디에서 자료를 찾아야 할지 몰라서 ( )
(2) 책이 많아서 한꺼번에 읽기가 힘들어서 ( )

[15~17] 다음을 보고, 물음에 답하시오.

가	나
찾고 싶은 자료와 관련한 낱말을 컴퓨터로 검색한다. ↓ ㉠신문 기사나 뉴스의 제목을 중심으로 훑어 읽는다. ↓ 의견을 뒷받침하는 기사문이나 보도문을 찾아 자세히 읽는다. ↓ 필요한 내용을 정리하고 날짜, 신문 또는 방송 이름을 쓴다.	찾고 싶은 자료와 관련한 책을 찾는다. ↓ 찾은 책의 차례를 살펴본다. ↓ 내용을 건너뛰며 읽으면서 의견을 뒷받침하는 내용을 찾는다. ↓ 의견을 뒷받침하는 내용을 좀 더 자세히 읽는다. ↓ 필요한 내용을 정리하고 책제목, 글쓴이, 출판사를 쓴다.

15 가와 나는 어떤 자료의 읽기 방법에 해당하는지 각각 알맞게 선으로 이으시오.

(1) 가 · · ① 책

(2) 나 · · ② 기사문, 보도문

서술형
16 ㉠처럼 자료를 훑어 읽는 까닭은 무엇일지 생각하여 쓰시오.

_____

_____

 도움말 [13~14]에서 여자아이가 곤란해했던 까닭과 훑어 읽기 방법을 연관지어 생각해 봅니다.

중요
17 이와 같이 필요한 자료를 찾아 읽는 방법으로 알맞지 않은 것을 두 가지 고르시오. (,)

① 책은 차례를 살펴 건너뛰며 읽는다.
② 책은 처음부터 끝까지 자세히 읽는다.
③ 신문 기사는 모든 내용을 빠짐없이 읽는다.
④ 신문 기사는 제목을 중심으로 훑어 읽는다.
⑤ 책에서 의견을 뒷받침하는 내용을 찾아 자세히 읽는다.

18 자료의 출처를 쓰는 까닭으로 알맞은 것을 두 가지 고르시오. (,)

① 정확한 자료임을 나타내기 위해서
② 재미있는 자료임을 나타내기 위해서
③ 믿을 수 있는 자료임을 나타내기 위해서
④ 누가 만든 발표 자료인지 나타내기 위해서
⑤ 발표 내용을 좀 더 길고 자세하게 하기 위해서

[19~20] 다음을 보고, 물음에 답하시오.

요즘 초등학교에서는 건강 달리기에 많은 관심을 보이고 있습니다. ○○○ 기사의 보도입니다.

한 초등학교 체육관에 아침 여덟 시부터 학생 마흔 명이 모여 있습니다. 가벼운 체조로 몸을 푼 뒤 이어지는 달리기 수업, 체육관에서 웃음소리가 끊이지 않습니다.

건강 달리기에 많은 관심 보여

○○초등학교 건강 달리기

아침마다 운동을 하니까 기분이 상쾌해요. 그래서 공부도 더 잘돼요.

이 학교에서는 삼 년 동안 학생 백 명이 꾸준히 건강 달리기를 실시하여 비만 학생이 해마다 열네 명, 아홉 명, 네 명으로 줄어들었다고 합니다.

5학년 ○○○ 어린이

꾸준히 할수록 효과 커

「○○방송 뉴스」

19 이와 같은 자료는 어디에서 찾은 것입니까? ( )

① 책   ② 잡지
③ 라디오 광고   ④ 인터넷 신문 기사
⑤ 텔레비젼 방송 뉴스 보도

20 이 자료에 대해 바르게 말한 친구의 이름을 쓰시오.

> 유림: 글뿐 아니라 사진, 표 등이 있어 재미있고 이해하기가 쉬워.
> 승기: 많은 내용을 주로 말로만 설명해서 한번에 알아보기가 쉽지 않아.

( )

[21~22] 다음을 읽고, 물음에 답하시오.

> [아동 건강 문제]
> • 세계보건기구: 아동 비만은 21세기 최대 건강 문제 가운데 하나
> • 교육부: 우리나라 초중고 비만 학생은 100명당 약 17명(2017년 기준)
>
> [건강 달리기의 효과]
> • 비만 문제를 해결할 수 있다.
> • 집중력이 향상되고, 우울증과 불안감이 줄어든다.
>
> [건강 달리기를 실천한 예]
> • 삼 년 동안 건강 달리기를 실시한 초등학교
> • 비만 학생이 해마다 열네 명, 아홉 명, 네 명으로 줄어들었다.

21 이 내용을 [19~20]의 자료와 비교할 때에 특징은 무엇입니까? ( )

① 자료의 출처를 밝혔다.
② 사진과 그림을 활용하였다.
③ 내용을 읽기 쉽게 요약하였다.
④ 일이 일어난 순서대로 정리하였다.
⑤ 뉴스의 중심 내용을 찾아 간추렸다.

22 ^{중요} 이 자료를 좀 더 알기 쉽게 표현하는 방법으로 알맞은 것에 ○표를 하시오.

(1) [ ] 안의 내용을 지운다.   ( )
(2) 표나 도표를 이용해 나타낸다.   ( )
(3) 뉴스 기사의 대본을 그대로 가져다 쓴다.   ( )

[23~25] 다음을 보고, 물음에 답하시오.

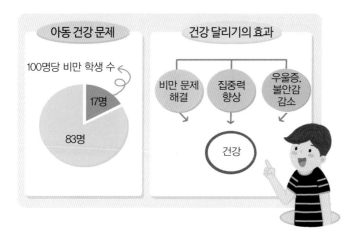

23 '아동 건강 문제'를 어떻게 표현하였습니까? (　　　)

① 비만 학생들의 사진을 실었다.
② 비만 학생 수치를 사진으로 나타내었다.
③ 비만 학생들의 특징을 만화로 표현하였다.
④ 비만 학생들의 모습을 그림으로 나타내었다.
⑤ 100명당 비만 학생 수를 도표로 나타내었다.

24 '건강 달리기의 효과'를 어떻게 표현했는지 알맞은 것을 두 가지 고르시오. (　　, 　　)

① 내용을 간단히 줄여서 썼다.
② 건강 달리기의 효과를 그래프로 나타내었다.
③ 도형과 선, 화살표를 이용해 서로 연결하였다.
④ 건강 달리기의 효과를 말한 면담 내용을 그대로 실었다.
⑤ 건강 달리기를 하기 전과 후의 모습을 사진으로 나타내었다.

서술형 25 이와 같이 자료를 표현하면 효과적인 까닭은 무엇일지 생각하여 쓰시오.

_____

_____

도움말 [21~22]의 자료와 비교하여 어느 것이 이해하기 쉬운지 비교해 봅니다.

중요 26 찾은 자료를 알기 쉽게 표현하는 방법으로 알맞지 <u>않은</u> 것은 무엇입니까? (　　　)

① 간단하게 요약한다.
② 글씨 크기는 작게 한다.
③ 사진이나 그림으로 나타낸다.
④ 차례나 단계, 도표로 나타낸다.
⑤ 공간에 자료를 적절하게 배치한다.

27 찾은 자료를 알기 쉽게 표현했는지 알아보기 위해 검토할 내용을 알맞게 말하지 <u>못한</u> 친구의 이름을 쓰시오.

진우: 보기 쉽게 자료를 배치했는지 살펴봐야 해.
서진: 중요한 내용을 바르게 요약했는지 살펴봐야 해.
도형: 여러 가지 자료를 많이 사용하였는지 살펴봐야 해.
희정: 자료를 이해하기 쉽고 간단하게 나타내었는지 살펴봐야 해.
이안: 설명하려는 대상을 사진이나 그림으로 잘 나타냈는지 살펴봐야 해.

(　　　　　　　)

[28~31] 다음 그림을 보고, 물음에 답하시오.

28 그림 **가**와 **나**는 어디에서 일어나는 문제인지 각각 쓰시오.

(1) **가**: ( )

(2) **나**: ( )

29 그림 **가**에서 해결해야 할 문제는 무엇입니까?

( )

① 쉬는 시간이 너무 짧은 것

② 운동장에 쓰레기가 너무 많은 것

③ 운동장을 이용하는 학생 수가 많은 것

④ 급식실을 편안하게 사용할 수 없는 것

⑤ 여러 반이 하나의 축구공을 사용하고 있는 것

30 그림 **나**에서 해결해야 할 문제로 알맞은 것을 두 가지 고르시오. (,)

① 급식실이 지저분하다.

② 음식이 너무 맛이 없다.

③ 음식물 쓰레기가 너무 많다.

④ 음식을 먹을 만큼 받고 싶다.

⑤ 차례를 지키지 않는 친구가 많다.

서술형
31 그림 **나**에서 민주가 제시한 문제를 해결하기 위한 의견과 그 근거를 생각하여 쓰시오.

(1) 의견: _____

(2) 근거: _____

_____

_____

도움말 어떻게 하면 음식물 쓰레기를 줄일 수 있을지 생각해 봅니다.

중요
32 다음 의견 조정의 과정을 보고, 조정한 의견으로 알맞은 것에 ○표를 하시오.

문제 파악하기	음식물 쓰레기 문제를 해결할 수 있는 방법
의견 실천에 필요한 조건 따지기	자율 배식이 음식물 쓰레기 문제를 해결해 줄 수 있는가?
결과 예측하기	먹기 싫은 음식을 가져가지 않아서 남는 음식이 오히려 더 많아질 것이다.
반응 살펴보기	자율 배식은 오히려 먹지 않고 남기는 음식이 늘어나는 문제를 불러올 것이다.

(1) 자율 배식을 하자. ( )

(2) 식판에 음식을 받을 때 못 먹는 음식을 미리 말씀드리고 조금만 받자. ( )

서술형 수행 평가 돋보기

학교에서 출제되는 서술형 수행 평가를 미리 준비하세요.

◑ 다음 그림을 보고, 물음에 답하시오.

1 그렇군요. 토의로 해결하려는 문제를 정확히 파악해야 했습니다.

2 만약 의견을 실천한다면 어떤 결과가 따를까요? 의견대로 실천했을 때 일어날 문제점을 예측해 봅시다.

3 공기 청정기를 설치하는 데 비용이 많이 들 수 있습니다.

4 다른 분들의 생각은 어떠한가요? 어떤 의견이 더 좋나요? 결정한 의견에서 자신이 해야 하는 역할은 무엇일까요?

🔍 **문제 파악**
의견 조정 과정이 필요한 까닭과 의견을 조정하는 바람직한 태도에 대해 알아보는 문제입니다.

🔍 **해결 전략**

1 단계	그림을 보고 토의의 과정 중 어떤 과정에 해당하는지 파악하기
2 단계	토의를 할 때 이와 같은 과정이 필요한 까닭 생각하기
3 단계	그림을 보며 의견을 조정할 때 어떤 태도가 필요할지 생각하기
4 단계	의견을 조정하는 알맞은 태도를 두 가지 이상 쓰기

1 토의의 과정 중 어떤 과정에 해당하는지 쓰시오.

_____

2 토의를 할 때 이와 같은 과정이 반드시 필요한 까닭을 쓰시오.

_____

_____

학교 선생님께서 알려 주시는 모범 답안과 채점 기준도 book ❸ 해설책에서 꼭 확인해 보자!

3 이 그림을 보고 의견을 조정하는 알맞은 태도를 두 가지 이상 쓰시오.

- _____
- _____

교과서 문제 확인

교과서 94~99쪽

○ 의견을 조정해야 하는 까닭 알기

• 토의 주제는 무엇인가요? ㉔ 미세 먼지 문제에 대처하는 방안입니다.

• 의견이 잘 모아졌나요? 그 까닭은 무엇일까요?

　㉔ 잘 모아지지 않았습니다. 상대의 의견을 잘 듣지 않고 비판만 하고 있기 때문입니다. / 토의에 적극적으로 참여하지 않기 때문입니다.

• 토의 장면에 나타난 문제는 무엇일까요?

　상대의 의견을 비판하기만 합니다. / ㉔ 상대를 배려하지 않고 무시하듯이 말합니다. / 토의 주제와 관련 없는 근거를 말합니다. / 문제를 해결하는 데 무관심한 태도를 보입니다. / 토의 과정에 적극적으로 참여하지 않습니다.

• 의견을 조정하지 않으면 어떤 일이 일어날까요?

　㉔ 토의를 원활하게 진행할 수 없습니다. / ㉔ 말하는 사람들끼리 갈등이 생깁니다. / ㉔ 문제를 합리적으로 해결할 수 없습니다.

• 다음과 같이 토의할 때 어떤 문제가 일어날 수 있는지 생각하며 알맞은 낱말을 써 보세요.

　(㉔ 의견 및 근거)과/와 관련한 문제 / (㉔ 토의 태도)과/와 관련한 문제 / (㉔ 토의 진행)과/와 관련한 문제

• 의견을 조정해야 하는 까닭을 친구들과 이야기해 봅시다.

　㉔ 문제를 합리적으로 해결하려면 의견을 조정해야 해.

교과서 100~105쪽

○ 토의 과정에서 의견을 조정하는 방법 알기

• 토의로 해결하려는 문제는 무엇인가요? ㉔ 미세 먼지 문제에 대처하는 방안을 마련하는 것입니다.

• 사회자는 토의로 해결할 문제를 왜 다시 물어보았나요? ㉔ 토의로 해결할 문제를 정확하게 파악하기 위해서입니다.

• 공기 청정기를 설치하거나 마스크를 사용하면 어떤 문제가 일어날 수 있나요?

　㉔ 공기 청정기는 비용이 많이 들 수 있습니다. / 마스크는 일회용이라 쓰레기 문제가 일어날 수 있습니다.

• 의견을 조정하는 방법을 알아봅시다.

방법	내용
문제 파악하기	• ㉔ 해결하려는 문제를 정확히 파악한다. / • 여러 사람의 다양한 의견을 들어 본다.
의견 실천에 필요한 조건 따지기	• 자료를 찾아 의견을 뒷받침한다. / • ㉔ 문제를 해결하기에 적합한 의견인지 생각한다.
결과 예측하기	• ㉔ 의견대로 실천했을 때 결과를 생각한다. / • 의견을 실천했을 때 일어날 수 있는 문제점을 예측해 본다.
반응 살펴보기	• 어떤 의견을 더 따르고 싶어 하는지 살펴본다. / • ㉔ 의견에 대한 토의 참여자의 생각을 듣는다.

• 의견을 조정하는 태도와 관련해 친구들과 이야기해 봅시다.

　– 의견과 발언에 집중한다. / ㉔ 해결 방안을 끝까지 알아본다. / 자신의 생각을 적극적으로 표현한다. / ㉔ 결정한 의견에 따른다.

교과서 106~111쪽

○ 토의에서 자신의 의견을 뒷받침할 자료 찾아 읽기

• 그림 가와 그림 나는 무엇이 다른가요?

예 가에서는 아무런 자료 없이 의견을 말하고 있지만, 나에서는 신문 기사에 실린 전문가의 의견을 자료로 제시하고 있습니다.

• 그림 나와 같이 자료를 제시하면 어떤 점이 좋을까요?

예 정보를 눈으로 직접 확인할 수 있어 의견과 근거를 이해하기 쉽습니다.

• 그림 나와 같이 눈으로 확인하기 쉬운 자료에는 무엇이 있을까요?

예 사진, 그림, 도표 따위가 있습니다.

• 그림 가와 그림 나는 무엇이 다른가요?

예 가에서는 아무런 자료 없이 의견을 말하고 있지만, 나에서는 책을 자료로 제시하고 있습니다.

• 그림 나와 같이 자료를 제시하면 어떤 점이 좋을까요? 예 발표 내용 이외에도 더욱 풍부한 정보를 얻을 수 있습니다.

• 그림 나와 같이 글을 읽어야 상세한 정보를 얻을 수 있는 자료에는 무엇이 있을까요?

예 책, 보고서, 설문 조사 따위가 있습니다.

• 토의 주제는 무엇인가요? 예 건강한 학교생활을 하려면 틈새 시간을 어떻게 사용해야 할까?

• 두 아이는 각각 어떤 의견을 생각하나요? 예 건강 달리기를 하자. / 식물을 기르자.

• 두 아이의 의견을 뒷받침할 자료는 무엇인가요?

예 달리기가 건강에 효과가 있다는 자료 / 식물을 기르면 공기가 깨끗해진다는 자료

• 두 아이는 왜 곤란해하나요?

예 관련 기사가 너무 많아서 다 읽기가 어렵기 때문입니다. / 책이 많아서 한꺼번에 읽기가 힘들기 때문입니다.

• 가와 나는 자료를 읽는 방법에 어떤 차이가 있나요?

	가	나
어떤 자료를 찾았는가?	예 기사문, 보도문	예 책
찾은 자료를 어떻게 읽었는가?	예 제목을 중심으로 훑어 읽다가 의견을 뒷받침하는 글을 자세히 읽었습니다.	예 차례를 살펴서 건너뛰며 읽다가 의견을 뒷받침하는 내용을 찾아 자세히 읽었습니다.

• 자료를 훑어 읽는 까닭은 무엇인가요? 예 자료 읽기에 필요한 시간과 노력을 절약하기 위해서입니다.

• 자료의 출처를 쓰는 까닭은 무엇인가요? 예 믿을 수 있는, 정확한 자료임을 나타내기 위해서입니다.

• 자료에 따른 읽기 방법을 활용해 의견을 뒷받침하는 내용을 찾아 정리해 봅시다.

뒷받침하고 싶은 의견	건강 달리기	식물 기르기
찾은 자료와 출처	예 아침에 달리기를 하면 좋은 점을 보도한 텔레비전 뉴스(『○○ 방송 뉴스』, 20○○년 ○○월 ○○일)	예 실내에서 식물을 기를 때 좋은 점을 다룬 신문 기사(『○○일보』, 20○○년 ○○월 ○○일)
뒷받침할 내용	예 아침 달리기를 하면 비만 예방에 도움이 되고, 뇌 활동이 활성화되어 학습에 집중력을 높일 수 있다.	예 실내에서 식물을 기르면 미세 먼지를 줄이고 냄새를 없애는 데 도움이 된다.

교과서 112~117쪽　　○ 찾은 자료를 정리해 알기 쉽게 표현하기

- 어디에서 자료를 찾았나요?　예 가 는 신문 기사이고 나 는 텔레비전 방송 뉴스 보도입니다.

- 자료를 쉽게 읽을 수 있나요? 그 까닭은 무엇일까요?

  예 쉽게 읽기 어렵습니다. 많은 내용을 글로만 설명해서 한번에 알아보기 쉽지 않기 때문입니다.

- 자료를 읽기 쉽게 정리하려면 어떻게 해야 할까요?　예 간단히 읽을 수 있도록 요약합니다.

- 자료를 찾아 어떻게 했나요?　예 읽기 쉽게 요약했습니다.

- 자료를 알기 쉽게 표현하려면 어떻게 해야 할까요?　예 표나 도표를 이용해 나타냅니다.

- 아동 건강 문제를 어떻게 표현했나요?　예 100명당 비만 학생 수를 도표로 나타냈습니다.

- 건강 달리기의 효과를 어떻게 표현했나요?　예 내용을 간단히 줄여서 썼습니다. / 도형과 선, 화살표를 이용해 서로 연결했습니다.

- 이와 같이 자료를 표현하면 효과적인 까닭은 무엇일까요?　예 글을 읽는 것보다 더 쉽고 빠르게 이해할 수 있기 때문입니다.

교과서 118~122쪽　　○ 의견을 조정하며 토의하기

- 조정이 필요한 의견을 써 보세요.

  - 의견: 예 자율 배식을 하자
  - 근거: 예 자신이 먹을 만큼만 음식을 가져가기 때문에 음식물 쓰레기가 생기지 않을 것이다.

  - 의견: 예 먹지 못하는 음식을 종이에 써서 가슴에 붙이고 음식을 받자.
  - 근거: 예 못 먹는 음식을 급식 선생님께 써 보이고 식판에 받지 않으면 음식물 쓰레기가 줄어들 것이다.

- 의견을 뒷받침할 자료를 찾아 읽고 정리해 보세요.

뒷받침하고 싶은 의견	예 자율 배식을 하자.
찾은 자료와 출처	예 자율 배식과 관련한 신문 기사(『○○신문』, 20○○년 ○○월 ○○일)
뒷받침할 내용	예 학생들을 대상으로 한 설문 조사에서 자율 배식을 하면 음식물 쓰레기를 줄이는 데 도움이 된다는 학생이 약 60퍼센트, 그렇지 않다는 학생이 약 9.5퍼센트였다.

- 절차에 따라 의견을 조정해 봅시다.

문제 파악하기	예 음식물 쓰레기 문제를 해결할 수 있는 방법	➡	의견 실천에 필요한 조건 따지기	예 자율 배식이 음식물 쓰레기 문제를 해결해 줄 수 있는가?
➡ 결과 예측하기	예 먹기 싫은 음식을 가져가지 않아서 남는 음식이 오히려 더 많아질 것이다.		➡ 반응 살펴보기	예 자율 배식은 오히려 먹지 않고 남기는 음식이 늘어나는 문제를 불러올 것이다.

▶ 조정한 의견　예 식판에 음식을 받을 때 못 먹는 음식을 미리 말씀드리고 조금만 받자.

단원 정리 학습

핵심 1 토의 과정에서 의견을 조정하는 방법 알기

1 의견을 조정해야 하는 까닭

- 모두가 받아들일 수 있는 결론을 정할 수 있기 때문입니다.
- 문제를 합리적으로 해결하기 위해서입니다.

2 토의 과정에서 의견을 조정하는 방법

의견을 조정하는 방법	내용
문제 파악하기	• 해결하려는 문제를 정확히 파악함. • 여러 사람의 다양한 의견을 들어 봄.
의견 실천에 필요한 조건 따지기	• 자료를 찾아 의견을 뒷받침함. • 문제를 해결하기에 적합한 의견인지 생각함.
결과 예측하기	• 의견대로 실천했을 때 결과를 생각함. • 의견을 실천했을 때 일어날 수 있는 문제점을 예측해 봄.
반응 살펴보기	• 어떤 의견을 더 따르고 싶어 하는지 살펴봄. • 의견에 대한 토의 참여자의 생각을 들음.

핵심 2 토의에서 자신의 의견을 뒷받침할 자료를 찾아 알기 쉽게 표현하기

1 자료에 따른 읽기 방법

기사문, 보도문	책
• 신문 기사나 뉴스의 제목을 중심으로 훑어 읽음. • 의견을 뒷받침하는 기사문이나 보도문을 찾아 자세히 읽음. • 필요한 내용을 정리하고 날짜, 신문 또는 방송 이름을 씀.	• 책의 차례를 살펴봄. • 내용을 건너뛰며 읽으면서 의견을 뒷받침하는 내용을 찾음. • 의견을 뒷받침하는 내용을 좀 더 자세히 읽음. • 필요한 내용을 정리하고 글쓴이와 출판사를 씀.

2 찾은 자료를 알기 쉽게 표현하기

- 가장 중요한 정보는 간단하게 요약합니다.
- 직접 보려면 사진이나 그림으로 나타냅니다.
- 간단하게 보려면 차례나 단계, 도표로 나타냅니다.
- 공간에 자료를 적절하게 배치합니다.
- 글씨, 그림, 사진, 도표 따위의 크기를 결정합니다.

단원 확인 평가

[01~02] 다음 글을 읽고, 물음에 답하시오.

> 사회자: 날이 갈수록 심해지는 미세 먼지에 어떻게 대처해야 할까요?
>
> 이정우: 마스크를 쓰고 생활합니다. 마스크가 몸에 해로운 미세 먼지를 막아 주기 때문입니다.
>
> 최혜민: 학교 곳곳에 공기 청정기를 설치합니다. 공기 청정기가 공기를 깨끗하게 해 줄 것입니다.
>
> 이정우: 공기 청정기가 없는 곳은 어떻게 하나요? 그럼 공기 청정기가 설치된 곳에서만 지내야 하나요?
>
> 최혜민: 마스크를 쓰는 것은 안 불편한 줄 아십니까? 마스크를 쓰면 답답하고 숨을 쉬기 어렵습니다.
>
> 김진아: 하루 종일 공기 청정기를 켜 놓으면 전기 소모가 많을 수 있습니다.
>
> 전호영: 미세 먼지를 걸러야 하는데 그깟 전기가 중요합니까? 정말 뭘 모르시는군요.
>
> 최혜민: 공기 청정기를 설치하면 쓰고 난 마스크를 버리지 않아도 되니 환경을 보호할 수 있습니다.
>
> 이정우: 마스크를 쓰면 추운 겨울에도 얼굴을 따뜻하게 할 수 있습니다.
>
> 사회자: 좀처럼 의견이 좁혀지지 않는군요. 박이슬 님의 의견은 어떻습니까?
>
> 박이슬: 예? 아, 뭐 저는 뭘 해도 상관없습니다.

01 이 토의에 나타난 문제점을 모두 골라 ○표를 하시오.

(1) 상대에게 예의를 지키지 않았다. ( )

(2) 문제를 해결하는 데 무관심한 태도를 보였다.
( )

(3) 토의 주제와 관련 없는 의견을 반복하며 주고받았다. ( )

02 이 토의처럼 의견을 조정하지 않았을 때 일어날 수 있는 일이 <u>아닌</u> 것은 무엇입니까? ( )

① 토의를 원활하게 진행할 수 없다.
② 말하는 사람들끼리 갈등이 생긴다.
③ 모두가 동의하는 의견을 찾을 수 있다.
④ 모두가 받아들일 수 있는 결론을 정할 수 없다.
⑤ 문제를 토의로 잘 해결하려고 하지 않을 것이다.

3. 의견을 조정하며 토의해요

03 의견을 조정할 때 가장 먼저 해야 할 일은 무엇입니까? ( )

① 문제 파악하기
② 결과 예측하기
③ 반응 살펴보기
④ 조정된 의견에 따르기
⑤ 의견 실천에 필요한 조건 따지기

04 의견 조정에 필요한 태도가 <u>아닌</u> 것은 무엇입니까?
( )

① 결정한 의견에 따른다.
② 의견과 발언에 집중한다.
③ 해결 방안을 끝까지 알아본다.
④ 자신의 의견을 끝까지 고집한다.
⑤ 자신의 생각을 적극적으로 표현한다.

05 의견을 조정할 때 상대를 배려하는 말로 알맞은 것을 모두 골라 ○표를 하시오.

(1) 그 의견도 좋은 생각입니다. 하지만…….
( )

(2) 지금 말씀하신 부분은 저도 동의합니다. 다만…….
( )

(3) 그런 의견은 말이 안 된다고 생각합니다. 왜냐하면…….
( )

06 토의에서 자신의 의견을 발표할 때 다음과 같이 자료를 제시하면 좋은 점을 생각하여 쓰시오.

> 학교 곳곳에 공기 청정기를 설치합니다. 신문 기사에 실린 전문가의 의견에 따르면 공기 청정기가 공기를 깨끗하게 해 준다고 합니다.

도움말 자료를 제시하여 의견을 말하였을 때의 좋은 점을 생각해 봅니다.

07 다음은 필요한 자료를 책에서 찾아 읽는 방법입니다. 차례에 따라 빈칸에 들어갈 알맞은 말을 쓰시오.

> ㉮ 찾고 싶은 자료와 관련한 책을 찾는다.
> ㉯ 찾은 책의 차례를 살펴본다.
> ㉰ 내용을 건너뛰며 읽으면서 의견을 뒷받침하는 내용을 찾는다.
> ㉱ 의견을 뒷받침하는 내용을 좀 더 자세하게 읽는다.
> ㉲ (   )

[08~09] 다음을 보고, 물음에 답하시오.

> ㉮ 아나운서: 요즘 초등학교에서는 건강 달리기에 많은 관심을 보이고 있습니다. ○○○ 기자의 보도입니다.
> 기자: 한 초등학교 체육관에 아침 여덟 시부터 학생 마흔 명이 모여 있습니다. 가벼운 체조로 몸을 푼 뒤 이어지는 달리기 수업, 체육관에서 웃음소리가 끊이지 않습니다.   「○○방송 뉴스」

> ㉯ [아동 건강 문제]
> • 세계보건기구: 아동 비만은 21세기 최대 건강 문제 가운데 하나

• 교육부: 우리나라 초중고 비만 학생은 100명당 약 17명(2017년 기준)

㉰

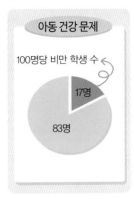

08 ㉮와 ㉯의 자료의 특징을 알맞게 각각 선으로 이으시오.

(1) ㉮ •   • ① 방송 뉴스 보도

(2) ㉯ •   • ② 중요 내용 요약

09 ㉰의 자료와 같이 표현하면 어떤 점이 좋습니까?
(   )

① 차례를 쉽게 알 수 있다.
② 내용을 자세히 알 수 있다.
③ 내용을 한눈에 이해하기 쉽다.
④ 일의 원인과 결과를 파악하기 쉽다.
⑤ 중요한 내용을 복잡하게 나타낼 수 있다.

10 표현한 자료가 알기 쉬운지 검토할 때 살펴볼 내용으로 알맞지 않은 것은 무엇입니까? (   )

① 중요한 내용을 요약했나?
② 자료의 양이 많고 자세한가?
③ 보기 쉽게 자료를 배치하였나?
④ 자료를 이해하기 쉽고 간단하게 나타내었나?
⑤ 사진 또는 그림은 설명하는 대상을 잘 나타내었나?

수정이와 채호가 공원에서 이야기를 나누고 있어요. 그런데 수정이는 채호의 말을 잘 이해할 수 없었어요. 그 까닭은 무엇일까요? 채호가 문장 성분의 호응 관계에 맞지 않게 말했기 때문이에요.

이제, 4단원에서는 문장 성분의 호응 관계에 대해 알아보고, 문장 성분의 호응 관계에 맞게 겪은 일이 드러나게 글을 써 볼 거예요.

4 겪은 일을 써요

69쪽 단원 정리 학습에서 더 자세히 공부해 보세요.

단원 학습 목표

1. **문장 성분의 호응 관계를 알 수 있습니다.**
   - 문장 성분은 주어, 목적어, 서술어와 같이 문장을 구성하는 부분입니다.
   - 주어에 호응하는 알맞은 서술어를 사용해야 합니다.
   - 시간을 나타내는 말이나 높임의 대상을 나타내는 말에도 호응하는 서술어를 사용해야 합니다.
   - '결코, 전혀, 별로' 등은 따로 호응하는 서술어를 사용해야 합니다.

2. **겪은 일이 드러나게 글을 쓸 수 있습니다.**
   - 목적, 글의 종류, 읽는 사람, 주제 등을 생각하며 글쓰기를 계획합니다.
   - 겪은 일을 떠올려 보고, 주제에 알맞은 글감을 정합니다.
   - 정한 글감에 따라 글 내용을 조직합니다.
   - 겪은 일이 잘 드러나게 글을 쓰고, 쓴 글을 다시 한번 읽고 고쳐 씁니다.

단원 진도 체크

회차		학습 내용	진도 체크
1차	단원 열기	단원 학습 내용 미리 보고 목표 확인하기	✓
	교과서 내용 학습	「나만 미워해」	✓
2차	교과서 내용 학습	문장 성분의 호응 관계 알기	✓
3차	교과서 내용 학습	매체를 활용해 겪은 일이 드러나는 글 쓰기	✓
4차	서술형 수행 평가 돋보기	서술형 수행 평가 대비 학습하기	✓
	교과서 문제 확인	교과서 문제 학습하며 학교 숙제 해결하기	✓
5차	단원 정리 학습	단원 학습 내용 정리하기	✓
	단원 확인 평가	확인 평가를 통한 단원 학습 상황 파악하기	✓

해당 부분을 공부하고 나서 ✓표를 하세요.

나만 미워해

- 글의 종류: 생활문
- 글의 내용: 동생과 장난치다가 잘못한 것도 없는 윤서만 아버지께 꾸중을 들었습니다. 윤서는 서운한 마음이 들었지만 금방 마음이 풀렸고, 이런 것이 가족의 정이라고 생각했습니다.

- ■ 문장 성분의 호응이 바르지 않은 문장 ⑩
- 어제저녁에 방에서 컴퓨터를 하는데 졸음이 밀려온다.
- 어머니의 목소리가 별로 좋아 보였다.

낱말 사전

덤빌까 마구 대들거나 달려들까.
글썽였다 눈에 눈물이 넘칠 듯이 그득하게 고였다.
⑩ 나는 억울한 마음에 눈물을 글썽였습니다.

학습 목표 ▶ 호응 관계를 생각하며 겪은 일이 드러난 글 읽기

교과서 128~131쪽

중심 내용 동생과 장난을 쳤는데 아버지께서는 윤서만 꾸중하셨습니다.

1 "아함! 졸려."

㉠어제저녁에 방에서 컴퓨터를 하는데 졸음이 밀려온다. 안방으로 가서 가만히 누워 있는데 내 동생 용준이가 나를 툭툭 치며 장난을 걸어왔다. 나는 용준이가 또 **덤빌까** 봐 용준이 손을 잡고 안 놓아주었다. 그러다가 그만 내 눈에 ★쇳덩어리(용준이 머리)가 '쿵' 하고 부딪쳤다.

★ 바르게 쓰기

쇳덩어리	쇠덩어리
(○)	(×)

"아야!" / 나는 너무 아파서 눈물을 **글썽였다.** 그랬더니 용준이가 혼날까 봐 따라 울려고 그랬다. <u>누나를 아프게 해서 꾸중을 들을까 봐</u> 나는 결코 용준이를 아프게 한 적이 없는데도 말이다.

"야, 네가 왜 울어?" / 그때였다. 아버지께서 눈을 크게 뜨시며

"진윤서, 너 왜 동생 울려?" / 하고 큰소리를 내셨다. <u>아버지께서는 윤서가 동생을 울렸다고 생각하심.</u> 나한테만 뭐라고 하시는 아버지를 이해할 수 없었다. 나는 화가 나서 울며 내 방으로 들어가 침대에 누웠다.

'쳇, 나한테만 뭐라고 하고…….' / 용준이가 문을 똑똑 두드렸다. <u>미안한 마음에</u>

"누나야, 문 열어 봐." / "싫어."

중심 내용 아버지께서 서운해하는 윤서를 다독거려 주셨고, 윤서는 마음이 풀렸습니다.

2 나는 앞으로 용준이와 놀아 주지 않겠다고 다짐했다. 한참 있다가 어머니께서 오셨다. 문을 열어 보라고 하시는데 어머니의 목소리가 별로 좋아 보였다. 나는 혼이 날까 봐 살짝 문을 열었다.

---

01 윤서가 화가 난 까닭은 무엇입니까? (   )

① 동생과 싸워서
② 동생을 울린 게 미안해서
③ 아버지께서 동생만 예뻐하셔서
④ 아버지께서 윤서만 꾸중을 하셔서
⑤ 아버지께서 동생의 말만 들어주셔서

02 중요 ㉠이 문장 성분의 호응 관계에 맞도록 바르게 고쳐 쓰시오.

(   )

03 서술형 ㉠처럼 문장 성분의 호응이 바르지 않은 문장을 찾아 쓰고, 그 문장을 바르게 고쳐 쓰시오.

(1) 잘못된 문장	
(2) 고친 문장	

도움말 '별로'는 부정을 뜻하는 말과 함께 써야 자연스럽습니다.

문장 성분의 호응이 이루어지도록 글을 써야 문장의 뜻을 바르게 이해할 수 있어.

"윤서야, 너 좋아하는 연속극 해." / "일기 쓸래요."

⊙ 그때 안방에서 아버지가 불렀다.

"윤서야, 이리 와 봐."

나는 입을 쭉 내밀고 절대 앉기 싫다는 표정으로 아버지 옆에 앉았다.

"왜 울었어?" / "잘못은 용준이가 했는데 저만 야단맞아서요."
윤서가 화가 난 이유

"서러웠니?" / "네."

"윤서가 다 컸다고 아빠가 쉽게 생각했어. 미안하구나."

"……." / "용준이 너 이리 와."

아버지의 **호령**에 용준이가 똥 마려운 아이처럼 **쭈뼛쭈뼛** 다가왔다.

"누나……, 미안."

용준이가 씩 웃으며 나를 쳐다보았다. 웃음이 나오려는 것을 참고 아버지 쪽으로
용준이의 사과에 마음이 풀림.
얼굴을 돌렸는데 아버지께서 손으로 하트 모양을 만들고 계셨다. ⓛ그만 웃음이 피
윤서의 마음을 풀어 주려는 아버지의 노력
식 웃어 버렸다. 아버지께서도 웃으셨다. 내 마음이 녹아 버렸다.

"윤서야, 연속극 보고 가."

"그냥 일기 쓸래요."

"그래? 알았다."

난 내 방으로 들어와서 일기를 썼다.

'역시 가족은 가족이구나. 이런 것이 가족의 정이지.'
화가 났다가도 금세 마음이 풀리게 되는 것

■ 글쓰기 과정

계획하기
글 쓸 준비를 하는 단계

↓

내용 생성하기
쓸 내용을 떠올리는 단계

↓

내용 조직하기
쓸 내용을 나누는 단계

↓

표현하기
직접 글을 쓰는 단계

↓

고쳐쓰기
글을 고치는 단계

낱말 사전

호령 부하나 동물 따위를 지휘하여 명령함. 또는 그 명령.
쭈뼛쭈뼛 어줍거나 부끄러워서 자꾸 주저주저하거나 머뭇거리는 모양.
예 진수는 부끄러웠는지 쭈뼛쭈뼛하며 발표를 했습니다.

04 ⊙을 바르게 고친 문장은 무엇입니까? ( )

① 그때 안방에서 아버지를 불렀다.
② 그때 안방에 아버지께서 계셨다.
③ 그때 안방에서 아버지가 부르셨다.
④ 그때 안방에서 아버지가 나오셨다.
⑤ 그때 안방에서 아버지께서 부르셨다.

05 ⓛ을 문장 성분의 호응에 맞게 바르게 고쳐 쓰시오.

( )

중요
06 윤서가 이 글을 쓰면서 생각한 내용입니다. 글쓰기 과정에서 어느 단계에 해당하는지 기호를 쓰시오.

친구들은 어떤 내용을 쓰려고 하는지 이야기해 봐야지.

내가 요즘 어떤 일을 겪었지?

부모님께서도 읽으실 테니 우리 가족과 있었던 일을 써 볼까?

㉮ 계획하기	㉯ 내용 생성하기
㉰ 내용 조직하기	㉱ 표현하기
㉲ 고쳐쓰기	

( )

[07~08] 다음 문장을 읽고, 물음에 답하시오.

> 가 우리가 환경을 보호해야 하는 까닭은 환경 파괴의 피해가 결국 우리에게 돌아오는 것이라고 생각한다.
> 나 할아버지는 얼른 밥을 다 먹고 또 일하러 나가셨다.
> 다 어제저녁 우리 가족은 함께 동네 공원으로 산책을 나간다.

07 가~다를 고쳐야 하는 까닭을 찾아 알맞게 선으로 이으시오.

(1) 가 ·

(2) 나 ·

(3) 다 ·

· ① 주어와 서술어의 호응 관계가 바르지 않아서

· ② 시간을 나타내는 말과 서술어의 호응 관계가 바르지 않아서

· ③ 높임의 대상을 나타내는 말과 서술어의 호응 관계가 바르지 않아서

서술형
08 가~다를 바르게 고쳐 쓰시오.

(1) 가: _____

_____

(2) 나: _____

(3) 다: _____

> **도움말** 07에서 답한 고쳐야 하는 까닭과 문장에서 어색한 부분을 생각하며 알맞게 고쳐 씁니다.

[09~11] 다음 문장을 읽고, 물음에 답하시오.

> 가 나는 친구가 거짓말을 한 것이 결코 바른 행동이라고 생각한다.
> 나 선생님 말씀은 전혀 들어 본 내용이었다.
> 다 나는 책 읽기를 별로 좋아하는 편이다.

09 가에서 잘못된 점으로 알맞은 것에 ○표를 하시오.

(1) '결코'와 서술어가 어울리지 않는다. (　　)

(2) 주어와 '결코'의 호응 관계가 알맞지 않다. (　　)

(3) 주어와 서술어의 호응 관계가 알맞지 않다. (　　)

(4) 시간을 나타내는 말과 서술어의 호응 관계가 알맞지 않다. (　　)

중요
10 나를 바르게 고친 문장을 두 가지 고르시오. (　　,　　)

① 선생님 말씀은 전혀 들어 보았다.
② 선생님 말씀은 전혀 들어 본 것이다.
③ 선생님 말씀은 전혀 들어 본 내용이 아니었다.
④ 선생님께서 말씀하신 내용은 전혀 들어 본 것이다.
⑤ 선생님 말씀은 전혀 들어 본 적이 없는 내용이었다.

11 다의 밑줄 그은 부분을 바르게 고쳐 쓰시오.

> 나는 책 읽기를 별로 _____.

12 다음 중 문장의 호응 관계가 <u>잘못된</u> 것은 무엇입니까? (　　)

① 날씨가 그다지 덥지 않았다.
② 그 일을 해낸다는 것은 좀처럼 쉽지 않다.
③ 그 문제를 푸는 것은 여간 어려운 일이다.
④ 나는 지호의 생각을 도저히 이해할 수 없다.
⑤ 선생님의 말씀이 도무지 이해가 되지 않았다.

13 다음 문장에서 잘못된 부분을 찾아 밑줄을 긋고 바르게 고쳐 쓰시오.

내가 이번 대회에 참가하면서 느낀 점은 어떤 일에 도전하고 그 목표를 성취하고자 노력하는 순간들도 소중하다는 것을 느꼈다.

고쳐쓰기: (　　　　　　　　　　　　　　)

중요
14 다음 빈칸에 들어갈 말로 알맞은 것을 두 가지 고르시오. (　　,　　)

평소 은주는 바른 말을 쓰고 친구들을 잘 이해하는 친구였기 때문에 나는 결코 그것이 은주가 한 행동이라고 　　　　　　.

① 생각했다
② 생각되었다
③ 생각이 들었다
④ 생각하지 못했다
⑤ 생각하지 않았다

15 밑줄 그은 부분을 바르게 고친 것은 무엇입니까?
(　　)

선생님께서는 이번 시험 문제가 쉽다고 말씀하셨는데 전혀 <u>쉬워서</u> 친구들이 모두 놀랐다.

① 어려워서
② 쉬웠다면
③ 쉽지 않아서
④ 어렵기 때문에
⑤ 어렵지 않아서

중요
16 호응 관계가 알맞은 것끼리 선으로 이으시오.

(1) 내일 꼭　　·　　　　·① 약속을 지킬 것이다.

(2) 만약 내일　　·　　　　·② 약속을 지킬 수 없다.

(3) 도저히 내일　　·　　　　·③ 약속을 지키지 못한다면

17 문장의 호응에 맞게 밑줄 그은 부분을 고쳐 쓸 때 알맞은 것을 두 가지 고르시오. (　　,　　)

나는 <u>어제</u> 가족과 함께 여행을 갈 것이다.

① 내일
② 다음달에
③ 작년 여름에
④ 지난 일요일에
⑤ 지난 겨울방학에

교과서 144~147쪽 내용 | 학습 목표 ▶ 매체를 활용해 겪은 일이 드러나는 글 쓰기 |

■ 매체를 활용해 겪은 일이 드러나는 글 쓰기 단계
• 1단계: 활용할 매체 정하기
• 2단계: 매체를 활용할 때 주의할 점 알기
 – 예의를 갖추어 글을 씁니다.
 – 누가 쓴 글인지 이름을 밝힙니다.
 – 친구의 의견에서 잘한 점을 칭찬하고 고칠 부분을 말해 줍니다.
• 3단계: 매체를 활용해 글 쓰기
• 4단계: 의견 주고받기
• 5단계: 고쳐쓰기

18 매체를 활용해 겪은 일이 드러나는 글을 쓰고 의견을 주고받는 방법을 차례에 맞게 기호로 쓰시오.

> ㉮ 고쳐쓰기
> ㉯ 의견 주고받기
> ㉰ 활용할 매체 정하기
> ㉱ 매체를 활용해 글 쓰기
> ㉲ 매체를 활용할 때 주의할 점 알기

( )→( )→( )→( )→( )

19 단체 대화방을 매체로 이용할 때 생길 수 있는 문제점으로 알맞은 것에 ○표를 하시오.

(1) 쓴 글을 수정하기가 어렵다. ( )
(2) 글에 대한 의견을 말하기가 쉽지 않다. ( )
(3) 스마트폰이 없는 친구들이 소외될 수 있다.
( )

서술형
20 매체를 활용해 겪은 일이 드러나는 글을 쓸 때 자신이 선택한 매체와 그 매체를 고른 까닭을 쓰시오.

(1) 매체	
(2) 그 매체를 고른 까닭	

도움말 누리집, 블로그, 누리 소통망, 전자 우편 중에서 어떤 매체를 골라 사용할지 생각해 봅니다.

■ 매체를 활용해 글을 고쳐 쓰는 방법
• 처음 썼던 글을 복사해서 붙입니다.
• 고쳐 쓸 부분을 찾아 고치고 저장합니다.
• 새롭게 고쳐 쓴 글임을 밝힙니다.

■ 매체를 활용해 글을 쓰고 의견을 나눌 때의 좋은 점
• 의견을 쉽게 주고받을 수 있습니다.
• 한 사람이 쓴 글을 여러 사람이 동시에 읽고 의견을 쓸 수 있습니다.
• 글을 고치기에 편리합니다.
• 칭찬하는 말이나 고칠 부분을 편하게 전할 수 있습니다.

21 매체를 활용할 때 주의할 점으로 알맞은 것에 모두 ○표를 하시오.

(1) 예의를 갖추어 글을 쓴다. ( )
(2) 누가 쓴 글인지 이름을 밝히지 않는다. ( )
(3) 친구의 의견에 잘한 점을 칭찬하고 고칠 부분을 말해 준다. ( )

22 매체를 활용해 글을 고쳐 쓰는 방법을 차례에 맞게 기호로 쓰시오.

> ㉮ 새롭게 고쳐 쓴 글 저장하기
> ㉯ 고쳐 쓸 부분을 찾아 고치기
> ㉰ 새롭게 고쳐 쓴 글임을 밝히기
> ㉱ 처음 썼던 글을 복사해서 붙이기

( )→( )→( )→( )

23 매체를 활용해 글을 쓰고 의견을 나눌 때의 좋은 점으로 알맞지 않은 것은 무엇입니까? ( )

① 글을 고쳐 쓰기가 쉽다.
② 칭찬하는 말이나 고칠 부분을 편하게 전할 수 있다.
③ 한 사람이 쓴 글을 여러 사람이 동시에 읽을 수 있다.
④ 여러 사람의 의견을 빠르고 쉽게 주고받을 수 있다.
⑤ 손으로 쓰거나 그린 글과 그림을 직접 만나서 전달할 수 있다.

서술형 수행 평가 돋보기

◑ 매체를 활용하여 겪은 일이 드러나는 글을 쓰고 의견을 주고받으려고 합니다. 다음 물음에 답하시오.

Q 문제 파악

겪은 일이 드러나게 글을 쓰는 방법을 파악하는 문제입니다.

1 다음 항목에 맞게 글쓰기를 계획하여 쓰시오.

- 목적: 글 모음집에 실으려고
- 글의 종류: 겪은 일을 표현하는 글
- 읽는 사람: (1) _____
- 주제: (2) _____

Q 해결 전략

1 단계	글쓰기 계획하기

⬇

2 단계	겪은 일을 생각그물로 정리하며 글감 선택하기

⬇

3 단계	글의 각 부분에 들어갈 내용 정리하기

2 자신이 글로 쓰고 싶은 일이나 생각을 생각그물로 정리하시오.

겪은 일 또는 생각

3 생각그물로 정리한 내용 중에 글감으로 쓸 내용을 골라 글의 처음, 가운데, 끝 부분에 들어갈 내용을 쓰시오.

(1) 처음	
(2) 가운데	
(3) 끝	

학교 선생님께서 알려 주시는 모범 답안과 채점 기준도 book❸ 해설책에서 꼭 확인해 보자!

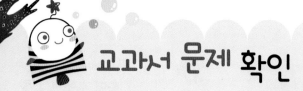

「나만 미워해」

🔘 윤서가 동생과 장난치다가 아버지께 혼나고 서러웠지만 금방 마음이 풀렸던 일을 쓴 글

• 윤서가 겪은 일은 무엇인가요? 예 동생과 장난치다가 아버지께 혼나고 서러웠지만 금방 마음이 풀렸습니다.

• 파란색으로 쓰인 문장처럼 문장 성분의 호응이 바르지 않은 문장을 찾아 밑줄을 그어 보세요. 어떤 점이 잘못되었나요?

  예 문을 열어 보라고 하시는데 어머니의 표정이 별로 좋아 보였다. ('별로'라는 말과 서술어가 어울리지 않습니다.)

  그때 안방에서 아버지가 불렀다. (높임의 대상에 따른 서술어가 잘못되었습니다.)

  그만 웃음이 피식 웃어 버렸다. ('웃어 버렸다'에 대한 주어가 잘못되었습니다. 또는 '웃음이'의 서술어가 없습니다.)

• 잘못된 문장을 바르게 고쳐 발표해 보세요.

  예 문을 열어 보라고 하시는데 어머니의 표정이 별로 좋아 보이지 않았다. / 그때 안방에서 아버지께서 부르셨다.

  그만 나는 피식 웃어 버렸다. (또는) 그만 웃음이 나서 피식 웃어 버렸다.

• 문장 성분의 호응이 바르게 이루어지도록 글을 써야 하는 까닭은 무엇일까요?

  예 문장의 뜻을 바르게 이해할 수 있기 때문입니다.

• 경험이 드러나는 글을 써 본 적이 있나요?

  예 1학기 때 겪은 일을 글로 써 본 적이 있습니다. / 글짓기 대회에서 겪었던 일을 글로 써 본 적이 있습니다.

• 어떤 과정으로 글을 썼나요?

  예 어떻게 쓸지 생각합니다. → 어떤 내용을 쓸지 정합니다. → 글 내용을 조직합니다. → 글을 씁니다. → 글을 고쳐 씁니다.

교과서 132~137쪽

🔘 문장 성분의 호응 관계 알기

• 윤서가 고친 문장과 그 까닭을 선으로 이어 봅시다.

우리가 환경을 보호해야 하는 까닭은 환경 파괴의 피해가 결국 우리 에게 돌아오는 것이라고 생각한다.(돌아오기 때문이다.)	예	주어와 서술어의 호응 관계가 바르지 않아서
할아버지는 얼른 밥을 다 먹고 또 일하러 나가셨다.(할아버지께서는 얼른 진지를 다 잡수시고)		시간을 나타내는 말과 서술어의 호응 관계가 바르지 않아서
어제저녁 우리 가족은 함께 동네 공원으로 산책을 나간다.(나갔다.)		높임의 대상을 나타내는 말과 서술어의 호응 관계가 바르지 않아서

• 윤서가 찾은 문장이 잘못된 까닭은 무엇일까요?

  예 '결코, 전혀, 별로'와 같은 낱말과 서술어가 어울리지 않기 때문입니다.

• 문장 성분의 호응 관계에 주의해야 할 낱말을 찾아 밑줄을 그어 보세요. 예 결코, 전혀, 별로

• 위에서 밑줄 그은 낱말을 국어사전에서 찾고 예문을 살펴보세요. 찾은 낱말에 어울리는 서술어는 무엇인가요?

  예 '없다, 다르다, 아니다' 등입니다.

• '결코, 전혀, 별로'와 같은 낱말 뒤에는 어떤 서술어가 어울리는지 친구들과 이야기해 보세요.

  예 '결코, 전혀, 별로'와 같은 낱말은 '－지 않다, －지 못하다'와 같은 부정적인 서술어 또는 '안', '못'이 꾸며 주는 서술어와 호응

  합니다.

• 바른 문장이 되도록 문장을 고쳐 써 보세요.

  • 나는 친구가 거짓말을 한 것이 결코 바른 행동이라고 생각한다.

  ➡ 나는 친구가 거짓말을 한 것이 결코 바른 예 행동이 아니라고 생각한다.

  • 선생님 말씀은 전혀 들어 본 내용이었다.

  ➡ 선생님 말씀은 전혀 예 들어 보지 못한 내용이었다.

  • 나는 책 읽기를 별로 좋아하는 편이다.

  ➡ 나는 책 읽기를 별로 예 좋아하지 않는 편이다.

• '결코, 전혀, 별로'와 같이 호응하는 서술어가 따로 있는 낱말을 찾아보고 그 낱말을 활용해 짧은 글을 써 보세요.

낱말	짧은 글
여간	예 그 숙제를 해내는 일은 여간 어려운 일이 아니다.
예 도저히	예 나는 지호의 생각을 도저히 이해할 수 없다.
예 그다지	예 날씨가 그다지 덥지 않다.

• 문장에서 잘못된 부분을 찾아 밑줄을 그어 봅시다. 그리고 모둠 친구들과 함께 바르게 고쳐 쓰고 그렇게 고친 까닭도

써 봅시다.

  내가 이번 대회에 참가하면서 느낀 점은 어떤 일에 도전하고 그 목표를 성취하고자 노력하는 순간들도 <u>소중하다</u>

<u>는 것을 느꼈다.</u>

➡ 예 소중하다는 것이다

고친 까닭: 예 '느낀 점은 ~ 느꼈다'가 되기 때문에 '느꼈다'는 '느낀 점'이라는 주어에 맞는 서술어가 아닙니다.

  평소 은주는 바른 말을 쓰고 친구들을 잘 이해하는 친구였기 때문에 나는 결코 그것이 은주가 한 행동이라고 <u>생각</u>

<u>했다.</u>

➡ 예 생각하지 않았다

고친 까닭: 예 '결코'는 '－지 못하다', '－지 않다'라는 서술어와 호응합니다.

  선생님께서는 이번 시험 문제가 쉽다고 말씀하셨는데 <u>전혀 쉬워서</u> 친구들이 모두 놀랐다.

➡ 예 전혀 쉽지 않아서

고친 까닭: 예 '전혀'라는 낱말에는 '－지 않다', '－지 못하다'와 같은 서술어가 호응합니다.

그림책은 어린아이들이나 읽는 것이라고 생각해서 평소에 <u>별로 읽는 편이다</u>. 하지만 부모님께서 권해 주신 그 책은 내 생각과 달랐다.

➡ 예 별로 읽지 않는 편이다

고친 까닭: 예 '별로'는 '별로~ −지 않다'로 호응이 되어야 바른 문장이 됩니다.

• 〈보기〉와 같이 빈칸에 알맞은 말을 넣어 문장을 완성해 보세요.

- 나는 결코 예 <u>친구에게 나쁜 말을 하지 않았다.</u>
- 예 <u>내 동생</u> 은/는 전혀 예 <u>내 기분을 알지 못한다.</u>
- 나는 예 <u>책을 많이 읽는 것이 좋은 것</u>(이)라고 생각한다. 그 까닭은 예 <u>책을 읽으면 지식도 생기고 재미도 있기 때문이다.</u>
- 나는 내일 예 <u>가족과 함께 놀이공원에 놀러 갈 것이다.</u>

 교과서 144~145쪽

교과서 144~147쪽

○ 매체를 활용해 겪은 일이 드러나는 글 쓰기

• 의견을 조정하는 방법으로 학급에서 활용할 매체를 정해 보세요.

문제 파악하기
• 무엇을 결정해야 하나요? 예 우리 학급에서 사용할 매체입니다.
• 무엇에 활용하려고 하나요? 예 우리가 쓴 글을 올리고 의견을 주고받을 것입니다.

의견 실천에 필요한 조건 따지기
• 어떤 매체가 있나요? 예 누리집, 블로그, 누리 소통망, 전자 우편 등이 있습니다.
• 활용할 매체는 어떤 조건을 갖추어야 하나요? 예 반 학생이 모두 사용할 수 있어야 합니다. / 긴 글을 쉽게 올리고 다 같이 읽어 볼 수 있어야 합니다. / 학교에서 사용할 수 있어야 합니다.

결과 예측하기
• 어떤 매체를 활용할까요? 예 단체 대화방입니다.
• 이 매체를 활용했을 때 어떤 문제가 있을까요? 예 스마트폰이 없는 친구들이 있습니다.

반응 살펴보기
• 다른 친구들은 어떻게 생각하나요? 예 학급 누리집을 사용하는 방법이 있습니다.
• 학급에서 정한 매체는 무엇인가요? 예 학급 누리집입니다.

단원 정리 학습

문장 성분의 호응 관계 알기

● 문장 성분: 주어, 목적어, 서술어와 같이 문장을 구성하는 부분

> 예 <u>윤서가</u> <u>음료수를</u> <u>마신다.</u>
>   주어   목적어   서술어

● 주어에 따라서 호응하는 서술어가 다릅니다.

> 예 키와 몸무게가 늘었다.
> 키는 '자랐다', 몸무게는 '늘었다'와 호응함. ➡ '키가 자라고 몸무게가 늘었다'로 고쳐야 함.

● 시간을 나타내는 말(어제, 내일, 오늘 따위)에 호응하는 서술어를 사용해야 합니다.

> 예 수진이는 어제 책을 세 시간 동안 읽는다.
>   과거를 나타내는 말   현재 행동을 나타내는 서술어 ➡ '읽었다'로 고쳐야 함.

● 높임의 대상을 나타내는 말과 서술어가 호응해야 합니다.

> 예 할아버지는 밥을 다 먹고 또 일하러 나가셨다.
> 높임의 대상을 높이는 말을 사용하지 않음. ➡ '께서는 진지를 다 잡수시고'로 고쳐야 함.

겪은 일이 드러나게 글 쓰기

● 목적, 글의 종류, 읽는 사람, 주제 등을 생각하며 글쓰기를 계획합니다.
● 겪은 일을 떠올려 생각그물로 정리해 보고, 글로 표현할 내용을 정합니다.
  – 내용을 자세히 풀어쓸 수 없는 것, 주제가 잘 드러나지 않는 것, 글을 읽는 사람이 흥미를 느끼기 힘든 것, 누구나 경험할 만한 것 등은 선택하지 않아야 합니다.

> 글감은 경험과 같이 글을 쓰는 재료가 되는 것을 말해. 글감을 떠올리고 그 가운데에서 좋은 글감을 고르는 일은 글쓰기에서 중요하지.

● 겪은 일을 시간 순서에 따라 정리합니다.
● '처음 – 가운데 – 끝'에 쓸 내용을 정하여 글 내용을 조직합니다.
● 주제가 잘 드러나게 글을 쓰고, 쓴 글을 다시 한번 읽고 고쳐 씁니다.

단원 확인 평가

4. 겪은 일을 써요

[01~05] 다음 글을 읽고, 물음에 답하시오.

> 나는 앞으로 용준이와 놀아 주지 않겠다고 다짐했다. 한참 있다가 어머니께서 오셨다. 문을 열어 보라고 하시는데 어머니의 표정이 별로 좋아 보였다. 나는 혼이 날까 봐 살짝 문을 열었다.
>
> "윤서야 너 좋아하는 연속극 해."
>
> "일기 쓸래요."
>
> ㉠그때 안방에서 아버지가 불렀다.
>
> "윤서야, 이리 와 봐."
>
> 나는 입을 쭉 내밀고 절대 앉기 싫다는 표정으로 아버지 옆에 앉았다.
>
> "왜 울었어?"
>
> "잘못은 용준이가 했는데 저만 야단맞아서요."
>
> "서러웠니?" / "네."
>
> "윤서가 다 컸다고 아빠가 쉽게 생각했어. 미안하구나."
>
> "……."
>
> "용준이 너 이리 와."
>
> 아버지의 호령에 용준이가 똥 마려운 아이처럼 ㉡ 다가왔다.
>
> "누나……, 미안."
>
> 용준이가 씩 웃으며 나를 쳐다보았다. 웃음이 나오려는 것을 참고 아버지 쪽으로 얼굴을 돌렸는데 아버지께서 손으로 하트 모양을 만들고 계셨다. ㉢그만 웃음이 피식 웃어 버렸다. 아버지께서도 웃으셨다. 내 마음이 녹아 버렸다.
>
> "윤서야, 연속극 보고 가."
>
> "그냥 일기 쓸래요."
>
> "그래? 알았다."
>
> 난 내 방으로 들어와서 일기를 썼다.
>
> '역시 가족은 가족이구나. 이런 것이 가족의 정이지.'

01 윤서가 운 까닭은 무엇입니까? (　　　)

① 숙제를 다 못 해서
② 동생이 화나게 해서
③ 일기를 쓰지 않았다고 혼이 나서
④ 아버지께서 약속을 지키지 않아서
⑤ 동생이 잘못했는데 윤서만 혼이 나서

02 ㉠에서 잘못된 점으로 알맞은 것에 ○표를 하시오.

(1) 주어와 서술어의 호응이 바르지 않다. (　　)
(2) 시간을 나타내는 말과 서술어의 호응이 바르지 않다. (　　)
(3) 높임의 대상을 나타내는 말과 서술어의 호응이 바르지 않다. (　　)

03 ㉠을 바르게 고쳐 쓰시오.

(　　　　　　　　　　　　　)

04 ㉡에 들어갈 말로 가장 잘 어울리는 것은 무엇입니까? (　　　)

① 주섬주섬
② 쭈뼛쭈뼛
③ 꼬깃꼬깃
④ 사뿐사뿐
⑤ 그렁그렁

05 ㉢을 바르게 고친 문장은 무엇입니까? (　　　)

① 웃음이 피식 웃었다.
② 그만 피식 웃음이 웃었다.
③ 웃음이 피식 웃어 버렸다.
④ 그만 나는 피식 웃어 버렸다.
⑤ 피식 그만 웃음이 웃어 버렸다.

06 다음 문장을 바르게 고친 것은 무엇입니까? (　　　)

> 할아버지는 얼른 밥을 다 먹고 또 일하러 나가셨다.

① 할아버지는 밥을 다 먹고 또 일하러 나가셨다.
② 할아버지는 얼른 밥을 다 먹고 일하러 나갔다.
③ 할아버지께서는 얼른 밥을 다 드시고 또 일하러 나가셨다.
④ 할아버지께서는 얼른 진지를 다 먹고 또 일하러 나가셨다.
⑤ 할아버지께서는 얼른 진지를 다 드시고 또 일하러 나가셨다.

07 문장 성분의 호응 관계에 맞게 (　　　) 안에 알맞은 말을 보기 에서 골라 쓰시오.

> **보기**
>
> | 어제 | 내일 |

(1) 나는 (　　　　　　) 부모님과 음악회에 갔다.
(2) 지호는 (　　　　　　) 친구들과 놀이동산에 갈 것이다.

08 다음 낱말을 넣어 짧은 문장을 만들어 쓰시오.

> 별로

_____

도움말 주어진 낱말 뒤에는 어떤 서술어가 어울리는지 생각하며 문장을 만들어 봅니다.

09 매체를 활용해 글을 쓰고 의견을 주고받으면 좋은 점을 바르게 말한 친구의 이름을 쓰시오.

> 경은: 한 사람이 쓴 글을 여러 사람이 동시에 읽고 의견을 쓸 수 있어.
> 채호: 종이에 글을 쓰고 고치는 것보다 글을 고치는 과정이 번거로워.
> 나연: 칭찬하는 말이나 고칠 부분을 글쓴이에게만 조심스럽게 전할 수 있어.

(　　　　　　　　　　)

10 다음 그림에 나타난 문제 상황을 바탕으로, 매체를 활용할 때의 주의할 점은 무엇입니까? (　　　)

① 글자 크기를 크게 해야 한다.
② 다른 사람의 저작권을 침해하지 않는다.
③ 의견을 쓸 때에는 자신의 이름을 밝힌다.
④ 글에 어울리는 사진이나 음악을 첨부한다.
⑤ 반 친구들이 모두 사용할 수 있는 매체를 선택한다.

　아빠는 신문을, 엄마는 드라마를 보고 계시고, 세진이는 누리 소통망[SNS]을 통해 친구들과 대화를 나누고 있어요. 우리 주변의 여러 가지 매체 자료를 읽을 때 주의할 점은 무엇일까요?

　이제, 5단원에서는 여러 가지 매체 자료와 그 매체 자료를 읽는 방법을 알아보고, 매체 자료의 특성을 생각하며 이야기를 읽고 현실 세계와 비교해 볼 거예요.

5 여러 가지 매체 자료

83쪽 단원 정리 학습에서 더 자세히 공부해 보세요.

단원 학습 목표

1. 알맞은 방법으로 매체 자료를 읽을 수 있습니다.
   - 인쇄 매체 자료를 읽을 때에는 글, 그림, 사진으로 나타낸 시각 정보를 잘 살펴봅니다.
   - 영상 매체 자료를 읽을 때에는 화면 구성을 잘 살피고 소리에 담긴 정보도 탐색해야 합니다.
   - 인터넷 매체 자료를 읽을 때에는 글, 그림, 사진이 주는 시각 정보를 잘 살피고, 화면 구성과 소리에 담긴 정보도 탐색해야 합니다.

2. 매체 자료의 특성을 생각하며 이야기를 읽고 현실 세계와 비교할 수 있습니다.
   - 글에 등장하는 인물들과 비슷한 자신의 경험을 떠올립니다.
   - 글에 등장하는 인물의 말과 행동에 대한 자신의 생각을 정리합니다.
   - 매체를 바르게 이용하는 방법을 생각해 봅니다.

단원 진도 체크

회차		학습 내용	진도 체크
1차	단원 열기	단원 학습 내용 미리 보고 목표 확인하기	✓
	교과서 내용 학습	여러 가지 매체 자료 알기	✓
2차	교과서 내용 학습	알맞은 방법으로 매체 자료를 읽고 주요 내용 정리하기	✓
3차	교과서 내용 학습	「마녀사냥」	✓
	교과서 문제 확인	교과서 문제 학습하며 학교 숙제 해결하기	✓
4차	단원 정리 학습	단원 학습 내용 정리하기	✓
	단원 확인 평가	확인 평가를 통한 단원 학습 상황 파악하기	✓

해당 부분을 공부하고 나서 ✓표를 하세요.

교과서 내용 학습

- **매체**: 내용을 전달하는 수단이 되는 것.

■ 각 매체 자료 별 특성

가	• 인쇄 매체 자료 • 글, 그림, 사진을 사용하여 정보를 전달함.
나	• 영상 매체 자료 • 소리, 자막 등의 여러 가지 연출 방법을 사용함.
다	• 인터넷 매체 자료 • 인쇄 매체 자료와 영상 매체 자료에서 사용하는 방식을 모두 사용함.

■ 각 매체 자료를 읽을 때 주의할 점

가	글, 그림, 사진으로 나타낸 시각 정보를 잘 살펴봐야함.
나	화면 구성을 잘 살피고 소리에 담긴 정보도 탐색해야 함.
다	인쇄 매체 자료와 영상 자료를 읽는 방식을 모두 사용해야 함.

가

○○ 어린이 신문   20○○년 ○○월 ○○일

여름날의 창녕 우포늪

람사르 습지로 등록된 창녕군 우포늪은 다양한 곤충과 조류, 식물과 어류의 보금자리이다. 여름날 우포늪을 거닐면 뿌리는 물밑 땅에 내리고 잎은 물 위에 띄운 보라색 꽃의 가시연꽃을 볼 수 있다.

나

금빛 질주로 스피드스케이팅 새 역사를 열어

다

---

01 매체 자료 **가**에서 사진을 글과 함께 제시한 까닭으로 알맞은 것의 기호를 쓰시오.

> ㉠ 남는 부분을 사진으로 채우려고
> ㉡ 글의 내용을 구체적으로 설명하려고

(   )

02 매체 자료 **나**를 읽을 때에 주의할 점으로 알맞은 것에 ○표를 하시오.

(1) 그림과 사진을 함께 살펴봐야 한다.   (   )

(2) 화면 구성을 잘 살피고 소리에 담긴 정보도 탐색해야 한다.   (   )

03 매체 자료 **가**~**다** 중에서 글, 그림, 사진, 영상을 모두 활용해서 내용을 전달하는 매체 자료의 기호를 쓰시오.

(   )

04 다음 중 영상 매체 자료에 해당하는 것을 두 가지 고르시오. (,   )

① 신문   ② 잡지   ③ 영화
④ 드라마   ⑤ 누리 소통망

교과서 195~198쪽 내용

가 	나 
정삼품 **부제학**을 지낸 김치의 아들로 태어난 김득신은 열 살에 처음 글을 배우기 시작했다.	주변에서는 **우둔한** 김득신을 포기하라고 했지만, 김득신의 아버지는 공부를 포기하지 않는 김득신을 대견스럽게 여겼다. 하지만 같은 책을 여러 번 읽어도 내용을 기억하지 못하는 한계를 드러냈다.
장면에서 사용된 음악을 들은 느낌 잔잔하고 차분한 느낌	**장면에서 사용된 음악을 들은 느낌** 경쾌한 느낌

다 	라 
김득신은 자신의 한계를 극복하기 위해 만 번 이상 읽은 책에 대한 기록을 남겼고, 59세에 문과에 **급제해** 성균관에 입학했다.	자신만의 시어로 시를 쓴 김득신은 많은 사람의 높은 평가를 받았다.
장면에서 사용된 음악을 들은 느낌 고요하고 평화로운 느낌	**장면에서 사용된 음악을 들은 느낌** 잔잔한 느낌

- **영상의 내용:** 뛰어난 머리나 훌륭한 재능을 가지고 태어나지는 않았지만, 끝없는 노력을 통해 59세의 늦은 나이에 과거에 급제하고 훌륭한 시인으로 인정받은 김득신의 이야기입니다.

- **영상 매체 자료를 읽을 때 주의할 점:** 여러 가지 표현 방법을 활용하기 때문에 표현에 활용한 요소들이 무엇을 나타내는지 생각하며 봐야 함.

■ 김득신에 대한 자료를 보고 친구에게 할 질문 떠올리기 예

- 김득신은 언제 글을 배우기 시작했나요?
- 김득신은 언제 문과에 급제했나요?
- 김득신의 시는 어떤 평가를 받았나요?

낱말 사전

부제학 조선 시대에 둔 홍문관의 정삼품 당상관 벼슬.
우둔한 어리석고 둔한.
급제해 과거에 합격하여.

---

05 김득신이 글을 배우기 시작한 나이는 몇 살인지 쓰시오.

(   )

중요
06 장면 **가**에 사용된 음악이 주는 효과로 알맞은 것에 ○표를 하시오.

(1) 김득신의 삶 전체를 되돌아보는 느낌을 준다. (   )

(2) 우스꽝스러우면서도 안타까운 김득신의 모습이 강조된다. (   )

(3) 이야기의 시작을 알리며 묵묵히 노력하는 인물의 모습이 더욱 강조된다. (   )

07 김득신은 자신의 한계를 극복하기 위해 어떤 방법을 사용했는지 쓰시오.

(   )

서술형
08 이러한 종류의 매체 자료를 읽을 때에 어떤 점에 주의해야 하는지 쓰시오.

_____

_____

_____

도움말 영상 매체 자료의 표현 방법의 특징을 떠올려 봅니다.

- 글의 종류: 이야기(동화)
- 글쓴이: 이규희

★ 바르게 쓰기

금세	금새
(○)	(×)

- 글의 특징: 어린이의 인터넷 문화 문제점을 왕따 이야기와 연결시켜 다룬 이야기입니다.

〈앞부분 이야기〉

전학 온 서영이는 성격이 좋아 금세 친구들과 잘 어울렸다. 그런 서영이가 부러운 미라는 핑공 카페에 '흑설 공주'라는 계정으로 서영이와 관련한 거짓 글을 올린다. 아이들은 서영이가 거짓으로 부모님 이야기를 한다는 '흑설 공주'의 글을 읽고 **수군대기** 시작한다.

한편, 미라와 친해지고 싶었던 민주는 '흑설 공주'인 미라가 거짓말을 하고 있다는 것을 알았지만 서영이에게 그 사실을 알리지 못하고 망설인다.
미라가 거짓말을 하고 있다는 것

중심 내용 서영이는 흑설 공주의 글이 모두 사실이 아니라는 글을 올렸고, 그 글에 여러 친구들이 의견을 달았습니다.

1 민주는 날마다 핑공 카페를 들여다보았다. 혹시 서영이가 무슨 **반박** 글을 올리지 않을까 해서였다. 그러던 어느 날 민주는 눈이 휘둥그레졌다. 마침내 서영이가 자기 입장을 밝히는 글을 올린 것이다.

"서영이가 이제 <u>모든 걸</u> 다 알았구나. 어떻게 알았
미라가 그동안 거짓 글을 올렸다는 것
지? 누가 핑공에 들어가 보라고 일러 주었을까?"

민주는 떨리는 마음으로 서영이가 올린 글을 읽어 보았다. 흑설 공주에 대한 분노, 엄마 아빠에 대한 자부심과 사랑과 함께 흑설 공주의 글이 모두 사실이 아니라는 걸 당당하게 밝혀 놓은 글이었다.

'역시 민서영이구나.'

<u>민주는 자기 생각을 당당하게 밝힐 줄 아는 서영이의</u>
서영이의 행동에 대한 민주의 생각
<u>용기가 몹시 부러웠다.</u> 하지만 핑공 카페에 들어와 서영이가 올린 글을 읽은 아이들은 저마다 자기 의견을 달아 놓았다. 그중에는 <u>서영이를 **두둔하는**</u> 선플도 있었지만, <u>흑설 공주를 **비방하는**</u> 악플과 함께 여전히 흑설 공주 편
무엇이 사실인지 확인하지 않고 각자의 생각을 씀.
을 드는 아이들도 있었다.

낱말 사전

수군대기 남이 알아듣지 못하도록 낮은 목소리로 자꾸 가만가만 이야기하기.
반박 어떤 의견, 주장, 논설 따위에 반대하여 말함.

두둔하는 편들어 감싸 주거나 역성을 들어주는.
비방하는 남을 비웃고 헐뜯어서 말하는.
예 상대 후보를 비방하는 말을 하는 것은 바람직하지 않습니다.

---

09 미라가 흑설 공주라는 아이디로 서영이에 대한 거짓 글을 올린 까닭은 무엇입니까? (　　　)

① 서영이를 좋아해서
② 서영이가 부러워서
③ 서영이가 미라를 싫어해서
④ 서영이가 미라를 괴롭혀서
⑤ 서영이에게 민주를 뺏길까 봐서

10 민주가 날마다 카페를 들여다 본 까닭에 ○표를 하시오.

(1) 서영이가 글을 올리지 않을까 해서 (　　　)
(2) 흑설 공주 글에 답글을 달기 위해서 (　　　)
(3) 자신의 글에 친구들이 뭐라고 할지 궁금해서
(　　　)

11 민주는 서영이의 행동에 대해 어떻게 생각했는지 쓰시오.

(　　　　　　　　　　　　　　　)

12 서영이의 글을 읽은 아이들이 잘못한 점을 바르게 말한 친구의 이름을 쓰시오.

민혁: 다른 사람의 생각을 자신의 생각인 것처럼 카페에 글을 썼어.
리아: 흑설 공주나 서영이 글을 읽고 무엇이 맞는지 확인도 하지 않고 악플을 썼어.

(　　　　　　　　　　　　　　　)

중심 내용 서영이의 글을 읽은 친구들은 흑설 공주와 민서영 중에 누구 말이 진실일지에 대해 각자 자신들의 의견을 달았습니다.

◀ ▶

② 사냥꾼: 도대체 누구 말이 진실인가?

빨간 풍선: 민서영이 흑설 공주에게 일방적으로 당한 것 같다. <u>근거 없는 생각</u> 지금이라도 민서영이 자기 입장을 밝혀 주어 속 시원하다.

은하수: 내가 보기에 흑설 공주가 너무 심하다. 본인이 사실이 아니라는데 왜 그런 거짓 글을 실었을까?

거지 왕자: 어쩌면 우리가 모르는 두 사람만의 갈등이 있는 건 아닐까?

하이디: 흑설 공주의 글을 보면 민서영에 대해서 잘 알고 있는 듯하다. 그러니 어쩌면 흑설 공주의 글이 사실이 아닐까?

기쁜 나무: 아무리 흑설 공주의 글이 사실이라고 해도 인터넷에 남의 사생활을 퍼뜨리는 건 나쁜 짓이다.

삐삐: 그럼 흑설 공주와 민서영, 둘 중 한 사람은 우릴 속이고 있는 거네?

허수아비: 맞다. 흑설 공주가 근거도 없이 얼토당토않은 글을 올리지는 않았을 것이다. <u>허수아비의 개인적인 판단</u> 내가 보기에 민서영이 거짓말을 하고 있는 것 같다.

솔로몬: 이 사실을 밝힐 수 있는 명탐정은 누구인가?

중심 내용 다음 날 흑설 공주는 서영이를 공격하는 또 다른 글을 올렸습니다.

③ 아이들의 댓글은 꼬리에 꼬리를 물고 이어졌다. ㉠<u>민주는 숨을 죽인 채 카페에 올라온 글들을 읽고 또 읽었다.</u> 그리고 다음 날 민주는 또다시 자기 눈을 의심하였다. <u>흑설 공주가 서영이를 공격하는 또 하나의 글이 올</u> <u>민주가 카페에 올라온 글들을 읽다가 당황한 까닭</u> 라와 있었기 때문이었다. 민주는 덜덜 떨리는 마음으로 흑설 공주가 올린 글을 읽기 시작하였다.

◀ ▶

민서영, 내가 쓴 글이 사실이 아니라면 그걸 반박할 증거를 내놓아라. 그럴 용기가 없다면 내가 쓴 모든 글이 사실임을 인정해야 할 것이다.

13 댓글을 쓴 친구들의 의견을 찾아 알맞게 선으로 이으시오.

(1) 빨간 풍선 ・　　　・① 인터넷에 다른 사람의 사생활을 퍼트리면 안 된다.

(2) 기쁜 나무 ・　　　・② 민서영이 흑설 공주에게 일방적으로 당했을 것이다.

14 서영이의 글을 읽고 친구들의 의견이 서로 달랐던 까닭을 쓰시오.

_____

도움말 서영이의 글에 달린 친구들의 댓글을 읽어 보고 어떤 점이 잘못되었는지 생각해 봅니다.

15 ㉠을 통해 알 수 있는 민주의 마음은 무엇입니까?

(　　)

① 답답함　　② 부러움　　③ 고마움
④ 긴장됨　　⑤ 괴씸함

16 사건이 일어난 차례대로 기호를 쓰시오.

㉮ 글을 읽은 친구들이 각자 생각을 씀.
㉯ 흑설 공주가 서영이에 대한 거짓 글을 올림.
㉰ 흑설 공주가 서영이에게 반박할 증거를 대라는 글을 씀.
㉱ 서영이가 흑설 공주의 글이 거짓이라는 글을 올림.

(　　) → (　　) → (　　) → (　　)

중심 내용 서영이는 흑설 공주의 글이 사실이 아니라는 것을 증명하는 글을 올렸습니다.

4 민주는 어이가 없어서 저절로 욕이 튀어나올 지경이
〔흑설 공주가 오히려 큰소리를 쳐서〕
었다. 이걸 보고 놀랄 서영이를 생각하니 딱하기만 했다. 아무것도 아닌 일에 **휘말려** 마치 그물 속의 물고기처럼 허우적거리고 있는 서영이가 생각할수록 가여웠다. 하지만 이번에는 서영이도 **반격**을 늦추지 않았다. 지난번처럼 잠자코 있으면 아이들이 흑설 공주의 주장이 사실이라고 받아들일까 봐 두려운 듯 보였다. 민주는 이번에는 더욱더 숨을 죽인 채 서영이가 올린 글을 읽어 나갔다.

> **흑설 공주의 글이 사실이 아니라는 증거 두 가지**
>
> 여러분, 저는 흑설 공주에게 **모함**을 받고 있는 민서영입니다.
>
> 여러분 중에서도 흑설 공주의 글을 읽고 여전히 제가 거짓말쟁이라고 의심하는 분들이 있다는 걸
> 〔서영이의 기분〕
> 알고 매우 슬펐습니다. 만약 아직도 저에 대한 의

심과 오해를 풀지 못한 분이 있다면 아래에 있는 사진을 참조해 주시기 바랍니다.

첫 번째는 우리 아빠가 아프리카 탄자니아 은좀베
〔서영이가 증거로 밝힌 것 ①〕
에서 의료 봉사를 하고 있는 병원의 모습을 찍은 사진입니다. 진찰실에서 청진기를 들고 아프리카 아이를 진찰하고 있는 분이 바로 우리 아빠입니다. 정말 자랑스러운 우리 아빠 말이지요.

두 번째는 디자이너인 우리 엄마가 지난봄에 연
〔서영이가 증거로 밝힌 것 ②〕
패션쇼 모습을 찍은 사진입니다. 엄마가 디자인한 옷을 입은 모델들이 패션쇼를 하고 있는 모습이 보이지요?

이처럼 뚜렷한 증거를 올렸으니 여러분은 이제 제가 거짓말쟁이가 아니라는 걸 믿으시겠지요?

추신: 이제 증거를 밝혔으니 흑설 공주는 **터무니없는** 글로 나와 우리 엄마, 아빠를 모함하는 일을 그만두기 바란다.

낱말 사전

휘말려 어떤 사건이나 감정에 완전히 휩쓸려 들어가.
반격(反 뒤집을 반, 擊 부딪힐 격) 되받아 공격함.

모함 나쁜 꾀로 남을 어려운 처지에 빠지게 함.
터무니없는 허황하여 전혀 근거가 없는.

서술형

 17 자신이 민주라면 이와 같은 상황에서 어떻게 행동했을지 쓰시오.

_____

_____

도움말 자신이 민주라면 흑설 공주와 서영이가 싸우는 상황에서 어떻게 행동하였을지 떠올려 봅니다.

중요
18 반박 글을 올리는 서영이의 기분은 어땠을지 알맞은 것을 두 가지 고르시오. (,   )

① 억울하다.　　② 미안하다.
③ 속상하다.　　④ 부끄럽다.
⑤ 후회스럽다.

19 서영이가 증거로 밝힌 것을 두 가지 고르시오.

(　　,　　)

① 엄마의 패션쇼 사진
② 서영이가 디자인한 옷의 사진
③ 아빠가 진찰하는 모습의 사진
④ 서영이가 엄마, 아빠와 함께 찍은 사진
⑤ 부모님과 아프리카로 여행 다녀온 사진

20 다음 뜻을 가진 낱말을 글에서 찾아 쓰시오.

> 나쁜 꾀로 남을 어려운 처지에 빠지게 함.

(　　　　　　　)

중심내용 서영이의 글에 서영이를 응원하는 댓글과 흑설 공주를 비난하는 댓글이 수없이 달렸습니다.

⑤ 서영이가 핑공 카페에 아빠가 은줌베 마을에서 의료
<u>서영이를 응원하는 댓글이 올라온 이유</u>
봉사를 하는 모습과 엄마가 디자인 한 옷을 입고 모델들

이 패션쇼를 하는 사진을 올리자, 이번에는 서영이를 응

원하는 댓글과 흑설 공주를 비난하는 댓글이 수없이 올

라와 있었다.

◀▶

허수아비: 아무리 얼굴과 이름을 숨기고 자기 생각을

마음대로 실을 수 있는 인터넷 세상이지만, **최**

소한의 예의는 지켜야 한다. 그런데도 거짓 정

보를 올린 흑설 공주는 당장 사과해라!
<u>서영이의 첫 번째 글을 봤을 때와는 전혀 다른 반응</u>

어린 왕자: 흑설 공주가 대체 누구인가? 이런 사람은

카페에 들어올 자격이 없다.
<u>흑설 공주를 비난함.</u>

매운 고추: 민서영, 잠시라도 널 의심해서 미안하다.

네 용기에 박수를 보낸다.

하이디: 글은 자기의 얼굴과 마찬가지이다. 거짓 글

로 민서영에게 상처를 준 흑설 공주는 카페에

글을 쓸 자격이 없다. ㉠**마녀사냥**은 민서영이

아니라 흑설 공주에게 해야 한다.

삐삐: 핑공 카페지기는 당장 흑설 공주의 **신상** 털기
<u>개인에 대한 정보를 인터넷에서 무분별하게 퍼트림.</u>
를 해라!

방글이: 요즈음 거짓 정보 때문에 목숨을 끊는 연예

인이 얼마나 많은가. 우리 어린이들까지 그런

잘못된 걸 본받으면 안 된다!

중심내용 흑설 공주는 서영이의 증거가 사실인지 증명할 방법이 없다며 서영이를 공격하는 글을 또 썼습니다.

⑥ '드디어 서영이의 **역공** 작전이 성공했구나. 이걸 보고

미라가 어떤 표정을 지을까? **된통** 당했으니 이젠 슬
<u>흑설 공주</u>
그머니 꼬리를 내리겠지?'

민주는 마치 자기 일처럼 고소하기 짝이 없었다. 하지

만 웬걸, 싸움은 그게 끝이 아니었다. 흑설 공주가 곧바

로 서영이의 글을 읽고 또 다른 공격을 해 온 것이다.
<u>흑설 공주가 서영이의 글을 읽고 한 행동</u>

★ 바르게 쓰기

웬걸	왠걸
(○)	(×)

낱말 사전

최소한 일정한 조건에서 더 이상 줄이기 어려운 가장 작은 한도.
신상 한 사람의 몸이나 처신, 또는 그의 주변에 관한 일이나 형편.

역공 공격을 받던 편에서 거꾸로 맞받아 하는 공격이나 공세.
된통 아주 몹시.

21 서영이가 반박 글을 올리자 어떤 결과가 생겼는지 ( ) 안에 알맞은 말을 쓰시오.

서영이가 증거 사진과 함께 반박하는 글을 올리자 서영이를 (1)( )하는 댓글과 흑설 공주를 (2)( )하는 댓글이 수없이 올라왔다.

22 ㉠은 어떤 뜻으로 사용된 것인지 알맞은 것에 ○표를 하시오.

(1) 뜻이 다른 사람을 따돌리는 것 ( )

(2) 잘못한 사람이 반성하게 만드는 일 ( )

(3) 15세기 이후 이교도를 박해했던 일 ( )

중요 23 댓글을 쓴 친구들 태도의 문제점으로 알맞은 것은 무엇입니까? ( )

① 근거 없이 사람을 의심하고 있다.

② 한 사람을 무차별적으로 비난하고 있다.

③ 다른 사람의 의견을 끝까지 듣지 않는다.

④ 다른 친구의 고민을 놀림거리로 여기고 있다.

⑤ 자신의 생각이 무조건 옳다고 주장하고 있다.

24 서영이의 글을 보고 흑설 공주는 어떻게 하였습니까? ( )

① 서영이를 따돌렸다.

② 서영이에게 사과했다.

③ 민주에게 억울하다고 말했다.

④ 서영이와 오해를 풀고 다시 친해졌다.

⑤ 서영이를 공격하는 또 다른 글을 썼다.

민서영의 두 번째 거짓말!

여러분, 민서영은 또 한 번 여러분을 **우롱하고** 있습니다. 민서영이 내놓은 사진들을 살펴보면 **단박에** 그걸 알 수 있습니다.

민서영 아빠가 의료 봉사를 하고 있는 사진은 인터넷 여기저기에서 얼마든지 퍼 올 수 있는 사진들
<u>민서영의 사진이 가짜라는 것을 주장함.</u>
입니다. 사진 속 의사가 민셔영 아빠라든 걸 누가 증명해 줄까요?

또 패션쇼 사진도 마찬가지입니다. 민서영이 마음만 먹으면 다른 디자이너의 패션쇼 사진을 얼마든지 퍼 올 수 있는 게 아닙니까?

민서영은 **교묘한 잔꾀**로 우리 모두를 속여 넘기려는 것입니다.

흑설 공주는 마치 먹이를 문 사자처럼 좀처럼 서영이를 잡고 놓아주지 않았다. 그러자 핑공 카페는 점점 더 흑설 공주와 민서영의 싸움을 구경하려는 구경꾼들로
<u>친구들의 관심이 점점 더 커짐.</u>
가득 찼다. 흑설 공주와 민서영이 올린 글의 조회 수는 점점 더 올라가고, 모두들 민서영이 어떤 반격을 해 올지 기다리는 눈치였다.

★ 바르게 쓰기

놓아주지	노아주지
(○)	(×)

■ 이 글을 주제로 친구들과 대화할 때 지켜야 하는 예절
· 다른 사람의 말이 끝나기 전에 끼어들지 않습니다.
· 이야깃거리와 관련 있는 내용을 말합니다.
· 친구의 말을 무시하거나 친구의 말에 기분 나쁘게 대꾸하지 않습니다.
· 혼자 너무 길게 말하지 않습니다.

낱말 사전

우롱하고 사람을 어리석게 보고 함부로 대하거나 웃음거리로 만들고.
단박에 그 자리에서 바로.

교묘한 솜씨나 재주 따위가 재치 있게 약삭빠르고 묘한.
잔꾀 약고도 얕은 꾀.

25 흑설 공주는 서영이의 사진에 대해 어떻게 생각하였습니까? ( )

① 자신의 저작권을 침해하고 있다.
② 서영이가 직접 쓴 글인지 알 수 없다.
③ 다른 사람의 사생활을 침해하는 사진이다.
④ 다른 사람을 비난하려는 의도의 사진이다.
⑤ 서영이가 제시한 사진이 진짜인지 알 수 없다.

26 카페의 분위기는 점점 어떻게 되었습니까? ( )

① 싸움에 대한 관심이 더 커졌다.
② 민서영의 편을 드는 사람이 늘어났다.
③ 편을 나눠서 여러 명이 싸우게 되었다.
④ 흑설 공주의 글을 더 이상 읽지 않았다.
⑤ 카페에 더 이상 사람들이 들어오지 않았다.

27 중요
이 글을 읽고 알 수 있는 인터넷 매체를 이용할 때에 올바른 방법을 두 가지 고르시오. (,)

① 예의를 지켜 글을 써야 한다.
② 정해진 시간 동안만 사용해야 한다.
③ 정보를 분별하는 능력을 갖춰야 한다.
④ 자신의 실명을 무조건 밝히고 글을 써야 한다.
⑤ 친구들에게 알려 주고 싶은 내용은 최대한 빨리 공유한다.

28 서술형

이 글을 읽고 이야기의 주제에 대해 친구들과 대화할 때에 지켜야 하는 예절을 한 가지만 쓰시오.

_____

_____

도움말 친구들과 의견을 나누는 대화를 할 때에 주의할 점을 생각해 봅니다.

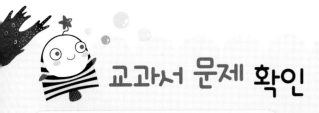

교과서 문제 확인

교과서 188~191쪽　　　○ 여러 가지 매체 자료 알기

- 매체 자료 **가**의 내용을 잘 이해하려면 민준이는 어떤 부분을 집중해 읽어야 할까요?

  ㉠ 사진과 글을 모두 살펴보아야 합니다.

- 매체 자료 **나**의 내용을 잘 이해하려면 민준이는 어떤 부분을 집중해 읽어야 할까요?

  ㉠ 장면과 어우러지는 음악이나 연출 기법의 의미를 생각하며 읽어야 합니다. / 자막과 영상, 소리의 관계를 파악하며 보아야
  합니다.

- 매체 자료 **다**의 내용을 잘 이해하려면 민준이는 어떤 부분을 집중해 읽어야 할까요?

  ㉠ 사진과 동영상을 함께 보며 읽어야 합니다.

- 성격이 비슷한 매체 자료끼리 선으로 이어 보세요.

인쇄 매체 자료	영상 매체 자료	인터넷 매체 자료

㉠

잡지	누리 소통망 [SNS]	신문	영화	드라마	휴대 전화 문자 메시지

- 위와 같이 선으로 이은 까닭을 친구들과 이야기해 보세요.

  ㉠ 표현 방법이 같은 것끼리 묶었습니다.

- 여러 가지 매체 자료가 정보를 전달하는 방법을 각각 정리해 보세요.

매체		정보 전달 방법
인쇄 매체 자료	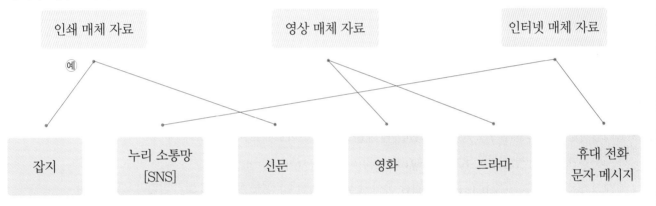	글, 그림, 사진
영상 매체 자료		㉠ 소리, 자막 등의 여러 가지 연출 방법
인터넷 매체 자료		㉠ 인쇄 매체 자료와 영상 매체 자료에서 사용하는 방식을 모두 사용함.

교과서 195~198쪽 ○ 알맞은 방법으로 매체 자료를 읽고 주요 내용 정리하기

• 이 자료에 사용한 음악은 어떤 효과를 주는지 생각해 보세요.

장면	음악을 들은 느낌	음악이 주는 효과
대몽에 나온 '노지(老子)'의 정령을 받은 아이	⑩ 잔잔하고 차분한 느낌 / 아련한 느낌	⑩ 이야기의 시작을 알린다. 묵묵히 노력하는 인물의 모습이 더욱 강조된다.
허인에 걸음 거던 어느날	⑩ 경쾌한 느낌 / 춤을 추고 싶은 생각이 들게 함.	⑩ 읽은 내용을 자꾸 잊어버리는 우스꽝스러우면서도 안타까운 김득신의 모습이 강조된다.
	⑩ 고요하고 평화로운 느낌	⑩ 꾸준히 노력해서 자신의 한계를 극복한 김득신의 삶을 돌아보는 느낌을 준다.

• 김득신처럼 독특한 방법으로 공부한 인물을 매체를 이용해 찾아보세요.
 ⑩ 정약용에 대한 기록 영화를 보았습니다.
• 위에서 찾은 인물과 그 인물의 공부 방법을 조사해 보세요. ⑩ 정약용은 자신만의 필기 방법이 있었습니다.

「마녀사냥」 ○ 누리 소통망에 친구를 공격하는 글을 써서 생긴 일에 대한 이야기

•「마녀사냥」을 다시 읽고 사건을 파악해 봅시다.

흑설 공주가 핑공 카페에 민서영에 대한 거짓 글을 올림.	⑩ 민서영이 흑설 공주의 글에 대한 반박 글을 올림.	⑩ 카페 가입자들이 흑설 공주를 비난함.	흑설 공주가 다시 반박 글을 올려 흑설 공주와 민서영의 진실 싸움으로 바뀜.

• 이 이야기의 제목이 「마녀사냥」인 까닭을 친구들과 이야기해 봅시다.
 ⑩ 뜻이 다른 사람을 따돌리는 현상을 '마녀사냥'이라고 하듯이 이 이야기에서도 부정확한 내용을 근거로 누군가를 공격하는 현상을 다루었기 때문입니다.
•「마녀사냥」에 나오는 인물의 모습을 현실 세계 속 우리 모습과 비교해 봅시다.
 ⑩ 사실이 아닌 정보를 확인하지 않고 사실인 양 잘못된 정보를 퍼뜨려 다른 사람을 곤란하게 하거나, 그 사람을 괴롭히기 위해 일부러 사실이 아닌 내용을 퍼뜨리는 일이 있습니다.

단원 정리 학습

핵심 1 여러 가지 매체 자료 알기

- 신문이나 잡지 등의 인쇄 매체 자료는 글, 그림, 사진을 이용해서 정보를 전달합니다.
- 드라마, 영화 등의 영상 매체 자료는 소리, 자막 등의 여러 가지 연출 방법을 사용하여 정보를 전달합니다.
- 휴대 전화 문자 메시지나 누리 소통망[SNS] 따위의 인터넷 매체 자료는
  인쇄 매체 자료와 영상 매체 자료에서 사용하는 방식을 모두 사용해서
  정보를 전달합니다.

> 매체는 그 특성이
> 다르기 때문에 그것을 이용하는
> 방법도 다양해.

핵심 2 매체 자료를 알맞은 방법으로 읽기

- 인쇄 매체 자료를 읽을 때에는 글, 그림, 사진으로 나타낸 시각 정보를 잘 살펴봐야 합니다.
- 영상 매체 자료를 읽을 때에는 화면 구성을 잘 살피고 소리에 담긴 정보도 탐색해야 합니다.
- 인터넷 매체 자료를 읽을 때에는 인쇄 매체 자료와 영상 매체 자료를 읽는 방식을 모두 사용해야 합니다. 글과 그림이 주는 시각 정보를 잘 살펴볼 뿐만 아니라 화면 구성과 소리에 담긴 정보도 탐색해야 합니다.

핵심 3 매체 자료의 특성을 생각하며 이야기를 읽고 현실 세계와 비교하기

- 글을 읽고 원인과 결과에 따라 사건을 정리합니다.
- 글에 등장하는 인물과 비슷한 나의 경험을 떠올립니다.
- 등장인물들의 말과 행동에 대해 생각해 봅니다.
- 매체 자료를 이용할 때 주의할 점이 무엇인지 생각해 봅니다.
  - 예 「마녀사냥」을 읽고 인터넷 매체 자료를 이용하는 올바른 방법 이야기하기
    - 적절한 정보를 어디에서 어떻게 찾을지를 정확히 아는 자세가 필요합니다.
    - 정보를 분별하는 능력이 있어야 합니다.
    - 다른 사람에게 예의를 갖추는 것이 반드시 필요합니다.

단원 확인 평가

5. 여러 가지 매체 자료

[01~03] 다음을 보고, 물음에 답하시오.

가 | ○○ 어린이 신문　　20○○년 ○○월 ○○일
여름날의 창녕 우포늪
람사르 습지로 등록된 창녕군 우포늪은 다양한 곤충과 조류, 식물과 어류의 보금자리이다. 여름날 우포늪을 거닐면 뿌리는 물밑 땅에 내리고 잎은 물 위에 띄운 보라색 꽃의 가시연꽃을 볼 수 있다.

나 | 금빛 질주로 스피드스케이팅 새 역사를 열어

다 |

01 매체 자료 **가**를 읽을 때 어떤 부분을 잘 살펴봐야 하는지 두 가지 고르시오. (　　,　　)

① 글　　　　　　② 사진
③ 음악　　　　　④ 그림말
⑤ 연출 기법

02 **나**와 같은 매체 자료의 종류를 무엇이라고 하는지 쓰시오.

(　　　　　　　　　　)

03 다음 중 **다**와 성격이 비슷한 매체 자료는 무엇입니까? (　　　)

① 잡지　　　　　② 신문
③ 영화　　　　　④ 드라마
⑤ 누리 소통망

04 인터넷 매체 자료에 대한 설명으로 알맞은 것에 ○표를 하시오.

(1) 글과 그림으로만 정보를 전달한다. (　　　)
(2) 인쇄 매체 자료와 영상 매체 자료에서 사용하는 방식을 모두 사용할 수 있다. (　　　)

서술형 05 다음 장면에서 사용된 음악을 보고, 음악이 어떤 효과를 주는지 쓰시오.

김득신은 자신의 한계를 극복하기 위해 만 번 이상 읽은 책에 대한 기록을 남겼고, 59세에 문과에 급제해 성균관에 입학했다.

장면에서 사용된 음악을 들은 느낌	고요하고 평화로운 느낌

도움말 장면에 사용된 음악이 어떤 효과를 주는지 생각해 봅니다.

[06~10] 다음 글을 읽고, 물음에 답하시오.

㉮ 서영이가 핑공 카페에 아빠가 은좀베 마을에서 의료 봉사를 하는 모습과 엄마가 디자인한 옷을 입고 모델들이 패션쇼를 하는 사진을 올리자, 이번에는 서영이를 응원하는 댓글과 흑설 공주를 비난하는 댓글이 수없이 올라와 있었다.

㉯ 허수아비: 아무리 얼굴과 이름을 숨기고 자기 생각을 마음대로 실을 수 있는 인터넷 세상이지만, 최소한의 예의는 지켜야 한다. 그런데도 거짓 정보를 올린 흑설 공주는 당장 사과해라!

어린 왕자: 흑설 공주가 대체 누구인가? 이런 사람은 카페에 들어올 자격이 없다.

매운 고추: 민서영, 잠시라도 널 의심해서 미안하다. 네 용기에 박수를 보낸다.

하이디: 글은 자기의 얼굴과 마찬가지이다. 거짓 글로 민서영에게 상처를 준 흑설 공주는 카페에 글을 쓸 자격이 없다. 마녀사냥은 민서영이 아니라 흑설 공주에게 해야 한다.

삐삐: 핑공 카페지기는 당장 흑설 공주의 신상 털기를 해라!

방글이: 요즈음 거짓 정보 때문에 목숨을 끊는 연예인이 얼마나 많은가. 우리 어린이들까지 그런 잘못된 걸 본받으면 안 된다!

㉰ 여러분, 민서영은 또 한 번 여러분을 우롱하고 있습니다. 민서영이 내놓은 사진들을 살펴보면 단박에 그걸 알 수 있습니다.

　민서영 아빠가 의료 봉사를 하고 있는 사진은 인터넷 여기저기에서 얼마든지 퍼 올 수 있는 사진들입니다. 사진 속 의사가 민서영 아빠라는 걸 누가 증명해 줄까요?

　또 패션쇼 사진도 마찬가지입니다. 민서영이 마음만 먹으면 다른 디자이너의 패션쇼 사진을 얼마든지 퍼 올 수 있는 게 아닙니까?

06 서영이를 응원하는 댓글이 올라온 까닭은 무엇입니까? (　　)

① 서영이가 증거 사진을 올려서
② 친구들이 미라를 모두 싫어해서
③ 서영이가 너무 힘이 들 것 같아서
④ 누가 거짓말을 하는지 확인 되어서
⑤ 서영이가 친구들의 말을 잘 들어줘서

07 다음 중 허수아비의 의견으로 알맞은 것에 ○표를 하시오.

⑴ 글은 자신의 얼굴과 같다. 　　　　　(　　)
⑵ 카페의 규정을 지켜야 한다. 　　　　(　　)
⑶ 인터넷에서도 지켜야 할 예의가 있다. (　　)

08 ㉰를 쓴 사람은 누구인지 쓰시오.

(　　　　　　　　　　　　)

09 ㉰를 쓴 사람이 잘못한 점은 무엇입니까? (　　)

① 맞춤법에 맞지 않는 말을 사용했다.
② 주장에 대한 근거를 제시하지 않았다.
③ 읽는 사람이 이해하기 어려운 글을 썼다.
④ 자신의 생각이 사실인 것처럼 글을 썼다.
⑤ 다른 사람의 생각을 무비판적으로 받아들였다.

10 이 글의 주제로 알맞은 것은 무엇입니까? (　　)

① 거짓말을 하지 말자.
② 올바른 우리말을 사용하자.
③ 친구들의 말을 귀 기울여 듣자.
④ 친구들과 한 약속을 잘 지키자.
⑤ 인터넷 매체를 예의를 지켜 바르게 사용하자.

반 친구들이 '급식을 남기지 않아야 한다.'라는 주제로 토론을 하고 있어요. 토론을 통해 문제를 해결하면 어떤 점이 좋을까요? 일상생활에서 생기는 문제에 서로 다른 의견이 있다면 토론을 통해서 좋은 해결 방법을 찾을 수 있어요.

이제, 6단원에서는 토론 절차와 방법을 알아보고, 주제를 정해 토론을 해 볼 거예요.

6 타당성을 생각하며 토론해요

단원 학습 목표

103쪽 단원 정리 학습에서 더 자세히 공부해 보세요.

1. **토론이 필요한 경우를 알고, 글을 읽고 근거 자료의 타당성을 평가할 수 있습니다.**
   - 일상생활에서 해결해야 할 문제가 있을 때 토론을 할 수 있습니다.
   - 자료의 타당성을 평가할 때는 믿을 만한 자료인지 살펴보고, 출처가 정확한지 확인해야 합니다.

2. **토론 절차와 방법을 알 수 있습니다.**
   - 근거를 들어 주장을 펼칩니다.
   - 상대편의 주장에 대해 반론을 합니다.
   - 주장을 다시 한번 요약하고, 주장의 장점을 강조하는 주장 다지기를 합니다.

단원 진도 체크

회차		학습 내용	진도 체크
1차	단원 열기	단원 학습 내용 미리 보고 목표 확인하기	✓
	교과서 내용 학습	토론이 필요한 경우 알기	✓
2차	교과서 내용 학습	「유행에 따라 희망 직업을 바꾼다면」	✓
3차	교과서 내용 학습	「민지네 반에서 한 토론」 / 「기계를 더 믿어요」	✓
4차	서술형 수행 평가 돋보기	서술형 수행 평가 대비 학습하기	✓
	교과서 문제 확인	교과서 문제 학습하며 학교 숙제 해결하기	✓
5차	단원 정리 학습	단원 학습 내용 정리하기	✓
	단원 확인 평가	확인 평가를 통한 단원 학습 상황 파악하기	✓

해당 부분을 공부하고 나서 ✓표를 하세요.

교과서 212~213쪽 내용 | 학습 목표 ▶ 토론이 필요한 경우 알기 | 교과서 212~213쪽

■ 각 장면의 문제 상황

가	학교 앞에 불법 주차를 한 차가 많고 차들이 빨리 달림.
나	학교에서 인사말을 "착한 사람이 되겠습니다."라고 함.
다	학교 운동장을 외부인에게 개방해서 쓰레기가 더 많아짐.

■ 각 장면에서 일어난 일

• 문제에 대한 서로 다른 의견이 생겨났습니다.
• 문제 해결을 위한 의견이 대립하였습니다.

★ 바르게 쓰기

인사말	인삿말
(○)	(×)

01 그림 **가** 에서 어떤 문제가 생겼습니까? (　　)

① 학교 앞에 있는 육교가 낡았다.
② 차들이 교통 신호를 지키지 않았다.
③ 학교 앞에 불법 주차를 한 차가 많다.
④ 학생들이 횡단보도 신호를 지키지 않았다.
⑤ 학교 앞이 어린이 보호 구역에 지정되지 않았다.

02 그림 **나** 에서 문제에 대한 지선이의 생각을 쓰시오.

(　　　　　　　　　　　　　　　　)

03 그림 **다** 에 대한 설명으로 알맞은 것은 무엇입니까?

(　　)

① 학교 운동장에 쓰레기통이 설치되었다.
② 여자아이와 선생님이 문제를 해결하였다.
③ 학교 운동장이 외부인에게 정해진 시간에만 개방되었다.
④ 문제에 대해 여자아이와 선생님 사이에 다른 의견이 생겼다.
⑤ 문제 해결을 위해 남자아이와 선생님이 같은 의견을 제시하였다.

교과서 214~215쪽 내용 | **학습 목표 ▶ 토론이 필요한 경우 알기** | 교과서 214~215쪽

착한 사람이 되겠습니다.

나는 우리 학교 인사말이 좀 어색해. 우리가 지금은 착한 사람이 아닌 것 같거든. 또 "안녕하세요?"와 같은 전통적인 인사말을 우리가 지켜야 하는 것이 아닐까 하는 생각도 들어.

■ 그림 가와 그림 나와 같이 대답했을 때 이어질 대화 상황

가	• 서로 근거를 대며 자신의 의견을 나누게 될 것임. • 상대의 주장과 그 근거가 옳은지 따져 가며 문제 해결 방법을 찾아볼 수 있게 될 것임.
나	• 서로 기분을 상하게 하면서 자신이 옳다고 우기기만 할 것임. • 문제를 해결하기보다 서로 다투게 될 것임.

나는 형식적으로 하는 인사말보다 새롭고 좋은 뜻이 있는 인사말이 더 의미가 뜻깊다고 생각해.

넌 왜 그렇게 항상 불만이 많니? 어휴, 투덜이 같아.

■ 일상생활에서 토론이 필요한 경우 예

• 쓰레기통 주변이 오히려 더 지저분해 쓰레기통을 없애자는 주제로 토론하고 싶을 때
• 학교 안에서 스마트폰을 사용하는 문제에 대해 토론이 필요할 때

가 / 나

---

04 여자아이가 "착한 사람이 되겠습니다."라는 인사말을 어색해하는 까닭을 두 가지 고르시오. (,   )

① 성격이 내성적이어서
② 지키지 못할 약속을 하는 것 같아서
③ 착한 사람이 아닌 친구가 더 많이 있어서
④ 전통적인 인사말을 우리가 지켜야 하는 것이라고 생각해서
⑤ 그 인사말을 하면 지금은 착한 사람이 아닌 것 같은 느낌이 들어서

05 그림 가와 나에서 서로 다른 생각을 상대에게 이해시키려고 사용한 방법을 찾아 각각 기호를 쓰시오.

(1) 자신의 의견을 근거를 들어서 이야기하고 있다. (   )

(2) 자신의 의견을 주장하려고 상대의 기분을 상하게 하고 있다. (   )

중요 06 그림 가와 그림 나 가운데에서 문제를 해결하는 데 더 도움이 되는 대화는 무엇일지 기호를 쓰시오.

(   )

주변에서 일어나는 일을 보고 '왜 이런 일이 생겼을까?', '이것을 바꿀 수는 없을까?'와 같이 생각해 봐야 토론이 이루어질 수 있단다. 그것을 빡빡하다고 받아들이면 진정한 토론이 이루어질 수 없어.

유행에 따라 희망 직업을 바꾼다면

- **글의 종류**: 주장하는 글
- **글의 특징**: 다양한 자료를 근거로 들어서 유행에 따라서 희망 직업을 바꾸고 있다는 문제를 지적하며, 흥미나 적성에 따라 직업을 고르려고 노력하자는 주장을 펼치고 있습니다.

■ '우리 반 친구들이 희망하는 직업' 자료의 부족한 점
- 조사 범위가 좁아서 모든 학생의 희망 직업을 대표한다고 보기가 어렵습니다.
- 주장의 근거로 사용한 자료가 믿을 만한지, 출처가 정확한지 확인해야 합니다.
- 조사 범위가 적절한지 생각해 봐야 합니다.
- 주장을 뒷받침하기에 적절한 자료를 사용했는지 생각해 봐야 합니다.

중심 내용 요즘 초등학생들은 유행에 따라서 장래 희망을 결정하는 경향이 있습니다.

1 최근 한 매체에서 '연예인'이 초등학생들의 장래 희망 직업 1위를 차지했다는 결과를 발표했다. 초등학생들 사이에서 번진 아이돌 열풍 때문이다. 몇 년 전
세차게 일어나는 기운이나 기세를 비유하는 말.
에는 꿈이 '요리사'인 초등학생이 많았는데, 그 당시에는 요리
꿈이 '요리사'인 학생이 많았을 당시
를 주제로 한 텔레비전 프로그램이 유행했기 때문이다. 게임

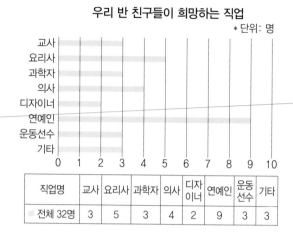

우리 반 친구들이 희망하는 직업
* 단위: 명

직업명	교사	요리사	과학자	의사	디자이너	연예인	운동선수	기타
전체 32명	3	5	3	4	2	9	3	3

산업의 발전에 따라 '프로 게이머'를 희망 직업으로 뽑은 학생이 대다수였을 때도 있
_거의 모두 다._
었다. 직업은 생활 수단이자 자신의 능력을 발휘하고 꿈을 실현할 수 있는 기회이기
재능, 능력 따위를 떨치어 나타내고.
도 하다. 그런데 자신이 희망하는 직업을 유행에 따라 결정하는 일이 과연 옳은 것일
글쓴이의 주장을 알 수 있는 부분 ★
까?

★ 바르게 읽기
[오른] [올흔]
(○) (×)

---

07 최근 한 매체에서 초등학생들의 장래 희망 직업 1위가 무엇이라고 발표하였습니까? (　　　)

① 요리사　　　② 연예인
③ 디자이너　　④ 운동선수
⑤ 프로 게이머

08 글쓴이는 **07**에서 답한 결과가 나온 까닭이 무엇 때문이라고 하였습니까? (　　　)

① 연예인이 흔한 직업이어서
② 요리 프로그램이 유행해서
③ 운동선수가 돈을 많이 벌어서
④ 게임을 좋아하는 사람이 늘어나서
⑤ 학생들 사이에 아이돌 열풍이 번져서

09 빈칸에 들어갈 알맞은 말을 이 글에서 찾아 쓰시오.

> 글쓴이는 희망 직업을 (　　　　　　)에 따라서 결정하는 것은 잘못된 것이라고 생각한다.

10 이 글에서 사용한 근거 자료는 누구를 대상으로 조사한 것인지 쓰시오.

(　　　　　　　　　　　　　　　　　)

중요 11 이 글에서 사용한 근거 자료의 부족한 점을 바르게 말한 친구의 이름을 쓰시오.

> 도연: 글쓴이의 주장과 관련이 없는 근거 자료야.
> 성주: 조사 범위가 좁아서 주장에 대한 근거를 뒷받침하기에 부족한 자료야.

(　　　　　　　　　　　　　　　　　)

중심 내용 직업 선택은 유행이 아니라 적성이나 흥미에 따라 선택해야 합니다.

2 ㉠ 실제로 자신의 꿈이 '연예인'으로 바뀌었다고 하는 한 학생을 면담한 결과, "요즘에는 연예인이 대세이다."라면서도 "사실은 한 해에도 여러 번 바뀌는 희망 직업 때문에 고민이 많다. 무엇을 준비해야 할지 모르겠다."라고 털어놓았다. 『: 자료 ㉠의 주요 내용 직업의 선택은 유행이 아니라 자신의 적성이나 흥미, 특기를 고려해 이루어져야 한다. 정작 자신이 무엇을 원하는지보다 다른 많은 사람이 원하는 것에 이끌려 인생의 중요한 결정을 유행에 따라 직업을 선택하면 안 되는 까닭 내린다면 결국 후회만 남을 것이다. 또 이것저것 유행에 휘둘리다 보면 자신의 능력을 집중적으로 개발하는 시간도 빼앗길 것이다.

★ 바르게 쓰기

바뀌었다고 (◯)	바꼈다고 (×)

중심 내용 유행보다 자신의 흥미와 적성, 특기를 바탕으로 직업을 고르려고 노력해야 합니다.

3 이와 같은 현실과 관련해 ㉡『직업 **평론가** ◯◯◯ 씨와 면담한 결과, 그는 "자신이 『: 면담 대상 원하는 일이 무엇인지 모르며 사회에 어떤 다양한 직업이 있는지 알아보려고 하지 않는 사실이 문제"라며 **우려**를 나타냈다. 『: 자료 ㉡의 주요 내용 직업은 미래에 자기 삶을 유지해 줄 수 있는 수단 가운데 하나이다. 직업으로 사람들은 소득을 얻기도 하고, 행복과 보람을 느끼기도 한다. 그러므로 유행보다는 자신의 흥미와 적성, 특기를 알고, 이것을 바탕으로 하여 직업을 고르려고 노력해야 한다.

■ 자료 ㉠과 자료 ㉡의 공통점과 차이점

공통점	주장과 관련된 면담 자료임.
차이점	㉠은 학생의 고민에 대한 면담 내용이고, ㉡은 해당 분야의 전문가와 면담한 내용임.

■ 면담 자료를 평가하는 기준
• 자료가 주장을 잘 뒷받침하는 자료인가?
• 해당 분야 전문가를 면담한 것인가?

낱말 사전

평론가 사물의 가치, 우열, 선악 따위를 평가하여 논하는 것을 전문으로 하는 사람.
우려 근심하거나 걱정함.

---

12 글쓴이의 주장은 무엇입니까? ( )

① 유행에 민감해야 한다.
② 후회하지 않는 삶을 살아야 한다.
③ 자기 개발에 시간을 투자해야 한다.
④ 직업으로 행복과 보람을 느껴야 한다.
⑤ 자신의 흥미와 적성, 특기를 고려하여 직업을 선택해야 한다.

13 자료 ㉠에 대한 설명으로 알맞지 <u>않은</u> 것을 골라 기호를 쓰시오.

㉮ 자신의 꿈이 '연예인'으로 바뀌었다고 하는 학생과의 면담이다.
㉯ 한 해에도 여러 번 바뀌는 희망 직업 때문에 고민이 많다는 면담 내용이다.
㉰ 사회에 어떤 다양한 직업이 있는지 알아보려고 하지 않는 사실이 문제라는 내용이다.

( )

서술형 14 자료 ㉠과 자료 ㉡ 가운데에서 더 믿을 만한 근거 자료와 그렇게 생각하는 까닭을 쓰시오.

믿을 만한 근거 자료	(1)
그렇게 생각하는 까닭	(2)

도움말 어떤 자료가 주장을 더 잘 뒷받침해 주는지 생각해 봅니다.

중요 15 근거 자료를 평가하는 기준으로 알맞지 <u>않은</u> 것을 골라 기호를 쓰시오.

㉮ 나의 생각과 비슷한 자료인지 생각한다.
㉯ 주장을 잘 뒷받침하는 자료인지 생각한다.
㉰ 자료의 출처가 믿을 만한 자료인지 생각한다.

( )

- 글의 특징: "학급 임원은 반드시 필요하다."라는 주제로 민재네 반에서 토론을 하는 내용입니다.

■ 토론 절차

주장 펼치기
↓
반론하기
↓
주장 다지기

■ 토론에서 주장을 펼치는 방법
- 근거를 들어 주장을 펼칩니다.
- 근거와 관련해 구체적인 자료를 제시합니다.

낱말 사전

임원 어떤 단체에 속하여 그 단체의 중요한 일을 맡아보는 사람.

주장 펼치기

사회자: 지금부터 "학급 **임원**은 반드시 필요하다."라는 주제로 토론을 시작하겠습니다. 저는 토론의 사회를 맡은 구민재입니다. 먼저 찬성편이 주장을 펼치겠습니다.

찬성편: 저희 찬성편은 두 가지 까닭에서 "학급 임원은 반드시 필요하다."라는 주제에 찬성합니다.

첫째, 실제로 학생 대표가 학교생활에 많은 역할을 합니다. 많은 학생들이 함께 생활하다 보니 학교에는 여러 가지 문제나 불편한 점이 생길 수 있습니다. 이러한 것에 대한 해결은 전교 학생회 회의에서 이루어지는데 학급 임원은 여기에 참여해 <u>우리 반 학생들의 의견을 전달하는 역할을 합니다.</u> 저희가 설문 조사를
_{학급 임원이 하는 일}
한 결과에 따르면 우리 지역의 초등학교 가운데에서 95퍼센트가 넘는 학교가 학급 임원을 뽑고 있다고 합니다. 이렇게 많은 학교가 학급 임원을 뽑는다는 것은 실제로 학급 임원이 필요하기 때문이 아니겠습니까? 학급 임원이 없다면 누가 선생님을 돕고, <u>누가 전교 학생회 회의에 참여해 우리의 뜻을 전하겠습니까?</u>
_{학급 임원이 필요한 까닭}
둘째, 학교 안에서 선거를 경험할 수 있습니다. 어린이 사회 교육 잡지에 실린 한 전문가의 면담에 따르면, "민주 시민 교육은 초등학교 때부터 이루어져야 한다. 사회를 미리 경험한다는 점에서 학급 임원 선거는 학생들에게 소중한 경험이 될 수 있다."라고 했습니다.

---

16 토론 주제가 무엇인지 쓰시오.

(   )

17 찬성편이 주장에 대한 근거로 제시한 것을 두 가지 고르시오. (,   )

① 학급 임원은 돌아가면서 할 수 있다.
② 학교 안에서 선거를 경험할 수 있다.
③ 학급 임원을 뽑는 기준을 만들어야 한다.
④ 학급 임원은 학교생활에 부정적인 영향을 준다.
⑤ 실제로 학생 대표가 학교생활에 많은 역할을 한다.

18 찬성편이 근거 자료로 제시한 것을 두 가지 고르시오.

(,   )

① 전문가의 면담
② 반 친구들의 면담
③ 실제 임원을 했던 학생들의 면담
④ 우리 학교 선생님들을 대상으로 한 설문 조사
⑤ 우리 지역 초등학교를 대상으로 한 설문 조사

19 토론에서 사회자의 역할로 알맞은 것을 골라 기호를 쓰시오.

⑦ 토론을 진행한다.
⑭ 근거를 들어 주장을 말한다.

(   )

사회자: 네, 이어서 반대편이 주장을 펼치겠습니다.

반대편: <u>학급 임원 제도는 반드시 필요하다고 할 수 없습니다.</u> 저희는 다음과 같은 까
　　　（반대편의 주장）
　　닭으로 "학급 임원은 반드시 필요하다."라는 주제에 반대합니다.

　　첫째, 학급 임원을 뽑는 기준이 올바르다고 보기 어렵습니다. 한 매체에서 <u>설
　　<u>문 조사를 한 결과에 따르면 70퍼센트 정도의 학생들이 "후보들의 능력보다 친
　（근거 1을 뒷받침하는 자료）　　　　　　　　　　　（아주 가깝고 두터운 정분.）
　　<u>분을 우선으로 투표한 적이 있다."라고 응답했습니다.</u> 이 조사는 정말 우리가
　　우리를 대표할 수 있는 사람을 학급 임원으로 뽑았는지에 대한 <u>의문을 가지게</u>
　　　　　　　　　　　　　　　　　　　　　　　　　（의심스러운 생각을 가지게 합니다.）
　　<u>합니다.</u> 특히 1학기에는 서로 잘 알지도 못한 채로 학급 임원 선거가 이루어지
　　는 경우도 있습니다. 이와 같은 학급 임원 선출은 인기투표와 다르지 않습니다.

　　둘째, 학생들 간 동등한 관계에 부정적인 영향을 끼칩니다. 우리는 모두 평등
　　한 관계여야 합니다. 하지만 학급 행사를 하는 과정에서 학생들과 학급 임원 사
　　이에 의견 차이가 생겨 친구들끼리 사이가 멀어지는 경우가 생깁니다. 실제로
　　<u>학급 임원을 한 경험이 있는 학생을 면담한 결과,</u> "학급 임원을 하면서 사이가
　（근거 2를 뒷받침하는 자료）
　　멀어진 친구들이 있다."라고 하면서, "선생님께서 부탁하신 일과 친구들과의
　　관계 사이에서 고민스러운 일이 많았다."라고 말했습니다.

사회자: 네, 여기서 주장 펼치기를 마치겠습니다. 이제 3분 동안 협의 시간을 드리겠
　　　　　　　　　　　　　　　　　（반론을 준비하기 위해서）
　　습니다. 각 토론자께서는 상대편의 주장과 근거에 대한 반론을 준비해 주십시오.

■ 반대편의 주장에 대한 근거와 사용한 자료

근거	1. 학급 임원을 뽑는 기준이 올바르다고 보기 어렵다. 2. 학생들 간 동등한 관계에 부정적인 영향을 끼친다.
자료	1. 설문 조사 결과 2. 학급 임원을 한 경험이 있는 학생의 면담 자료

토론을 할 때는 상대의 주장과 근거를 기록하며 들으면 좋아. 그리고 상대의 주장과 근거가 타당한지 판단하며 들어야 해.

---

20 반대편이 주장에 대한 근거로 제시한 것에 모두 ○표를 하시오.

(1) 학급 임원을 뽑는 기준이 올바르다고 보기 어렵다. (　　)

(2) 학생들 간 동등한 관계에 부정적인 영향을 끼친다. (　　)

(3) 선생님과 학생들의 의견이 충돌할 때 해결하는 역할을 해 준다. (　　)

서술형
21 주장 펼치기 단계에서 찬성편과 반대편이 구체적인 예를 근거 자료로 제시하는 까닭은 무엇인지 쓰시오.

_____

_____

도움말 근거에 대한, 구체적인 자료를 제시하지 않는다면 어떤 문제가 생길지 생각해 봅니다.

22 토론에서 자신의 주장을 펼치는 방법으로 알맞은 것을 보기 에서 골라 빈칸에 쓰시오.

보기

근거　　상상　　자료　　비판

(1) (　　　　)을/를 들어 주장을 펼친다.

(2) 근거와 관련해 구체적인 (　　　　)을/를 제시한다.

23 토론을 할 때에 상대편의 주장을 듣는 태도에 대해 <u>잘못</u> 말한 친구의 이름을 쓰시오.

> 서윤: 내 생각과 다를 때 바로 손을 들고 질문해야 해.
> 지혁: 상대의 주장과 근거가 타당한지 판단하며 들어야 해.

(　　　　　　)

■반대편의 반론과 질문

찬성편의 주장에 대한 반론	• 누구나 학급을 위해 봉사할 수 있다. • 요즘은 기술이 발달해서 여러 사람이 동시에 회의에 참여할 수 있다. 굳이 학생 대표 한두 명만 회의에 참여하도록 할 필요가 없다.
반대편의 질문	오히려 모든 학생이 학급 임원을 경험할 수 있도록 돌아가며 하는 게 좋지 않을까?

낱말 사전

지적하고 허물 따위를 드러내어 폭로하고.
부담 어떠한 의무나 책임을 짐.
㉐ 혼자서 결정을 하려니 부담이 되었습니다.

반론하기

사회자: 이번에는 상대편이 펼친 주장에서 잘못된 점이나 궁금한 점을 **지적하고** 이에 답하는 반론하기 시간입니다. 먼저 반대편이 반론과 질문을 하고 이에 대해 찬성편이 답변하도록 하겠습니다. 시간은 2분입니다. 시작해 주십시오.

반대편: 찬성편에서는 학급을 위해 봉사하고, 학생 대표가 되어 우리의 뜻을 전하는 역할을 할 학급 임원이 필요하다고 했습니다. 하지만 학급을 위해 봉사하는 것은 몇 명의 학생이 아니라 전체 학생이 다 할 수 있는 일입니다. 또 요즘은 기술이 발달해서 여러 사람이 동시에 회의에 참여할 수 있습니다. 굳이 학생 대표 한두 명만 회의에 참여하도록 할 필요가 없습니다. 따라서 찬성편의 근거는 학급 임원이 반드시 필요하다는 주장을 뒷받침하는 근거라고 보기 어렵습니다. 오히려 모든 학생이 학급 임원을 경험할 수 있도록 돌아가며 하는 게 좋지 않을까요?
<small>반대편의 반론 1 / 반대편의 반론 2</small>

찬성편: 네, 반대편의 반론 잘 들었습니다. 모두가 돌아가면서 학급 임원을 한 번씩 경험해 볼 수도 있습니다. 그러나 말씀드렸다시피 학급 임원은 학급 학생 전체를 대표하는 자리입니다. 학생 대표는 모범적이면서 봉사 정신이 뛰어난 학생이 스스로 참여해야 한다고 생각합니다. 반대편의 반론처럼 모든 학생이 돌아가면서 학급 임원을 맡는다면 그 가운데에는 하고 싶은 마음이 없는 학생이 대표가 될 수 있습니다. 그러면 그 학생에게도 **부담**이 되는 일입니다.
<small>반론에 대한 반박</small>

---

24 반론하기 단계에서 하는 일로 알맞은 것을 골라 기호를 쓰시오.

> ㉮ 상대편의 주장과 근거에 대해 협의한다.
> ㉯ 상대편의 주장이 타당하지 않다는 것을 밝히기 위한 질문을 한다.

( )

25 <small>중요</small> 반대편의 반론 내용에는 '반', 찬성편의 반박 내용에는 '찬'이라고 쓰시오.

(1) 학생 대표는 모범적이면서 봉사 정신이 뛰어난 사람이 스스로 참여해야 한다. ( )

(2) 누구나 학급을 위해 봉사할 수 있고, 요즘은 기술이 발달해서 여러 사람이 동시에 회의에 참여할 수 있다. ( )

26 반대편이 찬성편에게 질문을 한 까닭으로 알맞은 것에 〇표를 하시오.

(1) 찬성편에서 반박을 할 수 있게 하기 위해서 ( )

(2) 찬성편이 제시한 근거가 타당하지 않음을 지적하기 위해서 ( )

27 찬성편에서 모든 학생이 돌아가면서 학급 임원을 할 경우 어떤 점이 좋지 않다고 하였습니까? ( )

① 학교를 위해 봉사할 사람이 부족하다.
② 학생들 간 평등한 관계가 깨지게 된다.
③ 전교 학생회 회의에 참여할 사람이 없다.
④ 하고 싶은 사람이 대표를 할 수 없게 된다.
⑤ 하고 싶은 마음이 없는 학생이 대표가 될 수 있다.

사회자: 이번에는 찬성편이 반론을 펴고, 반대편에서 찬성편의 반론을 반박해 주시기 바랍니다.

찬성편: 반대편은 <u>학급 임원을 뽑는 기준이 올바르지 않은 까닭을 근거로 들었습니</u>
<u>다.</u> 반대편의 주장에 대한 근거를 다시 한번 정리함.
하지만 반대편에서 첫 번째 자료로 제시한 설문 조사 결과는 다른 학교를
찬성편이 반대편 주장을 받아들일 수 없는 까닭
조사한 것입니다. 따라서 우리 학교의 상황과 설문 조사 결과가 반드시 같다고
는 볼 수 없습니다. 우리 학교 사정을 **고려해서** 근거를 말씀해 주셔야 하지 않
반대편에게 하는 질문
을까요?

반대편: 네, <u>저희가 다른 학교에서 조사한 결과를 활용한 것은 맞습니다.</u> 그러나 그
찬성편의 반론 내용을 인정함.
자료는 학급 임원을 뽑는 기준에 문제가 있다고 생각하는 학생이 많다는 점을
보여 드리려는 자료입니다. <u>여기 우리 학교 선생님을 면담한 결과를 보여 드리</u>
<u>겠습니다. 그 선생님께서는 "봉사 정신이 뛰어나거나 모범적인 행동을 보이는</u>
새로운 근거를 제시하여 찬성편의 반론을 반박함.
<u>학생보다는 인기가 많은 학생이 학급 임원이 되는 경우가 **종종** 있다."라고 말</u>
<u>씀하셨습니다.</u> 이러한 점을 모두 고려해 학생 대표로서 학급 임원이 필요한지
의문입니다.

사회자: 양쪽 질문과 답변을 잘 들었습니다. 2분 동안 협의 시간을 드리도록 하겠습
니다. 양쪽은 토론 내용을 바탕으로 하여 주장과 근거를 다시 정리해 주시기
바랍니다.

■ 찬성편의 반론과 질문

반대편의 주장에 대한 반론	반대편에서 제시한 설문 조사 결과는 다른 학교에서 조사한 결과로, 우리 학교의 상황과 반드시 같다고 볼 수 없다.
질문	우리 학교 사정을 고려해서 근거를 말씀해 주셔야 하지 않을까요?

낱말 사전

고려해서 생각하고 헤아려 보아서.
종종 시간적·공간적 간격이 얼마쯤씩 있게.
예 그런 일은 종종 일어납니다.

---

28 찬성편이 반론을 펼치기 전에 반대편의 주장을 다시 한번 말한 까닭은 무엇입니까? ( )

① 반대편의 주장을 짧게 정리하려고
② 찬성편의 주장과 비교하여 말해 주기 위해서
③ 반대편의 주장을 잘 모르는 사람들이 있어서
④ 반대편의 주장이 타당하다는 것을 강조하려고
⑤ 반대편의 주장을 요약해 반론을 효과적으로 펼치려고

29 찬성편이 반대편에게 한 반론의 내용으로 알맞은 것을 골라 기호를 쓰시오.

> ㉮ 학급 임원은 인기가 많은 학생이 되는 경우가 있다.
> ㉯ 다른 학교의 설문 조사 자료는 우리 학교 상황과 반드시 같다고 볼 수 없다.

( )

30 찬성편의 반론을 반박하기 위해서 반대편이 찬성편의 질문에 대해 어떤 자료를 제시했는지 정리하여 쓰시오.

_____

_____

도움말 반대편이 발언한 내용 중에서 찬성편의 반론에 대해 반박하기 위해 제시한 자료가 무엇인지 찾아봅니다.

31 반론하기 단계는 어떤 순서대로 진행되었는지 차례에 맞게 기호를 쓰시오.

> ㉮ 반대편의 반박과 답변
> ㉯ 찬성편의 반박과 답변
> ㉰ 찬성편의 반론과 질문
> ㉱ 반대편의 반론과 질문

( ) → ( ) → ( ) → ( )

찬성편	• 학급 임원을 뽑는 기준에 문제가 있다면 그 문제를 해결하면 됨. • 반대편의 대안처럼 할 경우 원하지 않는 학생이 학생 대표를 맡게 되는 또 다른 문제가 발생할 수 있음.
반대편	여러 학생이 한 번씩 돌아가면서 봉사하고 학급을 대표하는 경험을 쌓는다면 좀 더 많은 학생이 지도력과 책임감을 키울 수 있음.

■ 토론에서 주장을 다지는 방법
• 자기편의 주장을 요약합니다.
• 상대편에서 제기한 반론이 타당하지 않음을 지적합니다.
• 자기편 주장의 장점을 정리합니다.

낱말 사전

공정한 공평하고 올바른.
대안(代 대신할 대, **案** 책상 안**)** 어떤 안을 대신하는 안.

주장 다지기

사회자: 이제 토론의 마지막 단계인 주장 다지기입니다. 먼저 찬성편이 발언해 주시기 바랍니다.

찬성편: 학급 임원은 반드시 필요합니다. **공정한** 선거로 학생 대표를 뽑고, 그 대표를 _{주장 요약} 도와 학교생활이 잘 이루어지도록 하는 경험을 해 보는 것은 큰 의미가 있습니다. 학급 임원을 뽑는 기준에 문제가 있다면 그 문제를 해결하면 됩니다. 반대편의 **대안**처럼 할 경우 원하지 않는 학생이 학생 대표를 맡게 되는 또 다른 문제가 발생할 수 있습니다. 공정한 경쟁과 올바른 선택을 거쳐 학급 임원을 뽑는다면 문제를 원만히 해결할 수 있을 것이라고 생각합니다.

반대편: 찬성편은 학급에 대표가 필요하고, 학급 임원을 뽑는 과정에서 선거를 경험할 수 있기 때문에 학급 임원이 필요하다고 주장했습니다. 그러나 저희 반대편은 학급 임원이 반드시 필요하지는 않다고 생각합니다. 학급 임원을 뽑는 기준에 문제가 있고, 학생들 간 동등한 관계에 부정적인 영향을 끼친다면 반드시 학급 임원 제도를 유지해야 할 필요가 있을까요? 물론 학급 대표가 필요한 경우도 있습니다. 그러나 그렇다고 해서 꼭 한두 사람이 학급 임원이 될 필요는 없습니다. 오히려 여러 학생이 한 번씩 돌아가면서 봉사하고 학급을 대표하는 경험을 쌓는다면 좀 더 많은 학생이 지도력과 책임감을 키울 수 있다고 생각합니다.

사회자: 모두 수고하셨습니다. 지금까지 "학급 임원은 반드시 필요하다."라는 주제를 놓고 토론을 진행해 보았습니다. 찬성편과 반대편의 토론으로 학급 임원의 필요성에 대해 깊이 생각해 볼 수 있었습니다. 토론자 여러분, 감사합니다. 그럼 여기서 토론을 마치겠습니다.

---

32 찬성편이 자신의 주장을 다지려고 덧붙인 설명은 무엇입니까? ( )

① 학급 임원은 반드시 필요하다.
② 반드시 학급 임원 제도를 유지해야 한다.
③ 학생들의 동등한 관계에 부정적인 영향을 끼친다.
④ 여러 학생이 한 번씩 돌아가면서 봉사할 수 있다.
⑤ 학급 임원을 뽑는 기준에 문제가 있다면 그 문제를 해결하면 된다.

33 반대편에서 여러 학생이 한 번씩 돌아가면서 임원을 한다면 어떤 점이 좋다고 하였는지 쓰시오.

( )

34 주장을 다지는 방법으로 ( ) 안에 알맞은 말에 ○표를 하시오.

⑴ 자기편의 (주장 , 자료)을/를 요약한다.
⑵ 상대편에서 제기한 (질문 , 반론)이/가 타당하지 않음을 지적한다.

35 다음을 토론 절차에 맞게 기호를 쓰시오.

㉮ 반론하기	㉯ 주장 다지기
㉰ 주장 펼치기	

( ) → ( ) → ( )

기계를 더 믿어요

학습 목표 ▶ 글을 읽고 독서 토론 하기

교과서 229~230쪽

시장에 간 우리 고모

물건 사고 아주머니가 돌려주는

거스름돈,
★
꼭 세어 보아요

★ 바르게 쓰기

세어	새어
(○)	(×)

은행에 간 고모

현금 지급기가

'달깍' 내미는 돈

세어 보지도 않고

지갑에 얼른 넣는 거 있죠?

고모도 참
시장과 은행에서 돈을 다루는 고모의 모습이 달라서 이상하다고 생각함.

• **글의 종류**: 시
• **글쓴이**: 한상순
• **글의 특징**: 시장에 가서 거스름돈을 받는 고모의 모습과 은행 현금 지급기에서 돈을 꺼내는 고모의 모습을 비교하여 사람보다 기계를 더 믿는 고모의 모습을 표현하였습니다.

독서 토론을 할 때에는 자신의 의견에 대한 까닭을 구체적으로 말해야 해.

36 시장과 은행에서 고모의 모습으로 알맞은 것을 선으로 이으시오.

(1) 시장 •

(2) 은행 •

• ① 거스름돈을 꼭 세어 본다.

• ② 돈을 세어 보지 않고 지갑에 넣는다.

서술형 38 이 시를 읽고 독서 토론을 할 때 어떤 것을 주제로 정하여 토론하면 좋을지 쓰시오.

_____

_____

도움말 시의 주제와 관련해서 친구들과 이야기 나누어 보고 싶은 내용을 떠올려 봅니다.

중요 39 독서 토론을 할 때의 올바른 태도를 <u>잘못</u> 말한 친구의 이름을 쓰시오.

나래: 의견만 분명하게 밝히면 까닭은 제시하지 않아도 돼.
시언: 내 의견과 그렇게 생각한 까닭을 구체적으로 말해야 해.

( )

37 이 시의 주제로 알맞은 것은 무엇입니까? ( )

① 기계를 더 믿어야 한다.

② 옛날 모습으로 돌아가고 싶다.

③ 사람보다 기계를 더 믿는 세상이다.

④ 현금 지급기에서 나오는 돈을 꼭 세어 봐야 한다.

⑤ 사람을 대신하는 기계들이 만들어지는 세상이다.

서술형 수행 평가 돋보기

학교에서 출제되는 서술형 수행 평가를 미리 준비하세요.

◑ 다음과 같은 주제로 토론을 준비하려고 합니다. 물음에 답하시오.

> 토론 주제: 초등학생도 교복을 입어야 한다.

🔍 문제 파악
토론 절차에 따라 입장을 정해 토론을 준비하는 문제입니다.

1 주제에 대한 나의 생각을 바탕으로 주장과 근거를 정리하여 쓰시오.

주장	(1)
근거	(2)

🔍 해결 전략

1 단계	토론 주제에 대한 주장과 근거 정하기

↓

2 단계	근거를 뒷받침할 수 있는 자료 마련하기

↓

3 단계	예상 반론에 따라 반박할 내용 준비하기

2 근거를 뒷받침하는 자료로 어떤 것을 쓰면 좋을지 두 가지 이상 쓰시오.

근거를 뒷받침하는 자료	

3 상대편의 예상 반론과 그 반론에 대해 어떻게 반박할지 정리해 봅시다.

상대편의 예상되는 반론	(1)
반론에 대해 우리 편이 반박할 내용	(2)

학교 선생님께서 알려 주시는 모범 답안과 채점 기준도 book❸ 해설책에서 꼭 확인해 보자!

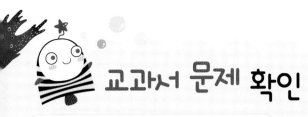 **교과서 문제 확인**

교과서 212~215쪽
○ 토론이 필요한 경우 알기

- 가 "착한 사람이 되겠습니다."라는 인사말을 어색해하는 까닭은 무엇인가요?

  ㉖ "착한 사람이 되겠습니다."라는 인사말을 하면 지금은 착한 사람이 아닌 것 같은 느낌이 들기 때문입니다. / "안녕하세요?"와 같이 전통적인 인사말을 우리가 지켜야 하는 것이라고 생각하기 때문입니다.

- 가 그림 **가** 와 같이 대답했을 때 두 사람의 대화는 앞으로 어떻게 이어질까요?

  ㉖ 서로 근거를 대며 자신의 의견을 나누게 될 것입니다. / 상대의 주장과 그 근거가 옳은지 따져 가며 문제 해결 방법을 찾아볼 수 있게 될 것입니다.

- 가 그림 **나** 와 같이 대답했을 때 두 사람의 대화는 앞으로 어떻게 이어질까요?

  ㉖ 서로 기분을 상하게 하면서 자신이 옳다고 우기기만 할 것입니다. / 문제를 해결하기보다 서로 다투게 될 것 같습니다.

- 그림 **가** 와 그림 **나** 가운데에서 문제를 해결하는 데 도움이 되는 대화는 어느 것일까요?

  ㉖ 그림 **가** 입니다.

- 일상생활에서 토론이 필요한 경우를 친구들과 이야기해 봅시다.

  쓰레기통 주변이 오히려 더 지저분해 쓰레기통을 없애자는 주제로 토론해 보고 싶어. / 두 시간을 연달아 수업할 때에 쉬는 시간이 없어서 힘들어. 그래서 나는 한 시간을 마치면 반드시 쉬는 시간이 필요하다는 주제로 토론해 보고 싶어. / ㉖ 학교 안에서 스마트폰을 사용하는 문제에 대해 토론이 필요했어.

「유행에 따라 희망 직업을 바꾼다면」 ○ 적성과 특기에 따라 직업을 선택해야 한다고 주장하는 글

- 〈자료 1〉과 〈자료 2〉를 비교해 보세요.

	〈자료 1〉	〈자료 2〉
누구를 면담했나요?	㉖ 자신의 꿈이 '연예인'으로 바뀌었다고 하는 학생	㉖ 직업 평론가 ○○○ 씨
면담의 주요 내용은 무엇인가요?	㉖ 한 해에도 여러 번 바뀌는 희망 직업 때문에 고민이 많다는 내용	㉖ 자신이 원하는 일이 무엇인지 모르며 사회에 어떤 다양한 직업이 있는지 알아보려고 하지 않는 사실이 문제라는 내용
활용한 근거 자료가 주장을 뒷받침하나요?	(그렇다)　　아니다	(그렇다)　　아니다

- 〈자료 1〉과 〈자료 2〉 가운데에서 더 믿을 만한 근거 자료는 무엇인가요? 그렇게 생각한 까닭을 말해 보세요.

  ㉖ 〈자료 2〉가 더 믿을 만한 근거 자료입니다. 해당 분야 전문가의 말이기 때문입니다.

• 다음 자료의 내용을 살펴보고 자료에서 알 수 있는 점을 정리해 보세요.

조사 대상	우리 반 친구들
조사 범위	⑩ 32명
응답이 가장 많은 항목	⑩ 연예인
자료의 출처	⑩ 글쓴이의 반 친구들을 대상으로 한 설문 조사 결과

• 자료 **가**와 자료 **나**를 「유행에 따라 희망 직업을 바꾼다면」의 근거 자료로 활용할 수 없는 까닭을 말해 보세요.

⑩ 자료 **가**: 출처가 없고 조사 시기와 조사 대상을 정확히 알 수 없기 때문입니다.

자료 **나**: 학부모가 희망하는 자녀 직업이므로 글의 주제와 관련이 없기 때문입니다.

교과서
220~225쪽

「민재네 반에서 한 토론」　　○ "학급 임원은 반드시 필요하다."라는 주제의 토론 내용

• 토론 주제는 무엇인가요?　⑩ "학급 임원은 반드시 필요하다."입니다.

• 토론에 참여한 사람들의 역할은 무엇무엇인가요?　⑩ 사회자, 찬성편 토론자, 반대편 토론자입니다.

• 토론은 어떤 절차로 이루어지나요?

주장 펼치기　＞　⑩ 반론하기　＞　⑩ 주장 다지기

교과서 문제와 답을 확인하며 학교 숙제를 해결하세요.

● 주장 펼치기 ●

• 찬성편의 주장과 근거를 정리해 보세요.

주장	학급 임원은 반드시 필요하다.
근거 1	실제로 학생 대표가 학교생활에 많은 역할을 한다.
근거 1의 자료	㉖ 같은 지역 초등학교를 대상으로 한 설문 조사 자료
근거 2	㉖ 학교 안에서 선거를 경험할 수 있다.
근거 2의 자료	전문가의 면담

• 반대편의 주장과 근거를 정리해 보세요.

주장	학급 임원이 반드시 필요하지는 않다.
근거 1	㉖ 학급 임원을 뽑는 기준이 올바르다고 보기 어렵다.
근거 1의 자료	설문 조사 결과
근거 2	학생들 간 동등한 관계에 부정적인 영향을 끼친다.
근거 2의 자료	㉖ 학급 임원을 한 경험이 있는 학생의 면담 자료

• 찬성편과 반대편이 구체적인 예를 근거 자료로 제시하는 까닭은 무엇인가요?

㉖ 자기편의 주장에 대한 근거가 믿을 만하다고 상대편이 생각하도록 하기 위해서입니다.

• 토론에서 주장을 펼치는 방법을 정리해 보세요.

－ <u>㉖ 근거</u> 을/를 들어 주장을 펼친다.

－ 근거와 관련해 구체적인 <u>㉖ 자료</u> 을/를 제시한다.

● 반론하기 ●

• 제기한 반론과 질문을 정리해 보세요.

찬성편의 주장	학급 임원은 반드시 필요하다.

⬇

반대편의 반론과 질문	
찬성편의 주장에 대한 반론	• 누구나 학급을 위해 봉사할 수 있다. • 요즘은 기술이 발달해서 여러 사람이 동시에 회의에 참여할 수 있다. 굳이 학생 대표 한두 명만 회의에 참여하도록 할 필요가 없다.
반대편의 질문	㉖ 오히려 모든 학생이 학급 임원을 경험할 수 있도록 돌아가며 하는 게 좋지 않을까요?

⬇

찬성편의 반박과 답변	
찬성편의 반박	학생 대표는 모범적이면서 봉사 정신이 뛰어난 사람이 스스로 참여해야 한다.
반대편의 질문에 대한 답변	㉖ 모든 학생이 돌아가면서 학급 임원을 맡는다면 그 가운데에는 하고 싶은 마음이 없는 학생이 대표가 될 수 있습니다. 그러면 그 학생에게도 부담이 되는 일입니다.

반대편의 주장	학급 임원이 반드시 필요하지는 않다.

↓

찬성편의 반론과 질문	
반대편의 주장에 대한 반론	예 반대편에서 제시한 설문 조사 결과는 다른 학교에서 조사한 결과로, 우리 학교의 상황과 반드시 같다고 볼 수 없다.
찬성편의 질문	우리 학교 사정을 고려해서 근거를 말씀해 주셔야 하지 않을까요?

↓

반대편의 반박과 답변	
반대편의 반박	예 학급 임원을 뽑는 기준에 문제가 있다고 생각하는 학생이 많다는 점을 보여 주기 위한 자료이다.
찬성편의 질문에 대한 답변	예 우리 학교 선생님을 면담한 결과를 보여 드리겠습니다.

• 찬성편과 반대편이 반론을 펼치기 전에 상대편의 주장을 다시 한번 말한 까닭은 무엇일까요?

　예 상대편의 주장을 요약해 반론을 효과적으로 펼치기 위해서입니다.

• 찬성편과 반대편이 서로에게 질문하면서 무엇을 얻고자 했나요?

　예 상대편이 제시한 주장과 근거 자료가 타당하지 않다는 것입니다. / 자기편의 주장이 더 타당하다는 것입니다.

주장 다지기

• 찬성편의 발언을 정리해 보세요.

주장	학급 임원은 반드시 필요하다.
근거	예 공정한 선거로 학생 대표를 뽑고, 그 대표를 도와 학교생활이 잘 이루어지도록 하는 경험을 해 보는 것은 큰 의미가 있다.
설명이나 뒷받침 자료	예 학급 임원을 뽑는 기준에 문제가 있다면 그 문제를 해결하면 된다. / 반대편의 대안처럼 할 경우 원하지 않는 학생이 학생 대표를 맡게 되는 또 다른 문제가 발생할 수 있다.

• 찬성편의 근거를 뒷받침하는 자료는 주장과 근거의 타당성을 높여 주나요?

　예 학급 임원 선거의 중요성을 되짚는다는 면에서 타당성을 높여 줍니다.

• 찬성편은 반대편에서 제기한 반론을 반박하려고 어떤 방법을 사용했나요?

　예 학급 임원을 뽑는 기준에 문제가 있다면 그 문제를 해결하면 된다고 했습니다.

• 반대편의 발언을 정리해 보세요.

주장	학급 임원이 반드시 필요하지는 않다.
근거	학급 임원을 뽑는 기준에 문제가 있고, 학생들 간 동등한 관계에 부정적인 영향을 끼친다.
설명이나 뒷받침 자료	예 여러 학생이 한 번씩 돌아가면서 봉사하고 학급을 대표하는 경험을 쌓는다면 좀 더 많은 학생이 지도력과 책임감을 키울 수 있다.

• 반대편의 근거를 뒷받침하는 자료는 주장과 근거의 타당성을 높여 주나요?

　예 한두 사람을 선출하는 것이 아니라 여러 사람이 돌아가며 공평하게 학급 임원을 한다는 점에서 타당성을 높여 줍니다.

• 반대편은 찬성편에서 제기한 반론을 반박하려고 어떤 방법을 사용했나요?

　예 여러 학생이 돌아가면서 학급 임원을 맡는 방법을 제안했습니다.

단원 정리 학습

핵심 1   토론이 필요한 경우를 알고, 글을 읽고 근거 자료의 타당성 평가하기

1 일상생활에서 토론이 필요한 경우 알아보기

- 쓰레기통 주변이 오히려 더 지저분해 쓰레기통을 없애자고 토론했습니다.
- 우리 학교는 두 시간을 연달아 수업할 때 쉬는 시간이 없어서 힘들어서 한 시간을 마치면 반드시 쉬는 시간이 필요하다는 주제로 토론한 적이 있습니다.
- 학교 안에서 스마트폰을 사용하는 문제에 대해 토론이 필요했습니다.

2 근거 자료의 타당성 평가하기

- 주장을 뒷받침하는 근거 자료는 전문가의 면담 자료, 설문 조사 자료 등이 있습니다.
- 면담 자료를 평가하는 기준으로 자료가 주장을 잘 뒷받침하는지 살펴보고, 믿을 만한 전문가의 의견인지 등을 따져 봅니다.
- 설문 조사 자료를 평가하는 기준으로 주장의 근거로 사용한 자료가 믿을 만한지, 자료의 출처가 정확한지 확인하고, 조사 대상과 범위가 적절한지, 주장을 뒷받침하기에 적절한 자료를 사용했는지 등을 생각해 봅니다.

핵심 2   토론 절차와 방법 알기

1 토론 절차 알아보기

'주장 펼치기 – 반론하기 – 주장 다지기'의 순서로 진행됩니다.

2 토론 방법 알아보기

● 주장 펼치기 ●

- 근거를 들어 주장을 펼칩니다.
- 근거와 관련해 구체적인 자료를 제시합니다.

● 반론하기 ●

- 상대편의 주장을 요약합니다.
- 상대편의 주장이 타당하지 않다는 것을 밝히기 위한 질문을 합니다.
- 주장에 대한 근거나 그에 대한 자료가 적절하지 않다는 것을 밝힙니다.

● 주장 다지기 ●

- 자기편의 주장을 요약합니다.
- 상대편에서 제기한 반론이 타당하지 않음을 지적합니다.
- 자기편 주장의 장점을 정리합니다.

단원 확인 평가

6. 타당성을 생각하며 토론해요

[01~02] 다음 그림을 보고, 물음에 답하시오.

착한 사람이 되겠습니다.

난 우리 학교에서만 하는 저 인사말이 참 좋아.

난 저 말이 내가 지금은 착한 사람이 아닌 듯해서 기분이 좋지 않아.

01 이 그림에 대한 설명으로 알맞은 것에 ○표를 하시오.

(1) 학교에서 인사말을 무엇으로 할지 고민하고 있다. ( )

(2) 학교에서 선생님께 인사를 하지 않는 학생들이 늘고 있다. ( )

(3) 학교에서 하는 인사말에 대한 학생들의 생각이 서로 다르다. ( )

02 이 그림과 같은 문제를 해결하기 위해서 토론을 할 때 주의할 점으로 알맞지 <u>않은</u> 것은 무엇입니까? ( )

① 근거가 타당한지 생각하며 듣는다.
② 나의 주장이 옳다고 우기지 않는다.
③ 상대의 이야기를 귀 기울여 듣는다.
④ 나의 주장에 대한 근거를 함께 이야기한다.
⑤ 상대를 설득할 때까지 나의 주장을 말한다.

[03~05] 다음 글을 읽고, 물음에 답하시오.

실제로 ㉠자신의 꿈이 '연예인'으로 바뀌었다고 하는 한 학생을 면담한 결과, "요즘에는 연예인이 대세이다." 라면서도 "사실은 한 해에도 여러 번 바뀌는 희망 직업 때문에 고민이 많다. 무엇을 준비해야 할지 모르겠다."라고 털어놓았다. 직업의 선택은 유행이 아니라 자신의 적성이나 흥미, 특기를 고려해 이루어져야 한다. 정작 자신이 무엇을 원하는지보다 다른 많은 사람이 원하는 것에 이끌려 인생의 중요한 결정을 내린다면 결국 후회만 남을 것이다. 또 이것저것 유행에 휘둘리다 보면 자신의 능력을 집중적으로 개발하는 시간도 빼앗길 것이다. / 이와 같은 현실과 관련해 ㉡직업 평론가 ○○○ 씨와 면담한 결과, 그는 "자신이 원하는 일이 무엇인지 모르며 사회에 어떤 다양한 직업이 있는지 알아보려고 하지 않는 사실이 문제"라며 우려를 나타냈다. 직업은 미래의 자기 삶을 유지해 줄 수 있는 수단 가운데 하나이다. 직업으로 사람들은 소득을 얻기도 하고, 행복과 보람을 느끼기도 한다. 그러므로 유행보다는 자신의 흥미와 적성, 특기를 알고, 이것을 바탕으로 하여 직업을 고르려고 노력해야 한다.

03 글쓴이는 무엇을 고려해서 직업을 선택해야 한다고 하였습니까? ( )

① 유행
② 흥미나 적성
③ 부모님의 희망
④ 친구들이 좋아하는 것
⑤ 돈을 많이 벌 수 있는 것

04 주장을 뒷받침하기 위해 사용한 근거 자료를 쓰시오.

( )

05 ㉠과 ㉡에 대하여 바르게 말한 친구의 이름을 쓰시오.

소윤: ㉠보다는 전문가의 의견인 ㉡이 근거 자료로 더 믿을만 해.
현유: 나와 같은 상황에 있는 친구의 이야기인 ㉠을 통해 더 많은 정보를 얻을 수 있어.

( )

[06~07] 다음 글을 읽고, 물음에 답하시오.

(가) **반대편:** 학급 임원 제도는 반드시 필요하다고 할 수 없습니다. 저희는 다음과 같은 까닭으로 "학급 임원은 반드시 필요하다."라는 주제에 반대합니다.

첫째, 학급 임원을 뽑는 기준이 올바르다고 보기 어렵습니다. 한 매체에서 설문 조사를 한 결과에 따르면 70퍼센트 정도의 학생들이 "후보들의 능력보다 친분을 우선으로 투표한 적이 있다."라고 응답했습니다. 이 조사는 정말 우리가 우리를 대표할 수 있는 사람을 학급 임원으로 뽑았는지에 대한 의문을 가지게 합니다. 특히 1학기에는 서로 잘 알지도 못한 채로 학급 임원 선거가 이루어지는 경우도 있습니다. 이와 같은 학급 임원 선출은 인기투표와 다르지 않습니다.

둘째, 학생들 간 동등한 관계에 부정적인 영향을 끼칩니다. 우리는 모두 평등한 관계여야 합니다. 하지만 학급 행사를 하는 과정에서 학생들과 학급 임원 사이에 의견 차이가 생겨 친구들끼리 사이가 멀어지는 경우가 생깁니다.

(나) **사회자:** 네, 여기서 ⃞ⓐ⃞ 을/를 마치겠습니다. 이제 3분 동안 협의 시간을 드리겠습니다. 각 토론자께서는 상대편의 주장과 근거에 대한 반론을 준비해 주십시오.

06 반대편의 근거가 나타난 부분을 모두 찾아 쓰시오.

- _____
- _____

07 ㉠에 들어갈 알맞은 토론 절차를 쓰시오.

( )

[08~10] 다음 글을 읽고, 물음에 답하세요.

찬성편: 반대편은 학급 임원을 뽑는 기준이 올바르지 않은 까닭을 근거로 들었습니다. 하지만 반대편에서 첫 번째 자료로 제시한 설문 조사 결과는 다른 학교를 조사한 것입니다. 따라서 우리 학교의 상황과 설문 조사 결과가 반드시 같다고는 볼 수 없습니다. 우리 학교 사정을 고려해서 근거를 말씀해 주셔야 하지 않을까요?

반대편: 네, 저희가 다른 학교에서 조사한 결과를 활용한 것은 맞습니다. 그러나 그 자료는 학급 임원을 뽑는 기준에 문제가 있다고 생각하는 학생이 많다는 점을 보여 드리려는 자료입니다. 여기 우리 학교 선생님을 면담한 결과를 보여 드리겠습니다. 그 선생님께서는 "봉사 정신이 뛰어나거나 모범적인 행동을 보이는 학생보다는 인기가 많은 학생이 학급 임원이 되는 경우가 종종 있다."라고 말씀하셨습니다.

 08 찬성편은 반대편의 주장에 대해 어떤 반론을 하였는지 쓰시오.

_____

_____

도움말 반대편에서 어떤 자료를 냈는지 살펴봅니다.

09 반대편이 찬성편의 반론을 반박하기 위해 어떻게 하였습니까? ( )

① 소통 가능한 대안을 제시했다.
② 다른 학교의 보기를 제시했다.
③ 새로운 근거 자료를 제시했다.
④ 구체적인 통계 자료를 제시했다.
⑤ 찬성편의 주장에 대한 반론을 제시했다.

10 반대편이 제시한 면담 자료의 내용입니다. 알맞은 말을 빈칸에 쓰시오.

> 봉사 정신이 뛰어난 학생보다 ( ) 학생이 학급 임원이 되는 경우가 종종 있다.

세종이가 어린이 신문 기사를 읽고 있어요. 기사에 뜻을 모르는 낱말이 있었는데 세종이는 낱말의 뜻을 짐작하면서 읽고 있네요. 세종이처럼 낱말의 뜻을 짐작하며 읽으면 글의 내용을 더 정확하게 이해할 수 있어요.

이제, 7단원에서는 낱말의 뜻을 짐작하는 방법을 알아보고, 글을 구조에 따라 요약해 볼 거예요.

7 중요한 내용을 요약해요

119쪽 단원 정리 학습에서 더 자세히 공부해 보세요.

단원 학습 목표

1. 낱말의 뜻을 짐작하는 방법을 알 수 있습니다.

- 잘 모르는 낱말의 앞뒤 내용을 자세히 살펴보면서 낱말의 뜻을 짐작합니다.
- 이미 아는 친숙한 낱말로 바꾸어 썼을 때 문장의 의미가 자연스러운지 살펴봅니다.

2. 글의 구조에 따라 요약할 수 있습니다.

- 요약하기란 글에 있는 중요한 생각을 간략하게 간추리는 것입니다.
- 글을 읽고 구조를 파악한 뒤에 중심 내용을 간추립니다.
- 글의 구조에 적당한 틀을 골라 각 문장의 중심 내용을 정리합니다.

단원 진도 체크

회차		학습 내용	진도 체크
1차	단원 열기	단원 학습 내용 미리 보고 목표 확인하기	✓
	교과서 내용 학습	「내 귀는 건강한가요」	✓
2차	교과서 내용 학습	「식물의 잎차례」	✓
3차	교과서 내용 학습	「한지돌이」	✓
4차	서술형 수행 평가 돋보기	서술형 수행 평가 대비 학습하기	✓
	교과서 문제 확인	교과서 문제 학습하며 학교 숙제 해결하기	✓
5차	단원 정리 학습	단원 학습 내용 정리하기	✓
	단원 확인 평가	확인 평가를 통한 단원 학습 상황 파악하기	✓

해당 부분을 공부하고 나서 ✓표를 하세요.

내 귀는 건강한가요

학습 목표 ▶ 낱말의 뜻을 짐작하며 읽어야 하는 까닭 알기

국어 234~237쪽

- **글의 종류:** 어린이 신문 기사
- **글의 특징:** 이어폰과 같은 음향 기기의 오랜 사용은 귀 건강을 해칠 수 있다는 내용의 신문 기사입니다.

중심 내용 귀 건강을 위협받는 일이 많아지고 있습니다.

1 ㉠귀가 어두워 무슨 말을 해도 제대로 알아듣지 못하는 만화 주인공 '사오정'을 아시나요? 만화 주인공 사오정과 비슷한 사람이 우리 주변에 많이 생겨나고 있습니다. <u>소리를 잘 듣지 못하는 사람</u> 사오정이 ㉡뜬금없는 말로 우리에게 재미와 웃음을 주지만 요즘에 사오정들은 귀 건강을 위협받는 아주 위험한 상황에 놓여 있습니다.

> 귀가 어둡다는 말은 무슨 뜻일까? 귀 색깔이 검은색 이라는 뜻이겠지. 그냥 대충 읽어야겠다.

민찬

낱말 사전

증상 병을 앓을 때 나타나는 여러 가지 상태나 모양.

중심 내용 소리가 잘 들리지 않는다는 것은 귀가 건강하지 않다는 의미입니다.

2 귀가 건강하지 못하다는 사실은 소리 듣기로 가장 쉽게 알 수 있습니다. 소리가 잘 들리지 않는다면 그만큼 귀가 건강하지 못하다는 의미입니다. 소리가 잘 들리지 않으면 '최소 난청'이지만 귀 건강이 더 나빠지면 '전음성 난청'이 됩니다. 이 단계에서는 속삭이는 소리 외에도 일반적인 소리까지 선명하게 듣지 못하고 비행기를 타거나 높은 곳에 올라갔을 때처럼 귀가 먹먹한 느낌이 듭니다. 귀를 후비거나 하품하거나 귀에 바람을 넣어 봐도 순간적으로 **증상**이 ㉢**호전될** 뿐 금세 귀가 먹먹해집니다. 그 밖에도 염증으로 인한 통증과 가려움 같은 증상이 일어납니다.
<u>최소 난청</u>
<u>전음성 난청</u>
<u>전음성 난청의 증상 ①</u>
<u>전음성 난청의 증상 ②</u>

호전(好 좋을 호, 轉 구를 전)될 병의 증세가 나아지게 될.

---

01 ㉠의 뜻을 바르게 짐작한 것은 무엇입니까? (   )

① 귀가 커서
② 귀가 까매서
③ 귀가 작아서
④ 귀가 예민해서
⑤ 귀가 잘 들리지 않아서

02 ㉡과 바꾸어 쓸 수 있는 낱말은 무엇입니까? (   )

① 엉뚱한
② 유쾌한
③ 궁금한
④ 재치 있는
⑤ 소용없는

중요 03 ㉢의 뜻을 짐작하기 위한 방법을 잘못 설명한 친구의 이름을 쓰시오.

> 성은: 내가 좋아하는 낱말로 바꾸어야 해.
> 재윤: 낱말 앞뒤의 내용을 자세히 살펴봐야 해.

(   )

04 민찬이와 같은 행동을 했을 때 어떤 문제가 생길 수 있는지를 바르게 설명한 것에 ○표를 하시오.

(1) 낱말의 뜻을 제대로 짐작하지 못해서 글의 내용을 잘 이해할 수 없을 것이다. (   )
(2) 낱말 앞뒤의 내용을 파악하여 글의 내용을 제대로 잘 이해할 수 있을 것이다. (   )

중심 내용 이어폰을 사용하는 것은 집중력에도 도움이 되지 않고, 귀 건강도 해칩니다.

❸ 우리 귀 건강에 가장 큰 ㉠걸림돌은 '이어폰'입니다. 사람들 대부분이 이어폰으로 음악을 들으면 집중을 잘하기 때문에 학습하는 데 큰 힘이 될 것이라고 생각합니다. _{사람들이 잘못 생각하고 있는 것} 하지만 이는 사실과 다릅니다. 양쪽 귀 바로 위쪽 부위에는 언어 **중추**가 있는 뇌 측두엽이 존재하는데 측두엽과 가까운 귀에 이어폰을 꽂으면 언어 중추가 음악 _{음악을 들으며 공부하는 것이 안 좋은 까닭}

> 뜬금없는? 걸림돌?
> 왜 이렇게 어려운 말이 많아.
> 더 못 읽겠다. 그만 읽어야지.

★ 바르게 쓰기

꽂으면	꽂으면
(○)	(×)

소리에 **자극**을 받기 때문에 학습 내용이 기억에 잘 남지 않습니다. 왜냐하면 측두엽은 기억력과 청각을 담당하기 때문입니다. 다시 말해 노래를 들으며 공부를 하면 뇌는 이 두 가지를 한꺼번에 처리해야 하기 때문에 어려움을 겪습니다. _{기억력과 청각} 그래서 일반적으로 뇌 과학자들은 음악 듣기는 고난도 학습이나 업무를 하는 데 도움을 주지 않는다고 설명합니다. _{매우 어려운 학습이나 업무}

중심 내용 귀 건강을 위해서 음향 기기를 적게 사용하고 귀를 건조하게 유지해야 합니다.

❹ 귀를 건강하게 하려면 이어폰 같은 음향 기기를 하루 2시간 이내로 사용해야 하고, 사용할 때에는 소리 크기를 60퍼센트로 유지해야 합니다. 또 귀를 건조하게 유지하고 깨끗한 이어폰을 사용하는 방법도 좋습니다.

20○○. ○○. ○○.

△△△ 기자

낱말 사전

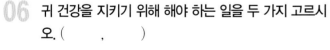

중추 신경 기관 가운데, 신경 세포가 모여 있는 부분. ⓔ 병원에서는 말이 느려지는 게 중추 신경에 문제가 있어서라고 합니다.

자극 생체에 작용하여 반응을 일으키게 하는 일. 또는 그런 작용의 요인.

05 귀 건강에 가장 큰 걸림돌은 무엇이라고 하였는지 쓰시오.

( )

06 귀 건강을 지키기 위해 해야 하는 일을 두 가지 고르시오. (,)

① 귀를 건조한 상태로 유지한다.
② 음향 기기의 사용 시간을 줄인다.
③ 공부할 때는 음악을 자주 듣는다.
④ 귓속의 이물질을 자주 제거해 준다.
⑤ 이어폰보다는 스피커를 통해 큰 소리로 음악을 듣는다.

서술형 07 ㉠의 뜻을 짐작하여 쓰고, ㉠을 넣어 짧은 문장을 만들어 쓰시오.

(1) 짐작한 뜻: _____

(2) 짧은 문장: _____

_____

도움말 ㉠의 앞뒤 내용을 살펴보고 ㉠의 뜻을 짐작해 봅니다.

> 자신이 찾은 낱말의 뜻을 짐작하기 위해서는 잘 모르는 낱말 앞뒤 내용을 자세히 살펴보거나 이미 아는 친숙한 낱말로 바꾸었을 때 문장의 의미가 자연스러운지 살펴보면 돼.

식물의 잎차례

- 글의 종류: 설명하는 글
- 글쓴이: 장 앙리 파브르(추둘란 옮김)
- 글의 특징: 식물이 여러 가지 모양으로 잎을 피우는 모습을 사람들의 집 짓기에 비유하여 설명하고 있습니다.

중심 내용 건축가들이 정성을 기울여 집을 짓는 것처럼 식물들도 특별한 방법으로 잎을 피웁니다.

1 사람들의 집 짓기와 식물의 집 짓기는 서로 같은 점도 있고 다른 점도 있습니다.

집을 지을 때 건축가들은 설계도를 그린 뒤 그것을 바탕으로 집을 짓습니다. 이때 건축가는 집을 똑바로 세우려고 애씁니다. 사람들이 집을 지을 때 이토록 많은 정성을 기울이고 온갖 기술을 쓰는 일과 마찬가지로 식물도 질서 있게, 그리고 특별한 기술을 바탕으로 잎을 피웁니다.
사람들의 집 짓기 방법
사람들의 집 짓기와 식물의 집 짓기의 공통점

중심 내용 식물들은 햇빛을 잘 끌어모을 수 있도록 잎을 펼칩니다.

2 식물이 특별한 기술을 바탕으로 잎을 피우는 이유는 햇빛과 그림자 문제 때문입니다. 위의 잎이 바로 아래 잎과 겹치면 위에 있는 잎의 그림자 때문에 아래 잎은 햇빛을 받지 못합니다. 식물은 햇빛을 보지 못하면 살 수가 없지요. 그래서 어떻게 잎을 펼쳐야 햇빛을 잘 끌어모을까 고민합니다.

중심 내용 식물이 줄기에 잎을 붙여 나가는 모양에 따라 어긋나기, 마주나기, 돌려나기, 모여나기 등이 있습니다.

3 그럼 식물이 줄기에 어떤 모양으로 잎을 붙여 나가는지 그 기술을 알아보기로 할까요? 줄기에 차례대로 잎을 붙여 나가는 모양을 '잎차례'라고 합니다.

먼저, 줄기 마디마다 잎을 한 장씩 피우되 서로 어긋나게 피우는 방법이 있습니다. 이것을 '어긋나기'라 합니다.
어긋나기
국수나무처럼 평행하게 어긋나기만 하는 식물이 있는가 하면, 해바라기처럼 소용돌이 모양으로 돌려나면서 어긋나는 식물도 있습니다.

★ 바르게 쓰기

설계도	설계도
(○)	(×)

---

08 글 **1**에서 글쓴이는 무엇과 무엇의 공통점에 대해 설명하고 있는지 쓰시오.

( )

09 식물이 특별한 기술을 바탕으로 잎을 피우는 까닭을 두 가지 고르시오. (,)

① 땅의 문제 때문에
② 벌레 문제 때문에
③ 공기 문제 때문에
④ 햇빛 문제 때문에
⑤ 그림자 문제 때문에

10 식물이 줄기에 차례대로 잎을 붙여 나가는 모양을 무엇이라고 합니까? ( )

① 잎맥
② 잎줄기
③ 잎뿌리
④ 잎차례
⑤ 잎나무

11 국수나무와 해바라기가 잎을 피우는 방법을 바르게 선으로 이으시오.

(1) 국수나무 •

(2) 해바라기 •

• ① 소용돌이 모양으로 돌려나면서 어긋나게 잎을 피운다.

• ② 평행하게 어긋나면서 잎을 피운다.

이와는 달리 줄기 한 마디에 잎 두 장이 마주 보는 '마주나기'도 있습니다. 단풍나무나 화살나무는 잎 두 장이 사이좋게 마주 보고 있습니다. 그리고 <u>마주난 잎들이 마디마다 서로 어긋나지 않고 **평행**합니다.</u>
<u>마주나기로 잎을 피우는 식물</u>
<u>단풍나무와 화살나무 잎의 특징</u>

그런가 하면 한 마디에 잎이 석 장 이상 돌려나는 잎차례가 있습니다. 이런 잎차례를 '돌려나기'라고 합니다. 갈퀴꼭두서니는 마디마다 잎이 여섯 장에서 여덟 장씩 돌려나기로 핍니다.

끝으로, 소나무처럼 잎이 한곳에서 모여나는 '모여나기'가 있습니다.

「식물의 잎차례」를 읽고 요약한 내용

 집을 지을 때 건축가들은 설계도를 그린 뒤 그것을 바탕으로 집을 짓습니다. 이때 건축가는 집을 똑바로 세우려고 애씁니다. 사람들이 집을 지을 때 이토록 많은 정성을 기울이고 온갖 기술을 쓰는 일과 마찬가지로 식물도 질서 있게, 그리고 특별한 기술을 바탕으로 잎을 피웁니다.

식물은 햇빛을 보지 못하면 살 수 없지요. 그래서 어떻게 잎을 펼쳐야 햇빛을 잘 끌어모을까 고민합니다.

그럼 식물이 줄기에 어떤 모양으로 잎을 붙여 나가는지 그 기술을 알아보기로 할까요? 먼저, 줄기 마디마다 잎을 한 장씩 피우되 서로 어긋나게 피우는 방법이 있습니다. 이것을 '어긋나기'라 합니다. 국수나무처럼 평행하게 어긋나기만 하는 식물이 있는가 하면, 해바라기처럼 소용돌이 모양으로 돌려나면서 어긋나는 식물도 있습니다.
→ 중요한 내용만 간추리지 않고 원래 글의 내용을 거의 그대로 씀.

12 다음에서 설명하는 방법으로 잎을 피우는 식물 이름을 두 가지 고르시오. (,   )

> 잎 두 장이 서로 마주 보고 있다.

① 소나무
② 단풍나무
③ 화살나무
④ 해바라기
⑤ 국수나무

14 글을 요약하는 까닭으로 알맞은 것에 ○표를 하시오.

(1) 그림과 관련된 내용만 읽기 위해서이다.
(   )

(2) 글의 중심 내용을 잘 파악하기 위해서이다.
(   )

15 글을 요약하는 방법으로 알맞지 <u>않은</u> 것을 골라 기호를 쓰시오.

> ㉮ 글을 짧게 간추린다.
> ㉯ 사소한 내용은 삭제한다.
> ㉰ 자신이 관심 있는 내용을 중심으로 간추린다.
> ㉱ 글에서 중요한 내용을 이해할 수 있게 간추린다.

13 갈퀴꼭두서니가 잎을 피우는 방법으로, 한 마디에 잎이 석장 이상 돌려나는 잎차례를 무엇이라고 하는지 쓰시오.

(   )

(   )

이와는 달리 줄기 한 마디에 잎 두 장이 마주 보는 '마주나기'도 있습니다. 단풍나무나 화살나무는 잎 두 장이 사이좋게 마주 보고 있습니다. 그리고 마주 난 잎들이 마디마다 서로 어긋나지 않고 평행합니다.

그런가 하면 한 마디에 잎이 석 장 이상 돌려나는 잎차례가 있습니다. 이런 잎차례를 '돌려나기'라고 합니다. 갈퀴꼭두서니는 마디마다 잎이 여섯 장에서 여덟 장씩 돌려나기로 핍니다.

끝으로, 소나무처럼 잎이 한곳에서 모여나는 '모여나기'가 있습니다.

★ 바르게 쓰기

햇빛 (○)	햇빛 (×)

🈯 식물이 특별한 기술을 바탕으로 잎을 피우는 이유는 햇빛과 그림자 문제 때문입니다. 위의 잎이 바로 아래 잎과 겹치면 위에 있는 잎의 그림자 때문에 아래 잎은 햇빛을 받지 못합니다. → 중요한 내용을 너무 많이 줄여서 요약함. 잎차례의 종류에 대한 설명이 없음.

🈯 식물의 자람에 영향을 주는 것은 햇빛입니다. 위의 잎이 바로 아래 잎과 겹치면 위에 있는 잎의 그림자 때문에 아래 잎은 햇빛을 받지 못하므로 식물은 다양한 모양으로 잎을 피웁니다. 줄기에 차례대로 잎을 붙여 나가는 모양인 '잎차례'로는 서로 어긋나게 피우는 '어긋나기', 줄기 한 마디에 잎 두 장이 마주 보는 '마주나기'가 있습니다. 한 마디에 잎이 석 장 이상의 돌려나는 '돌려나기'도 있고, 잎이 한곳에서 모여나는 '모여나기'도 있습니다.

→ 중요한 내용이 드러나게 글을 요약함.

서술형
16 ▨ 부분을 다음과 같이 요약하면 어떤 점이 좋을지 생각하여 쓰시오.

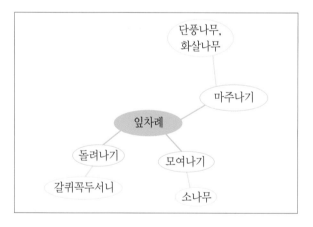

도움말 글을 생각그물로 요약하였을 때의 좋은 점을 생각해 봅니다.

17 글 🈯와 글 🈯 중에서 「식물의 잎차례」의 내용을 가장 잘 요약한 글의 기호를 쓰시오.

( )

18 「식물의 잎차례」를 요약한 글 🈯와 글 🈯에 대한 설명으로 알맞은 것은 무엇입니까? ( )

① 글 🈯는 너무 길게 요약했다.
② 글 🈯는 설명 부분이 부족하다.
③ 글 🈯는 읽기 어려운 말로 요약했다.
④ 글 🈯는 관련 없는 내용이 들어가 있다.
⑤ 글 🈯는 중요한 내용이 드러나 있지 않다.

글을 요약할 때에는 문단의 중심 문장을 찾거나 여러 번 반복해 나타나는 중심 낱말을 찾아봐.

한지돌이

학습 목표 ▶ 글의 구조에 따라 요약하기

- 글의 종류: 설명하는 글
- 글쓴이: 이종철

- 글의 특징: 한지를 만드는 과정과 한지의 쓰임새를 이야기하듯이 설명하는 글입니다.

중심내용 사람들은 쓰기 쉽고 간직하기 좋은 것을 찾다가 종이를 발명하였습니다.

1 옛날 아주 먼 옛날에 사람들은, 오래 기억하고 싶은 일이나 함께 나누고 싶은 생각을 바위와 동굴 벽에 새기고 그렸대. (아주 옛날 사람들이 기록을 하던 방법) 하지만 그렇게 새기고 그리는 건 쉽지 않았어. 게다가 바위나 동굴은 다른 곳으로 옮길 수도 없잖아. 땅바닥이나 나무토막에 그리기도 했지만 땅바닥에 그린 것은 금방 지워져 버렸고, (땅과 나무에 기록했을 때 불편한 점) 나무토막은 잃어버리기 일쑤였지.

그래서 사람들은 좀 더 쓰기 쉽고 그리기 편한 것, 옮기기 쉽고 간직하기 좋은 것을 찾았어. 흙을 빚어 점토판을 만들기도 하고, 나무를 쪼개 엮거나 풀 줄기 안쪽을 얇게 벗겨 겹쳐서 쓰기도 했어. 옷감이나 얇게 편 가죽을 사용하기도 했지. 그러다가 종이를 발명한 거야. 쓰고 그리기 쉽고, 가볍고 간직하기 좋은 종이를 말이야.

낱말 사전

닥나무 뽕나뭇과의 낙엽 활엽 관목. 높이는 3미터 정도이며, 어린 잎은 먹을 것으로 쓰고, 껍질은 한지를 만드는 데 씀.

중심내용 여러 과정을 거쳐 한지가 만들어집니다.

2 나는 종이 가운데 으뜸인 한국 종이, 한지야! 옛날 중국에서 최고로 친 고려지도, 일본에서 최고로 친 조선종이도 모두 나야. 그런데 내가 어떻게 만들어지는지 아니? (한지)

『제일 먼저 **닥나무**를 베어다 푹푹 찐 뒤, 나무껍질을 훌러덩훌러덩 벗겨서 물에 불려. 그러고는 다시 거칠거칠한 겉껍질을 닥칼로 긁어내고 보들보들 하얀 속껍질만 모아.』(닥나무로 만든 칼.) 『 』: 한지를 만드는 과정 ①

『이렇게 모은 속껍질은 삶아서 더 보드랍게, 더 하얗게 만들어야 해. 먼저 닥솥에 물을 붓고 속껍질을 담가. 그리고 **콩대**를 태워 만든 잿물을 붓고 보글보글 부글부글 삶아. 푹 삶은 다음에는 건져 내서 찰찰찰 흐르는 맑은 ★물에 깨끗이 씻어.』

『 』: 한지를 만드는 과정 ② **★ 바르게 읽기**

[깨끄시]	[깨끄치]
(○)	(×)

콩대 콩을 떨어내고 남은, 잎을 제외한 나머지 부분. 불이 잘 붙어 땔감으로 씀.

---

19 바위나 동굴에 기록하는 것의 문제점은 무엇인지 쓰시오.

( )

20 글 **1**에서 언급한 종이의 장점으로 알맞은 것을 두 가지 고르시오. (,)

① 가격이 싸다.
② 간직하기 좋다.
③ 쓰고 그리기 쉽다.
④ 환경을 오염시키지 않는다.
⑤ 똑같은 것을 여러 장 만들어내기 쉽다.

21 글 **1**에서 설명하는 내용으로 알맞은 것에 ○표를 하시오.

(1) 종이가 만들어진 까닭 ( )
(2) 한지가 만들어지는 과정 ( )

22 글 **1**과 **2** 중에서 다음과 같은 틀로 글을 요약할 수 있는 것을 찾아 번호를 쓰시오.

↓

↓

( )

이제 보드랍고 하얗게 바랜 속껍질을 나무판 위에 올려놓고 닥 방망이로 찧어 가닥가닥 곱게 풀어야 해. 쿵쿵 쾅쾅! 솜처럼 풀어진 속껍질은 다시 물에 넣고 잘 풀어지라고 휘휘 저어. 그런 다음 닥풀을 넣고 다시 잘 엉겨 붙으라고 휘휘 저어 주지.

한지를 만드는 과정 ③
한지를 만드는 과정 ④

아, 한지를 물들이려면 지금 준비해야 해. **잇꽃**으로 물들이면 붉은 한지 되고 치자로 물들이면 노랑, 쪽물은 파랑, 먹으로 물들이면 검은 한지 되지.

『이번에는 엉겨 붙은 속껍질을 물에서 떠내야 해. 촘촘한 대나무 발을 외줄에 걸어서 앞뒤로 찰방, 좌우로 찰방찰방 건져 올리면 물은 주룩주룩 빠지고 발 위에는 하얀 막만 남아. 젖은 종이처럼 말이야. 이렇게 한 장 한 장 떠서 차곡차곡 쌓은 다음 무거운 돌로 하루 정도 눌러서 남은 물기를 빼.』『 』: 한지를 만드는 과정 ⑤

가늘고 긴 대를 줄로 엮거나, 줄 따위를 여러 개 나란히 늘어뜨려 만든 물건.

낱말 사전

잇꽃 국화과의 두해살이풀. 높이는 1미터 정도이며, 잎은 어긋나고 넓은 피침 모양임.

마지막으로 차곡차곡 눌러둔 걸 한 장 한 장 떼어서 판판하게 말려야 해. 따뜻한 온돌 방바닥이나 판판한 벽에 쫙쫙 펴서 말리면 드디어 숨 쉬는 종이, 한지 완성!

한지를 만드는 과정 ⑥

중심내용 숨을 쉬는 한지는 글씨를 쓰고 그림을 그리는 것 이외에도 집 단장을 하고, 생활용품, 놀이 용품을 만드는 데 활용됩니다.

3 보기 좋게 글씨를 쓰고, 아름다운 그림을 그리는 데는 내가 제일이야! 가볍고 부드러우면서도 질겨서 천년이 가도 변하지 않거든.

한지의 장점 ①

나는 숨을 쉬니까 집 단장에도 좋아. 더운 날에는 찬 공기 들여 시원하게 하고, 추운 날에는 더운 공기 잡아 따뜻하게 하지. 또 **습한** 날은 젖은 공기 머금어 방 안을 보송보송하게 하고, 건조한 날은 젖은 공기 내놓아 방 안을 상쾌하게 하지. 따가운 햇볕을 은은하게 걸러 주는 건 기본이고말고.

한지의 장점 ②, 한지로 집 단장을 하는 까닭
꾸미기에도
나무나 풀 따위가 빗물이나 이슬 같은 물기를 지니고.

★ **바르게 쓰기**

잇꽃	잊꽃
(○)	(×)

습한 메마르지 않고 물기가 많아 축축한.
⑩ 장마철에는 방 안에 습한 공기가 가득합니다.

---

23 한지를 물들이는 재료를 보고, 그에 해당하는 색깔을 쓰시오.

(1) 잇꽃: (   )
(2) 치자: (   )

중요
24 글 **2**의 한지를 만드는 과정을 순서대로 정리할 때 (   ) 안에 들어갈 알맞은 내용을 쓰시오.

> ㉮ 닥나무를 푹 찌고, 겉껍질을 긁어내어 속껍질만 모은다.
> ㉯ 속껍질을 더 보드랍고 하얗게 만든다.
> ㉰ 속껍질을 나무판 위에 올려놓고 찧는다.
> ㉱ 풀어진 속껍질을 물에 넣고 젓고, 거기에 닥풀을 넣고 다시 젓는다.
> ㉲ 엉겨 붙은 속껍질을 물에서 떠내 한 장씩 쌓고 돌로 눌러둔다.
> ㉳ (   )

25 한지가 천년이 가도 변하지 않는다고 한 까닭은 무엇입니까? (   )

① 습기를 머금고 있어서
② 썩지 않도록 처리를 해서
③ 오랜 시간에 걸쳐 만들어져서
④ 가볍고 부드러우면서도 질겨서
⑤ 햇볕에 오래 말려 두었다가 사용해서

26 한지로 집 단장을 하면 좋은 점을 두 가지 고르시오.
(,   )

① 나쁜 먼지를 걸러 준다.
② 비나 눈이 와도 젖지 않는다.
③ 냄새가 들어오지 않게 막아 준다.
④ 방 안의 습도를 알맞게 유지시켜 준다.
⑤ 더운 날은 시원하게 하고, 추운 날은 따뜻하게 한다.

낡은 옷장에 나를 **겹겹이** 붙이면 새 옷장이 되고, 요리 조리 모양 잡으면 안경집, 벼룻집, 갓집이 되지. 바늘, 실, 골무 같은 바느질 도구 넣는 반짇고리도 될 수 있어.
바느질 도구를 넣는 상자.
옷 만들 때는 **옷본**, 버선 만들 때는 버선본이 되고말고. 한겨울 옷 속에 나를 넣어 꿰매면 얼마나 따뜻하다고.

그뿐인가. 여기 보이는 게 전부 나로 만든 물건이야. 나를 새끼줄처럼 **배배** 꼬아 종이 노끈으로 만들어 엮으
면 신발부터 붓통, 베개, 방석, **망태기**가 되지. **옻칠하고**
한지를 꼬아 엮어 만들 수 있는 물건들
기름 먹이면 물 안 새는 표주박, 항아리, 요강도 되고말고. 저기 보이는 찻상, 구절판, 그릇은 물론이고, 팔랑팔랑 시원한 부채도 돼. 저 위에 걸려 있는 탈도 모두 나로

만든 거라고.

나는 ㉠흥겨운 놀이에도 빠지지 않아. 방패연, 가오리연이 되어 하늘을 훨훨 날 수도 있고, 제기가 되어 이리 펄쩍 저리 펄쩍 뛰기도 해. 풍물패 고깔 위에 알록달록 핀 예쁜 꽃도 바로 나야. 나는야 못 하는 게 없는 재주꾼, 한지돌이!
우리 생활 주변에서 쉽게 찾을 수 있음.
나는 지금도 너희 곁에 있어.
★
내가 어디에 있는지 알아맞혀 볼래?

★ 바르게 쓰기

알아맞혀	알아맞춰
(○)	(×)

낱말 사전

겹겹이 여러 겹으로.
옷본 옷을 지을 때 옷감을 그대로 마를 수 있도록 본보기로 오려 만든 종이.
배배 여러 번 작게 꼬이거나 뒤틀린 모양.

망태기 물건을 담아 들거나 어깨에 메고 다닐 수 있도록 만든 그릇.
옻칠하고 옻나무에서 나는 끈근한 물질을 이용해 가구나 나무 그릇 따위에 발라서 목재를 보호하고 윤이 나게 하고.

27 ㉠과 바꾸어 쓸 수 있는 낱말은 무엇입니까? ( )

① 즐거운
② 지겨운
③ 기대되는
④ 긴장되는
⑤ 재치 있는

 29 한지의 쓰임새를 설명하고 있는 글 **3**을 요약할 때 가장 알맞은 틀에 ○표를 하시오.

(1)		(가)	(나)
	공통점		
	차이점		

( )

(2)

( )

28 한지를 이용해 만들 수 있는 놀이 용품을 모두 골라 기호를 쓰시오.

㉮ 연	㉯ 부채
㉰ 제기	㉱ 안경집

( )

30 이 글에서 뜻을 잘 모르는 낱말을 찾아 그 뜻을 짐작하여 쓰시오.

(1) 뜻을 잘 모르는 낱말: ( )
(2) 짐작한 낱말의 뜻: _____

도움말 모르는 낱말의 뜻을 짐작하는 방법을 생각하여 낱말의 뜻을 짐작해 봅니다.

서술형 수행 평가 돋보기

학교에서 출제되는 서술형 수행 평가를 미리 준비하세요.

◑ 다음 글을 읽고 물음에 답하시오.

사람들은 많은 물건을 한꺼번에 나르려고 바구니를 이용한다. 그렇다면 동물들은 한꺼번에 먹이를 나르려고 무엇을 이용할까?

다람쥐는 볼주머니를 이용한다. 볼주머니는 입안 좌우에 있는 큰 주머니를 말한다. 다람쥐는 먹이를 입에 넣은 다음 볼에 차곡차곡 담는데 밤처럼 너무 큰 먹이는 이빨로 잘라서 넣기도 한다. 다람쥐의 경우 도토리 같은 열매 열 개 이상을 볼주머니에 저장할 수 있다.

원숭이도 볼주머니가 있다. 원숭이의 볼주머니에는 사과 한 개 정도가 들어갈 수 있는 공간이 있다. 원숭이는 먹이를 발견하면 대충 씹어 그곳에 잠시 저장한다. 그런 다음 다른 원숭이에게 먹이를 빼앗기지 않으려고 안전한 장소로 이동한 뒤 먹이를 조금씩 꺼내어 먹는다.

문제 파악

글을 읽고 구조에 맞게 중심 내용을 요약하는 문제입니다.

해결 전략

1 단계	글을 읽고 중요 낱말 파악하기
2 단계	글의 구조에 알맞은 틀 찾기
2 단계	중심 내용을 구조에 맞게 요약하기

1 글에서 중요하다고 생각되는 낱말을 찾아 쓰시오.

_____

2 이 글을 요약할 때 가장 잘 어울리는 틀을 골라 ○표 하시오.

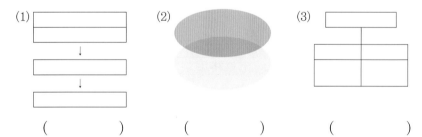

(1)　　　　　　　(2)　　　　　　　(3)

(　　　　)　　　(　　　　)　　　(　　　　)

3 **2**에서 고른 틀을 바탕으로 글의 내용을 요약해 쓰시오.

학교 선생님께서 알려 주시는 모범 답안과 채점 기준도 book❸ 해설책에서 꼭 확인해 보자!

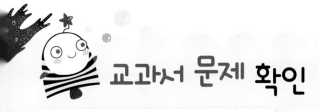

「내 귀는 건강한가요」

 귀 건강을 해치는 습관에 대해 설명하는 글

- 민찬이와 비슷한 읽기 방법으로 글을 읽은 적이 있는지 떠올려 보세요.

  예 어린이 신문을 읽다가 뜻을 모르는 낱말이 있었는데 그냥 넘어간 적이 있습니다.

- 민찬이와 같은 행동을 했을 때 어떤 문제가 생길 수 있는지 경험을 떠올려 말해 보세요.

  예 낱말의 뜻을 제대로 짐작하지 못해서 글의 내용을 잘 이해할 수 없습니다.

- 「내 귀는 건강한 가요」를 다시 읽고 밑줄 그은 낱말의 뜻을 짐작해 써 봅시다.

어두워	예 귀가 잘 들리지 않아	뜬금없는	예 엉뚱한
걸림돌	예 방해물	힘	예 도움

- 위에서 낱말이 나타내려는 뜻을 짐작하려고 자신이 사용한 방법을 친구들에게 이야기해 보세요.

  예 잘 모르는 낱말 앞뒤의 내용을 자세히 살펴보았습니다. / 이미 아는 친숙한 낱말로 바꾸어 보았습니다.

- 파란색으로 쓰인 '뜬금없는'의 뜻을 짐작할 수 있는 부분을 다음 글에서 찾아 밑줄을 그어 보세요.

  > 귀가 어두워 무슨 말을 해도 제대로 알아듣지 못하는 만화 주인공 '사오정'을 아시나요? 만화 주인공 사오정과 비슷한 사람이 우리 주변에 많이 생겨나고 있습니다. 사오정이 뜬금없는 말로 우리에게 재미와 웃음을 주지만 요즘에 사오정들은 귀 건강을 위협받는 아주 위험한 상황에 놓여 있습니다.

- 위 내용을 바탕으로 하여 '뜬금없는'과 바꾸어 쓸 수 있는 낱말을 떠올려 보세요.

  예 엉뚱한/황당한

- 위에서 떠올린 낱말로 바꾸어 써도 문장의 의미가 자연스러운지 생각해 보세요.

  예 '엉뚱한'이나 '황당한'으로 바꾸어 써도 문장의 의미가 자연스럽습니다.

- 자신이 찾은 낱말의 뜻을 짐작하는 방법을 친구들과 이야기해 보세요.

  예 잘 모르는 낱말 앞뒤의 내용을 자세히 살펴보면 낱말의 뜻을 짐작할 수 있습니다. / 이미 아는 친숙한 낱말로 바꾸었을 때 문장의 의미가 자연스러운지 살펴보며 낱말의 뜻을 짐작할 수 있습니다.

「식물의 잎차례」

 식물이 여러 가지 모양으로 잎을 피우는 모습을 설명하는 글

- 글을 요약하는 까닭을 친구들과 이야기해 보세요.

  예 주어진 글의 내용을 잘 이해하기 위해서입니다. / 주어진 글의 중심 내용을 잘 파악하기 위해서입니다.

- 글 가 ~ 다 가운데에서 중요하지 않은 내용이 많이 드러난 글은 어느 것인가요?

  예 글 가입니다.

- 글 **가**~**다** 가운데에서 중요한 내용을 담아 요약한 글은 어느 것인가요?

  ⑩ 글 **다**입니다.

- 요약하기 평가 기준을 활용해 글 **가**~**다**를 평가해 보세요.

  > - 글을 짧게 간추렸는가?
  > - 사소한 내용은 삭제하고 중요한 내용만 간추렸는가?
  > - 글의 중요한 내용을 이해할 수 있게 간추렸는가?

  ⑩ **가**: 글이 길고 중요하지 않은 내용도 많이 들어가 있습니다.

  　나: 글이 너무 짧아서 중요한 내용이 드러나 있지 않습니다.

  　다: 중요한 내용이 잘 드러나게 글을 요약했습니다.

- 글 ㉮의 내용을 ㉯처럼 요약하면 어떤 점이 좋을지 생각해 봅시다.

  ⑩ 글의 중요한 내용을 한눈에 파악할 수 있어 글의 핵심 내용을 잘 이해할 수 있습니다.

교과서
268쪽

「한지돌이」　　　○　한지를 만드는 과정과 한지의 쓰임새를 설명한 글

- 뜻을 잘 모르는 낱말을 찾아 그 뜻을 짐작하고, 짐작한 뜻을 친구들과 이야기해 보세요.

  ⑩ 나는 '반짇고리'의 뜻이 궁금했는데, '바느질 도구를 넣는'이라는 표현을 보고 그 뜻을 짐작했습니다.

- 글을 읽고 글에서 설명하는 내용이 무엇인지 생각하며 글을 크게 나누어 보세요.

쪽수	내용
264쪽	종이가 만들어진 까닭
⑩ 265쪽	⑩ 한지가 만들어지는 과정
⑩ 266~267쪽	⑩ 한지의 쓰임새

- 위에서 나눈 부분을 요약해 보세요.

⑩ 265쪽	⑩ 한지를 만드는 과정은 먼저, 닥나무를 베어다 쪄서 겉껍질을 긁어내어 보드라운 속껍질만 모은다. 속껍질을 삶고 씻어서 나무판 위에 올려놓고 찧는다. 그리고 풀어진 속껍질을 물에 넣어 젓고, 거기에 닥풀을 넣어 다시 젓는다. 엉겨 붙은 속껍질을 물에서 떠내 한 장씩 쌓아 누른 다음, 그것을 한 장씩 떼어 판판하게 말리면 한지가 완성된다.
⑩ 266~267쪽	⑩ 한지는 쓰임새도 많다. 방 안 온도와 습도를 조절하는 데 사용하고, 안경집, 갓집, 버선본, 붓통, 표주박, 찻상, 부채, 탈 따위의 생활용품이나 연, 제기, 고깔 장식 따위의 놀이 용품을 만들 때도 사용한다.

단원 정리 학습

낱말의 뜻을 짐작하는 방법 알기

● 잘 모르는 낱말 앞뒤의 내용을 자세히 살펴보면서 낱말의 뜻을 짐작합니다.

> (예)
>
> 귀가 <u>어두워</u> 무슨 말을 해도 제대로 알아듣지 못하는 만화 주인공 '사오정'을 아시나요?
>
> ➡
>
> 뒤에 이어지는 '무슨 말을 해도 제대로 알아듣지 못하는'을 통해 '어두워'는 '잘 들리지 않아.'라는 뜻임을 짐작할 수 있습니다.

● 이미 아는 친숙한 낱말로 바꾸었을 때 문장의 의미가 자연스러운지 살펴보며 낱말의 뜻을 짐작합니다.

> (예)
>
> 만화 주인공 사오정과 비슷한 사람이 우리 주변에 많이 생겨나고 있습니다. 사오정이 <u>뜬금없는</u> 말로 우리에게 재미와 웃음을 주지만 요즘에 사오정들은 귀 건강을 위협받는 아주 위험한 상황에 놓여 있습니다.
>
> ➡
>
> '뜬금없는' 대신 '엉뚱한, 황당한'이라는 낱말을 넣어도 문장의 뜻이 자연스러우므로, '뜬금없는'은 '갑작스럽고 엉뚱한.'이라는 뜻임을 짐작할 수 있습니다.

> 낱말의 뜻을 제대로 이해하지 못하면 글의 내용을 올바르게 파악할 수 없기 때문에 낱말의 뜻을 짐작하며 글을 읽어야 해.

글의 구조에 따라 요약하기

● 글의 구조를 파악하여 읽습니다.
● 문단의 중심 내용을 간추립니다.
● 글의 구조에 알맞은 틀을 그려 내용을 정리합니다.

글의 구조	틀
시간이나 공간의 순서에 따라 설명하는 글의 구조	□ ↓ □ ↓ □ ↓ □
주제에 대해 몇 가지 특징을 늘어놓는 방법으로 설명하는 글의 구조	□ — □ / □ / □

● 정리한 내용은 중요한 내용이 잘 드러나도록 간결한 문장으로 씁니다.

단원 확인 평가

7. 중요한 내용을 요약해요

[01~02] 다음 글을 읽고, 물음에 답하시오.

귀가 건강하지 못하다는 사실은 소리 듣기로 가장 쉽게 알 수 있습니다. 소리가 잘 들리지 않는다면 그만큼 귀가 건강하지 못하다는 의미입니다. 소리가 잘 들리지 않으면 '최소 난청'이지만 귀 건강이 더 나빠지면 '전음성 난청'이 됩니다. 이 단계에서는 속삭이는 소리 외에도 일반적인 소리까지 선명하게 듣지 못하고 비행기를 타거나 높은 곳에 올라갔을 때처럼 귀가 먹먹한 느낌이 듭니다. 귀를 후비거나 하품하거나 귀에 바람을 넣어 봐도 순간적으로 증상이 ㉠호전될 뿐 금세 귀가 먹먹해집니다. 그 밖에도 염증으로 인한 통증과 가려움 같은 증상이 일어납니다.

01 최소 난청에서 귀가 더 나빠지면 어떤 단계로 된다고 하였는지 쓰시오.

(   )

02 ㉠과 바꾸어 쓸 수 있는 낱말은 무엇입니까? (   )

① 나빠질
② 나아질
③ 늘어날
④ 심각해질
⑤ 애매모호할

[04~05] 다음 글을 읽고, 물음에 답하시오.

㉮ 식물이 특별한 기술을 바탕으로 잎을 피우는 이유는 햇빛과 그림자 문제 때문입니다. 위의 잎이 바로 아래 잎과 겹치면 위에 있는 잎의 그림자 때문에 아래 잎은 햇빛을 받지 못합니다.

㉯ 식물의 자람에 영향을 주는 것은 햇빛입니다. 위의 잎이 바로 아래 잎과 겹치면 위에 있는 잎의 그림자 때문에 아래 잎은 햇빛을 받지 못하므로 식물은 다양한 모양으로 잎을 피웁니다. 줄기에 차례대로 잎을 붙여 나가는 모양인 '잎차례'로 서로 어긋나게 피우는 '어긋나기', 줄기 한 마디에 잎 두 장이 마주 보는 '마주나기'가 있습니다. 한 마디에 잎이 석 장 이상 돌려나는 '돌려나기'도 있고, 잎이 한곳에서 모여나는 '모여나기'도 있습니다.

04 식물이 특별한 기술을 바탕으로 잎을 피우는 까닭은 무엇입니까? (   )

① 아래로 낮게 자라기 위해서
② 햇빛을 골고루 받기 위해서
③ 멀리까지 씨를 뿌리기 위해서
④ 추운 날씨에도 살아남기 위해서
⑤ 영양분을 한곳으로 몰아주기 위해서

03 ^{중요} 낱말의 뜻을 짐작하며 읽어야 하는 까닭으로 알맞은 것에 ○표를 하시오.

(1) 요즘 유행하는 말을 사용하기 위해서이다.
(   )

(2) 글의 내용을 제대로 이해하기 위해서이다.
(   )

05 ^{서술형} 글 ㉮와 ㉯는 같은 글을 읽고 요약한 글입니다. 글 ㉮의 문제점이 무엇인지 쓰시오.

_____

_____

도움말 글을 읽고 요약할 때의 주의할 점을 생각해 봅니다.

[06~10] 다음 글을 읽고, 물음에 답하시오.

⑦ 이번에는 엉겨 붙은 속껍질을 물에서 떠내야 해. 촘촘한 대나무 발을 외줄에 걸어서 앞뒤로 찰방, 좌우로 찰방찰방 건져 올리면 물은 주룩주룩 빠지고 발 위에는 하얀 막만 남아. 젖은 종이처럼 말이야. 이렇게 한 장 한 장 떠서 차곡차곡 쌓은 다음 무거운 돌로 하루 정도 눌러서 남은 물기를 빼.

⑭ 이제 보드랍고 하얗게 바랜 속껍질을 나무판 위에 올려놓고 닥 방망이로 찧어 가닥가닥 곱게 풀어야 해. 쿵쿵 쾅쾅! 솜처럼 풀어진 속껍질은 다시 물에 넣고 잘 풀어지라고 휘휘 저어. 그런 다음 닥풀을 넣고 다시 잘 엉겨 붙으라고 휘휘 저어 주지.

⑮ 이렇게 모은 속껍질은 삶아서 더 보드랍게, 더 하얗게 만들어야 해. 먼저 닥솥에 물을 붓고 속껍질을 담가. 그리고 콩대를 태워 만든 잿물을 붓고 보글보글 부글부글 삶아. 푹 삶은 다음에는 건져 내서 찰찰찰 흐르는 맑은 물에 깨끗이 씻어.

⑯ 제일 먼저 닥나무를 베어다 푹푹 찐 뒤, 나무껍질을 훌러덩훌러덩 벗겨서 물에 불려. 그러고는 다시 거칠거칠한 겉껍질을 닥칼로 긁어내고 보들보들 하얀 속껍질만 모아.

⑰ 마지막으로 차곡차곡 눌러둔 걸 한 장 한 장 떼어서 판판하게 말려야 해. 따뜻한 온돌 방바닥이나 판판한 벽에 쫙쫙 펴서 말리면 드디어 숨 쉬는 종이, 한지 완성!

06 이 글은 무엇에 대해서 설명하고 있습니까? (　　　)

① 한지의 쓰임새
② 한지를 만드는 과정
③ 종이가 발명된 과정
④ 한지를 염색하는 과정
⑤ 재활용 종이를 만드는 과정

07 글 ⑰에서 한지의 원료로 사용되는 것을 찾아 쓰시오.

(　　　　　　　　　　)

08 글 ⑦의 내용을 한 문장으로 가장 잘 요약한 것은 무엇입니까? (　　　)

① 물에서 떠낸 속껍질을 쌓는다.
② 젖은 종이를 찰방찰방 건져 올린다.
③ 속껍질을 나무판 위에 놓고 찧는다.
④ 하얀 막만 남도록 속껍질을 건져 낸다.
⑤ 엉겨 붙은 속껍질을 물에서 떠내 한 장씩 쌓고 돌로 눌러둔다.

09 글 ⑦~⑰를 한지를 만드는 순서에 맞게 기호를 쓰시오.

(　　　) → (　　　) → (　　　) → (　　　)

10 이 글의 구조에 가장 잘 어울리는 틀에 ○표 하시오.

(1)

(2)

엄마와 수현이가 빵집에서 주문한 샌드위치와 음료를 받고 있어요. 수현이가 점원의 말을 듣고 뭔가 이상하다는 듯한 표정을 짓고 있네요. 점원의 말에서 잘못된 점은 무엇일까요?

이제, 8단원에서는 우리말이 훼손된 사례를 살펴보고, 주제를 정해 자료를 조사하고 구성해서 발표하는 방법을 배울 거예요.

8 우리말 지킴이

129쪽 단원 정리 학습에서 더 자세히 공부해 보세요.

단원 학습 목표

1. 우리말이 훼손된 사례를 살펴보고 문제점을 파악할 수 있습니다.
   - 외국어나 줄임말을 너무 많이 사용하지 않는지 살펴봅니다.
   - 높임 표현이나 맞춤법에 어긋나는 말을 쓰지 않는지 생각해 봅니다.
   - 우리말을 바르게 사용하지 않았을 때 어떤 문제점이 생길 수 있는지 생각해 봅니다.

2. 발표 주제를 생각하며 자료를 조사하고 구성하여 여러 사람 앞에서 조사한 내용을 발표할 수 있습니다.
   - 실제로 조사할 수 있는 내용의 적절한 주제를 정합니다.
   - 조사 주제에 맞는 조사 대상과 조사 방법을 정합니다.
   - 조사 계획에 따라 조사하고, 발표 원고를 작성합니다.
   - 발표 시간을 고려해 발표 자료의 분량을 적절히 조절하여 발표합니다.

단원 진도 체크

회차		학습 내용	진도 체크
1차	단원 열기	단원 학습 내용 미리 보고 목표 확인하기	✓
	교과서 내용 학습	우리말이 훼손된 사례 살펴보기	✓
2차	교과서 내용 학습	발표 주제를 생각하며 자료를 조사하고 구성하기	✓
3차	교과서 내용 학습	여러 사람 앞에서 조사한 내용 발표하기	✓
	교과서 문제 확인	교과서 문제 학습하며 학교 숙제 해결하기	✓
4차	단원 정리 학습	단원 학습 내용 정리하기	✓
	단원 확인 평가	확인 평가를 통한 단원 학습 상황 파악하기	✓

해당 부분을 공부하고 나서 ✓표를 하세요.

교과서 내용 학습

교과서 274~277쪽 내용

학습 목표 ▶ 우리말이 훼손된 사례 살펴보기

- **그림 속 상황:** 거리에서 흔히 볼 수 있는 외국어 간판과 그림 속 인물들의 말을 통해 우리말이 훼손된 사례를 보여 주고 있습니다.

■ 그림에서 우리말을 잘못 사용하고 있는 경우

가	'Book적Book적'이라는 가게의 간판
나	'수업시간에 열공했더니', '삼김'
다	'노잼이었어', '주문하신 사과주스 나오셨습니다.'

■ 우리말을 바르게 사용하지 못하는 현상이 일어나는 까닭 예

- 영어를 쓰면 고급스러워 보인다는 편견 때문에
- 줄임말을 쓰면 간단하게 표현할 수 있기 때문에
- 인터넷에서 무분별하게 신조어를 사용하기 때문에

가 어느 가게에서 무엇을 파는지 알기 어렵구나.

나 수업 시간에 열공했더니 배고프다.

나도 배고픈데 편의점에서 삼김 사 먹을까?

다 「거북이」라는 영화 봤어?

응, 노잼이었어.

주문하신 사과주스 ㉠나오셨습니다.

---

01 그림 **가**의 할아버지께서 어리둥절해하신 까닭은 무엇입니까? (   )

① 간판이 잘 보이지 않아서
② 사람들이 외국어로 대화해서
③ 사람들이 줄임말과 신조어를 사용해서
④ 젊은 사람들이 쓰는 말을 이해하지 못해서
⑤ 가게의 간판을 보고 어떤 가게인지 알 수 없어서

02 그림 **나**의 남자아이와 여자아이의 말에서 우리말을 바르게 사용하지 못한 부분을 두 가지 찾아 쓰시오.

(,   )

중요 03 ㉠을 바르게 고쳐 쓰시오.

(   )

서술형 04 그림 **가**~**다**처럼 우리말을 바르게 사용하지 못하는 현상이 일어나는 까닭에 대한 자신의 생각을 쓰시오.

_____

도움말 사람들이 우리말을 바르게 사용하지 않는 습관이 왜 생겼을지 생각해 봅니다.

교과서 279~283쪽 내용 　　　**학습 목표 ▶** 발표 주제를 생각하며 자료를 조사하고 구성하기 　　교과서 278~283쪽

1 우리 모둠은 '우리말이 있는데도 영어를 사용하는 예'를 조사하기로 했어. 영어를 무분별하게 사용하는 예로 무엇이 있을까?

2 영어를 새긴 옷이 너무 많아.

방송에서 영어를 가장 많이 사용하는 것 같아.

• **그림 속 상황:** 여진이네 모둠이 조사 대상을 정하는 과정입니다. 여진이네 모둠은 주제에 맞는 조사 대상을 생각하고 아이들에게 영향을 많이 주는 방송으로 조사 대상을 정했습니다.

3 옷에 새긴 영어는 조사 대상으로 알맞지 않은 것 같아. 만약 옷이 수입된 것이라면 영어가 있는 것은 당연할지도 몰라.

이 가운데에서 어떤 것을 조사해 볼까?

4 그럼 방송을 조사해 보면 어떨까? 방송은 아이들에게 영향을 많이 주잖아.

조사한 결과를 방송사에 알려 주고 영어 사용을 자제해 달라고 요청할 수도 있어.

★ **바르게 쓰기**

자제해	자재해
(○)	(×)

5 그럼 방송에서 영어를 얼마나 사용하는지 조사해 보자.

6 그래.

■ **여러 가지 조사 방법의 장점**

관찰	현장에서 조사 대상을 직접 파악할 수 있음.
설문지	여러 사람을 한꺼번에 조사할 수 있음.
면담	자세한 정보를 수집할 수 있음.
책이나 글	정확하고 다양한 정보를 얻을 수 있음.

05 '옷에 새긴 영어'를 주제로 선택하지 않은 까닭은 무엇인지 기호를 쓰시오.

㉮ 조사 방법이 어려워서
㉯ 조사 범위가 너무 좁아서
㉰ 조사 대상으로 알맞지 않아서

(　　　　　　　　　)

06 방송을 조사하기로 결정한 까닭은 무엇인지 쓰시오.

(　　　　　　　　　)

07 조사 방법 중 '설문지'의 장점에 ○표를 하시오.

(1) 여러 사람을 한꺼번에 조사할 수 있다. (　　　)
(2) 다양한 종류의 자료를 수집할 수 있다. (　　　)

중요 08 자료를 활용하여 발표할 때에 주의할 점을 <u>잘못</u> 말한 친구의 이름을 쓰시오.

나은: 인터넷에서 찾은 사진이나 글을 사용할 때는 꼭 출처를 밝혀야 돼.
재원: 친구들이 발표 내용에 관심을 가질 수 있도록 처음 부분은 과장한 내용을 보여 줘도 돼.

(　　　　　　　　　)

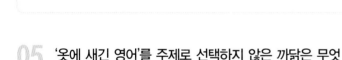

교과서 284~285쪽

교과서 284~285쪽 내용 학습 목표 ▶ 여러 사람 앞에서 조사한 내용 발표하기

■ 여진이의 발표 태도의 문제점

가	발표 내용만 보면서 읽듯이 발표함.
나	너무 빠른 속도로 발표함.
다	듣는 사람이 알아듣지 못하게 작게 말함.
라	한 화면에 너무 많은 내용을 제시하고 있음.

■ 발표를 들을 때 주의할 점
• 발표 주제가 무엇인지 알아야 함.
• 과장되거나 거짓된 내용은 없는지, 자료는 정확한 것인지, 판단하며 들어야 함.
• 발표 내용이 주제와 관련 있는지 판단하며 들어야 함.

09 그림 ⑦의 발표 태도에서 문제점은 무엇입니까?
( )

① 너무 빠르게 말하고 있다.
② 너무 작은 소리로 말하고 있다.
③ 주제와 관련 없는 내용을 말하고 있다.
④ 어법에 맞지 않는 말을 사용하고 있다.
⑤ 발표 내용만 보면서 읽듯이 발표하고 있다.

11 자료를 제시할 때 주의할 점으로 알맞은 것에 ○표를 하시오.

(1) 조사한 자료를 모두 보여 줘야 한다. ( )
(2) 자료는 모두가 볼 수 있도록 크게 마련한다.
( )
(3) 주제와 관련된 것보다는 흥미로운 것 위주로 제시한다. ( )

서술형
10 그림 ⑭을 통해 알 수 있는 발표할 때 주의할 점을 쓰시오.

_____

_____

도움말 그림 속 친구의 발표 태도에 어떤 문제점이 있는지 살펴봅니다.

12 발표를 들을 때 주의할 점을 바르게 말한 친구의 이름을 쓰시오.

수현: 제시하고 있는 자료를 판단하면서 발표를 들어야 해.
영준: 내가 이미 알고 있는 내용이라면 집중해서 듣지 않아도 돼.

( )

교과서 문제 확인

교과서 274~277쪽　　○ 우리말이 훼손되는 사례 살펴보기

• 빨간 색으로 쓰인 부분을 자연스러운 표현으로 고쳐 써 보세요.

➡ 예 열심히 공부했더니, 삼각김밥　　➡ 예 재미가 없었어　　➡ 예 나왔습니다

• 우리 주변에서 우리말을 바르게 사용하지 못한 경우를 더 찾아봅시다.

 우리 집 근처에는 '클린세탁소'라는 가게가 있어.

 '심쿵'이라는 말을 친구들이 자주 쓰고 있어.

 나는 "휴대 전화가 고장 나셨습니다."라는 말을 들은 적이 있어.

 예 친구들이 강아지를 '댕댕이'라고 말하는 것을 들은 적이 있어.

교과서 278~283쪽　　○ 발표 주제를 생각하며 자료를 조사하고 구성하기

• 여진이가 정한 주제를 다음처럼 바꾸려고 할 때 어떤 문제가 있을지 이야기해 보세요.

우리나라 사람들이 하루 동안 잘못 사용하는 우리말을 찾아보면 어떨까?

그것보다는 우리 지역의 모든 간판을 찾아 잘못된 표현을 찾아보면 어떨까?

➡ 예 우리나라 사람들을 모두 조사할 수 없습니다. 조사 기간이 적절하지 않습니다.

➡ 예 우리 지역의 모든 간판을 조사할 수 없습니다. 몇 사람만으로 조사하기는 어렵습니다.

• 우리말을 얼마나 잘못 사용하는지 알아보려고 할 때 자신이 조사하고 싶은 주제를 보기 처럼 써 보세요.

보기

우리말이 있는데도 영어를 사용하는 예

예 높임 표현을 잘못 사용하는 예 / 국적 불문의 신조어를 사용하는 예

- 여진이네 모둠이 조사 대상을 정하는 과정을 참고해 모둠별로 조사 대상을 정해 보세요.

우리 모둠의 조사 대상	예 가게에서 높임 표현을 잘못 사용하는 예

- 어떤 조사 방법이 있는지 찾아보고 각 방법의 장단점을 생각해 보세요.

조사 방법	장점	단점
관찰	현장에서 조사 대상을 직접 파악할 수 있다.	시간이 많이 걸린다.
설문지	여러 사람을 한꺼번에 조사할 수 있다.	답 내용 외에는 자세한 내용을 알기 어렵다.
면담	예 자세한 정보를 수집할 수 있다.	예 시간이 오래 걸리고 내가 원하는 인물과 면담을 하지 못할 수도 있다.
책이나 글	예 정확하고 다양한 정보를 얻을 수 있다.	예 내가 찾고 싶은 정보를 쉽게 찾지 못할 수도 있다.

- 위 내용을 바탕으로 하여 모둠별로 조사 방법을 정하고 조사 계획을 세워 보세요.

우리 모둠의 조사 방법	예 설문지를 이용한다.

조사 계획	조사 주제	예 높임 표현을 잘못 사용하는 예
	조사 기간과 과정	예 조사 기간: 20○○. ○○. ○○~20○○. ○○. ○○ 조사 과정: 설문지 작성 → 조사 실시 → 설문지 수거 → 결과 분석
	조사 대상과 방법	예 조사 대상: 가게에서 높임 표현을 잘못 사용하는 예 방법: '가게에서 높임 표현을 잘못 사용하는 예'를 조사하기 위해 가게를 이용한 경험이 있는 사람들에게 설문지를 이용해 조사한다.

- 조사한 결과와 조사한 뒤에 드는 생각이나 느낌을 정리해 보세요.

조사한 결과	예 "주문하신 커피 나오셨습니다.", "지금은 자리가 없으세요." 등의 사물을 잘못 높이는 경우가 많았다.
조사한 뒤에 드는 생각이나 느낌	예 우리말을 바르게 사용하려는 노력이 필요하다는 생각이 들었다. / 우리말 어법을 잘 알고 우리말을 바르게 사용해야겠다는 생각이 들었다.

교과서 284~285쪽

○ 여러 사람 앞에서 조사한 내용 발표하기

- 친구들이 조사한 내용을 볼 때, 우리말 사용의 문제점은 무엇이라고 생각하나요?

  예 생활 속에서 비속어를 많이 사용하고 있습니다. / 국적 불문의 신조어를 사용해 우리말이 훼손되고 있습니다. / 사물을 높이는 표현을 사용하고 있습니다.

- 잘못된 우리말 사용의 문제점을 해결하는 방법에는 무엇이 있을지 말해 보세요.

  예 비속어인지 모르고 사용했다면 사용하지 않도록 노력합니다. / 국적 불문의 신조어는 사용하지 않습니다. / 사물을 높이는 표현을 사용하지 않습니다.

단원 정리 학습

핵심 1 우리말이 훼손된 사례를 살펴보고 문제점 확인하기

● 우리말을 잘못 사용하고 있는 사례를 주변에서 찾아봅니다.
　－ 교과서 274~275쪽 그림에서 우리말을 바르게 사용하지 못한 부분 찾기 예

> • 'Book적Book적', '유니크펫숍', '한마음플라워', '4U음식점', 'Sweet카페'는 같은 의미를 지닌 우리말이 있는데도 영어를 그대로 간판에 사용함.
> • '열공했더니', '삼김'은 말을 줄여서 사용함.
> • "주문하신 사과주스 나오셨습니다."는 사물을 높여서 잘못 표현함.
> • "노잼이었어."는 영어와 우리말을 섞어 만든 국적 불문의 신조어임.
> • '머찌나옷'은 우리말 표기를 잘못함.

● 우리말을 바르게 사용하지 않으면 어떤 문제점이 생길지 생각해 봅니다.
　－ 예 영어로 간판을 만들면 영어를 모르는 사람은 가게를 잘 찾지 못할 수 있습니다.
　－ 예 지나친 줄임말이나 신조어를 사용하면 대화를 할 때 서로 뜻이 통하지 않을 수 있습니다.

> 우리말을 바르게 사용하지 않으면 뜻이 통하지 않을 수 있고, 아름다운 우리말이 사라질 수 있으며, 말에 담긴 우리의 정신도 훼손될 수 있어.

핵심 2 발표 주제를 생각하며 자료를 조사하고 구성하여 발표하기

● 조사 가능하고, 조사 방법과 기간이 적절한 조사 주제를 선택합니다.
● 조사 주제에 맞는 조사 대상과 방법을 정합니다.
　－ 조사 방법: 관찰, 설문지, 면담, 주제와 관련된 책이나 글에서 자료 조사하기, 인터넷으로 자료 조사하기 등
● 조사 계획에 따라 조사하고, 발표 원고를 구성합니다.

시작하는 말에 들어가야 할 것	모둠 이름, 조사 주제, 발표 제목
전달하려는 내용에 들어가야 할 것	자료와 그 출처, 설명하는 말
끝맺는 말에 들어가야 할 것	발표한 내용, 모둠의 의견이나 전망

● 발표할 원고를 점검하고 발표할 때 주의할 점을 생각하며 발표합니다.

> 발표를 할 때에는 바른 자세와 알맞은 목소리로 발표하고, 자료는 모두가 볼 수 있도록 크게 마련해야 해.

> 발표를 들을 때에는 발표 주제가 무엇인지 알고, 발표 내용이 주제와 관련이 있는지, 과장되거나 거짓된 내용은 없는지, 정확한지 판단하며 들어야 해.

단원 확인 평가

8. 우리말 지킴이

[01~03] 다음 그림을 보고, 물음에 답하시오.

01 ㉠을 바르게 고쳐 쓰시오.

(   )

02 여자아이의 말에서 잘못된 점은 무엇입니까? (   )

① 줄임말을 사용했다.
② 높임말을 잘못 사용했다.
③ 무분별하게 외국어를 사용했다.
④ 영어와 우리말을 섞어서 사용했다.
⑤ 문장 성분의 호응에 맞지 않게 말했다.

서술형
03 이 그림과 같이 우리말을 바르게 사용하지 않으면 어떤 문제점이 생기는지 쓰시오.

_____

_____

도움말 우리말을 바르게 사용하지 않을 때 일어날 수 있는 일들을 생각해 봅니다.

[04~06] 다음 그림을 보고, 물음에 답하시오.

04 ㉠과 같은 표현이 문제가 되는 까닭은 무엇입니까?

(   )

① 질문과 상관없는 말이기 때문에
② 높임 표현을 잘못 사용한 말이기 때문에
③ 상황에 어울리지 않는 말을 사용했기 때문에
④ 상대방이 이해하기 어려운 말을 사용했기 때문에
⑤ 영어와 한글 줄임말을 혼합해 만든 국적 불문의 말이기 때문에

중요
05 ㉠을 바르게 고친 것에 ○표를 하시오.

(1) 재미가 없었어.   (   )
(2) 이해할 수 없는 내용이었어.   (   )

06 다음 우리말을 잘못 사용한 사례가 ㉡과 같은 이유인 것은 무엇입니까? (   )

① 오나전 멋지다.
② 안물안궁이야.
③ 그 영화는 꿀잼이었어.
④ 오늘 내 생파에 올 거지?
⑤ 여기 거스름돈이 있으세요.

중요

07 발표 주제를 정할 때 주의해야 할 점으로 알맞은 것을 두 가지 고르시오. (,)

① 실제로 조사가 가능한 주제로 정해야 한다.

② 조사 기간이 너무 짧거나 너무 길지 않아야 한다.

③ 결과를 쉽게 얻을 수 있는 조사 주제로 정해야 한다.

④ 조사 결과를 미리 예측할 수 있는 주제로 정해야 한다.

⑤ 모둠 친구들 의견보다는 내가 조사하고 싶은 주제로 정해야 한다.

08 다음 그림을 보고 여진이네 모둠에서 방송을 조사 대상으로 결정한 이유로 알맞은 것에 ○표를 하시오.

이 가운데에서 어떤 것을 조사해 볼까?

옷에 새긴 영어는 조사 대상으로 알맞지 않은 것 같아. 만약 옷이 수입된 것이라면 영어가 있는 것은 당연할지도 몰라.

그럼 방송을 조사해 보면 어떨까? 방송은 아이들에게 영향을 많이 주잖아.

조사한 결과를 방송사에 알려 주고 영어 사용을 자제해 달라고 요청할 수도 있어.

(1) 영어를 쓰는 것이 당연해서 ( )

(2) 조사하기가 편리하기 때문에 ( )

(3) 아이들에게 영향을 많이 주기 때문에 ( )

09 각 조사 방법의 장점을 찾아 알맞게 선으로 이으시오.

(1) 관찰 •

(2) 설문지 •

(3) 면담 •

• ① 자세한 정보를 수집할 수 있다.

• ② 여러 사람을 한꺼번에 조사할 수 있다.

• ③ 현장에서 조사 대상을 직접 파악할 수 있다.

10 다음 그림을 통해 알 수 있는 발표할 때 주의할 점은 무엇입니까? ( )

아름다운 우리말이 자리를 잃지 않도록……

목소리가 잘 안 들려.

① 알맞은 빠르기로 발표한다.

② 자료를 크고 보기 좋게 제시한다.

③ 발표 내용만 보면서 읽듯이 발표하지 않는다.

④ 알맞은 목소리의 크기로 자신감 있게 발표한다.

⑤ 과장하거나 사실이 아닌 내용을 발표하지 않는다.

11 발표를 들을 때 주의할 점으로 알맞지 <u>않은</u> 것은 무엇입니까? ( )

① 발표자를 바라보며 집중해서 듣는다.

② 자료가 정확한 것인지 생각하며 듣는다.

③ 궁금한 점이 생겼을 때에는 바로 질문을 한다.

④ 자료에 대한 설명이 올바른지 생각하며 듣는다.

⑤ 발표 내용이 주제와 관련 있는지 생각하며 듣는다.

쉬어가기

♣ 빈칸에 알맞은 말을 넣어서 속담을 완성하시오.

1

고습도치도 제 새끼는
□□하다고 한다

털이 바늘같이 꼿꼿한 고습도치도 자기 새끼의 털은 부드럽다고 하는 것처럼, 자기 자신의 나쁜 점은 모르고 도리어 자랑한다는 뜻입니다.

2

□□구멍으로
공든 탑 무너진다

조그마한 실수나 방심이 큰 손해로 이어진다는 뜻입니다.

3

□□이 명관이다

어떤 일이든 경험이 있고 익숙한 사람이 더 잘한다는 뜻으로, 나중 사람을 겪어 봄으로써 먼저 사람이 좋은 줄을 알게 된다는 뜻으로도 쓰이는 말입니다.

4

긁어 □□□

필요 없는 행동을 해서 공연히 일을 만든다는 뜻입니다.

5

남의 밥에 든 □이
굵어 보인다

자기 것보다 남의 것이 더 좋아 보인다는 뜻입니다.

6

단단한 땅에 □이 괸다

헤프게 쓰지 않고 아끼는 사람이 재물을 모은다는 뜻입니다.

7

□□의 집에 식칼이 논다

칼을 만드는 대장장이의 집에 도리어 식칼이 없다는 뜻으로, 어떤 물건이 충분히 있음직한 곳에 의외로 없는 경우를 비유한 말입니다.

8

□□을 맞으려면
개도 안 짖는다

운이 나쁘면 모든 일이 다 풀리지 않는다는 뜻입니다.

9

목마른 놈이 □□ 판다

가장 급하고 일이 필요한 사람이 나서서 그 일을 서둘러 하게 되어 있다는 뜻입니다.

10

말 안 하면 □□도 모른다

하고 싶은 말이 있을 때에는 침묵을 지키지 말고 입 밖으로 내뱉어야 한다는 뜻입니다.

정답: 1. 횟가루 2. 메기 3. 가랑비 4. 우스갯말 5. 종 6. 물 7. 대장장 8. 도둑 9. 우물 10. 귀신

쉬어가기

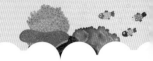

♣ 다음 낱말의 뜻을 보기 에서 찾아 빈칸에 알맞은 번호를 쓰시오.

너울너울	대안	망태기	모함	무더위	토의	호령	훼손

보기

① 어떤 안을 대신하는 안.

② 헐거나 깨뜨려 못 쓰게 만듦.

③ 어떤 문제에 대하여 검토하고 협의함.

④ 나쁜 꾀로 남을 어려운 처지에 빠지게 함.

⑤ 부하나 동물 따위를 지휘하여 명령함. 또는 그 명령.

⑥ 습도와 온도가 매우 높아 찌는 듯 견디기 어려운 더위.

⑦ 물건을 담아 들거나 어깨에 메고 다닐 수 있도록 만든 그릇.

⑧ 물결이나 늘어진 천, 나뭇잎 따위가 부드럽고 느릿하게 굽이져 자꾸 움직이는 모양.

정답 너울너울-⑧, 대안-①, 망태기-⑦, 모함-④, 무더위-⑥, 토의-③, 호령-⑤, 훼손-②

만점왕 국어 5-2 수록 작품(어문) 목록

단원	작품명	지은이	나온 곳
1단원	「니 꿈은 뭐이가?」	박은정	『니 꿈은 뭐이가?』, 웅진주니어, 2010.
2단원	「줄다리기, 모두 하나 되는 대동 놀이」	국가유산청 엮음	『어린이 문화재 박물관 2』, ㈜사계절출판사, 2006.
	「조선의 냉장고 '석빙고'의 과학」	윤용현	『전통 속에 살아 숨 쉬는 첨단 과학 이야기』, ㈜교학사, 2012.
5단원	교재 75쪽 자료 (「어느 독서광의 일기」)		「지식 채널 이(e): 어느 독서광의 일기」, 한국교육방송공사, 2006.
	「마녀사냥」	이규희	『악플 전쟁』, 별숲, 2013.
6단원	교재 100쪽 자료 (「학부모가 희망하는 자녀 직업」)		『초·중등 진로 교육 현황 조사』, 한국직업능력개발원, 2017.
	「기계를 더 믿어요」	한상순	『뻥튀기는 속상해』, ㈜푸른책들, 2009.
7단원	「내 귀는 건강한가요」 (원제목: 「속삭이는 소리 안 들려도 난청? …… 하루 2시간 이어폰, 귀 건강 망쳐」)	박정환	브릿지경제신문, 2017. 6. 26.
	「식물의 잎차례」	장 앙리 파브르 글, 추둘란 옮김	『파브르 식물 이야기』, ㈜사계절출판사, 2011.
	「한지돌이」	이종철	『한지돌이』, ㈜보림출판사, 2017.

메모

BOOK 2

실전책

BOOK 2 실전책에는
요점 정리가 있어서
공부한 내용을 복습할 수 있어요!

단원 평가가 들어 있어
내 실력을 확인해 볼 수 있답니다.

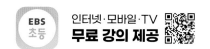

초ㅣ등ㅣ부ㅣ터 **EBS**

예습·복습·숙제까지 해결되는 교과서 완전 학습서

BOOK 2
실전책

만점왕

PENGSOO

국어 5-2

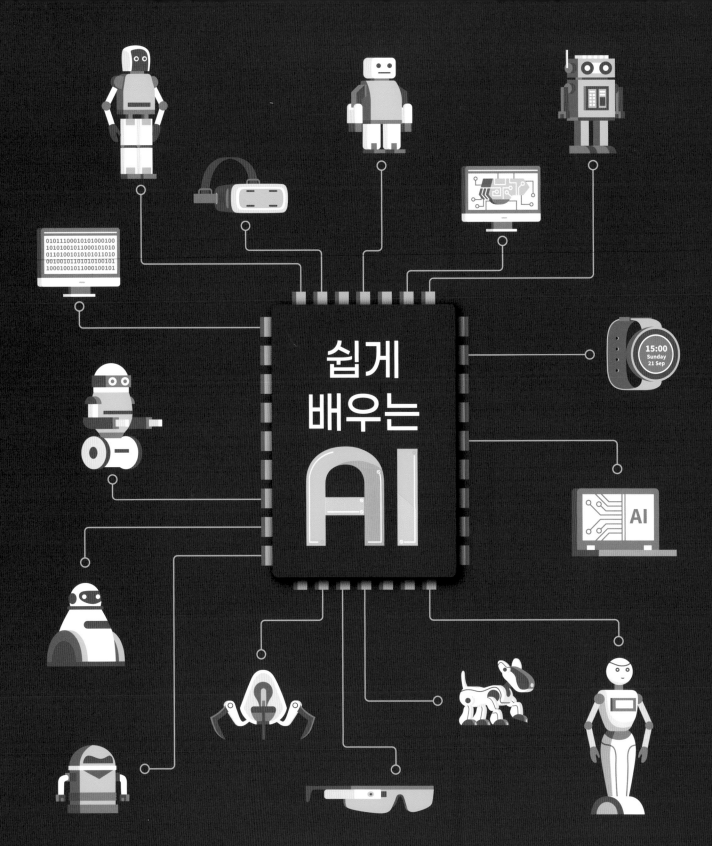

쉽게 배우는 AI

15:00
Sunday
21 Sep

AI

교육과정과 융합한
쉽게 배우는
인공지능(AI) 입문서

초등　　중학　　고교

초등 기본서

국어

5·2

BOOK **2** 실전책

BOOK 2

자기주도 활용 방법

시험 2주 전 공부

시험이 2주 남았네요. 이럴 땐 먼저 핵심을 복습해 보면 좋아요.

만점왕 북2 실전책을 펴 보면 각 단원별로 핵심 정리와 쪽지 시험이 있습니다. 정리된 핵심을 읽고 확인 문제를 풀어 보세요. 확인 문제가 어렵게 느껴지거나 자신 없는 부분이 있다면 북1 개념책을 찾아서 다시 읽어 보는 것도 도움이 돼요.

시험 1주 전 공부

앗, 이제 시험이 일주일 밖에 남지 않았네요.
시험 직전에는 실제 시험처럼 시간을 정해 두고 문제를 푸는 연습을 하는 게 좋아요. 그러면 시험을 볼 때에 떨리는 마음이 줄어드니까요.

이때에는 **만점왕 북2의 학교 시험 만점왕과 수행 평가**를 풀어 보면 돼요. 시험 시간에 맞게 풀어 본 후 맞힌 개수를 세어 보면 자신의 실력을 알아볼 수 있답니다.

BOOK2 차례

독서력 향상 가이드

2015 개정 교육과정을 적용한 국어 교과서에는 초등학교 3학년부터 고등학교까지 특별 단원인 '독서 단원'이 새로 생겼습니다. '독서 단원'은 '매 학기 한 권, 교과서 밖의 책을 수업 시간에 끝까지 읽고, 다른 사람과 생각을 나누며, 자기 생각을 글로 쓸 수 있도록 하는 단원입니다. 이렇게 독서 교육의 중요성이 더욱 강조되고 있는 만큼, 만점왕 국어에서는 우리 학생들이 독서 습관을 기르고 효과적인 독서 방법을 익힐 수 있도록 '독서력 향상 가이드'를 제공합니다. 학생 스스로, 또 부모님이나 선생님과 함께 살펴보고 나의 독서 능력을 쑥쑥 키워 보세요. 또 실제로 독서할 때 활용할 '스스로 독서 활동지'가 EBS 초등 사이트(primary.ebs.co.kr)의 만점왕 국어 5-2 교재방〉교재 정답지에 있으니 여러 번 출력하여 자유롭게 사용해 보세요!

5-2 독서 단원 학습 목표 및 주요 활동

단원 학습 목표	세부 학습 목표
자신의 관심 분야와 관련한 인물이나 사건을 담은 책을 읽는 능력과 태도를 기를 수 있다.	• 읽을 책을 정하고 책을 훑어볼 수 있다. • 질문하거나 비판하며 책을 읽을 수 있다. • 책 내용을 간추리고 생각을 나눌 수 있다.

5-2 독서 단원에서는 자신의 관심 분야와 관련한 인물이나 사건을 담은 책을 읽는 능력과 태도를 길러 보렴.

독서 단계

독서 준비 단계		독서 단계		독서 후 단계
읽을 책 정하기 ↓ 책 훑어보기	→	질문하며 읽기 ↓ 비판하며 읽기	→	책 내용 간추리기 ↓ 생각 나누기 ↓ 정리하기

부모님, 기억해 주세요!

학생의 관심 분야는 다양할 수 있으며, 때로는 복수의 관심사가 있을 수 있다는 것을 인정하고, 첫 부분에서 한 가지 관심 분야를 정했다 하더라도 단원이 진행되는 동안 변화할 수 있음에 주의해 주세요. 그리고 읽을 책을 바탕으로 하여 더 찾아 읽는 습관을 기를 수 있도록 안내해 주시고, 책의 단편적 내용만을 읽지 않고 책 한 권을 통째로 읽어 보는 습관을 형성하도록 지도해 주세요.

독서 준비 단계   〇 읽을 책을 정하고 책 훑어보기

읽을 책 정하기

친구들의 관심 분야 알아보기

자신의
관심 분야를
말해요.

관심 분야가
비슷한 친구들을
찾아 이야기를
나눠요.

관심 분야와
관련한 인물이나
사건을 다룬 책을
찾아봐요.

관심 분야와
관련 있는 책 목록을
정리해요.

친구들의 관심 분야는 과학, 역사, 문학, 예술과 같이 다양해. 모둠 친구들의 다양한 관심사를 알아보고, 그 분야에 관심이 있는 까닭도 알아봐. 그리고 관심 분야의 책을 찾아볼 때에는 인터넷 검색, 도서관 이용하기, 추천 도서 목록 찾기 등 여러 가지 방법을 함께 사용하는 것이 좋아.

관심 있는 분야와 관련해 읽을 책 정하기

누구와
읽을지 정하기
⑩ 반 전체,
모둠, 혼자

친구들에게
책 추천하기

읽을 책을 정할 때 고려할 점 생각하기
• 자신의 관심 분야와 관련이 있는가?
• 책 분량이 알맞은가?
• 책 내용이 너무 어렵거나 쉽지 않은가?
• 자신에게 도움이 되는가?

한 학기 동안
읽을 책을 정하고
책을 정한 까닭
이야기하기

책 훑어보기

책에 대해 자신이 아는 내용 쓰기

1. 종이에 자신의 손바닥을 대고 손을 따라 그린다.
2. 각 손가락 끝에 '주제', '작가', '배경', '사건', '인물'이라고 쓴다.
3. 각 손가락에 해당하는 내용을 쓴다. 해당하는 내용이 없으면 쓰지 않아도 된다.

책 차례를 보고 관심이 가는 부분 생각하기

• 책 차례를 보고 내용을 예상해 본 뒤에 친구들과 핵심어 정하기
• 기대하는 부분(쪽)에 책갈피 꽂아 두기
• 가장 중요하다고 생각하는 부분(쪽)에 붙임쪽지 표시하기

핵심어는 책의 특징이나 중요한 내용을 담은 낱말을 말해. 책에서 자주 나오는 낱말이 무엇인지 살펴보고, 책 차례에서 평소에 관심이 가는 부분이 있는지 찾아봐.

독서력 향상 가이드

관심 분야와 관련해 읽을 책 정하고 책 훑어보기 예

나는 (『태극기를 휘날린 그녀들』)을/를 읽고 싶어. 왜냐하면 (유관순과 관련된 영화를 보고 여성독립운동가에 대해 더 알고 싶어졌기) 때문이야.

핵심어	독립
기대하는 부분	김란사가 고종의 비밀문서를 품고 파리로 향하는 부분
가장 중요하다고 생각하는 부분	여성독립운동가들이 각자의 위치에서 나라의 독립을 위해 힘쓰는 부분

└ primary.ebs.co.kr 교재방＞교재 정답지에서 출력!

독서 단계   ○ 질문하거나 비판하며 책 읽기

책을 읽을 때 생각할 점

질문하며 읽기	궁금한 점이 있으면 스스로 질문하고 답하며 읽는다.
비판하며 읽기	선입견, 과장, 왜곡이 있는지 생각하며 읽는다.
상상하며 읽기	자신이 그런 상황이라면 어떻게 했을지 상상하며 읽는다.
경험이나 지식을 떠올리며 읽기	책을 읽는 동안에 책 내용과 관련 있는 자신의 경험이나 지식을 떠올리며 읽는다.
사실을 확인하며 읽기	책에 나오는 내용이 사실인지 생각하며 읽는다.

질문하며 읽는다는 것은 책을 읽으면서 더 알고 싶은 것을 질문으로 만들고 스스로 답을 찾으며 읽는 거야. 위인전을 읽을 때 그 당시 시대 상황에 대해 궁금한 점을 질문으로 만들어 보거나 문학 작품을 읽을 때 글에서 인물의 속마음이 드러나지 않으면 속마음을 알아보는 질문을 하는 것이 이에 해당하지.

책을 비판하며 읽으려면 선입견, 과장, 왜곡이 있는지 생각하며 읽고, 책 내용이 사실인지 질문할 수도 있으며, 책 내용을 비판하는 질문을 할 수도 있어.

부모님, 기억해 주세요! 비판하며 읽는 습관을 들이기 위해 글을 쓴 까닭을 생각하고, 궁금한 부분에 대해 질문을 만들어 이에 대한 답을 찾으면서 읽으며, 글의 주제를 정리하며 읽을 수 있도록 지도해 주세요.

독서 후 단계　　○ 책 내용을 간추리고 생각 나누기

책 내용 간추리기

책을 읽고 난 뒤 내용 정리하기

- 책 제목은 무엇인가?
- 인물, 사건, 배경을 중심으로 이야기 내용 간추리기
  - 언제: 어느 시대를 배경으로 한 이야기인가?
  - 어디: 어디에서 일어난 일인가?
  - 누구: 등장인물은 어떤 사람인가?

  - 무엇: 주인공은 무엇을 했는가?
  - 어떻게: 사건은 어떻게 전개되었는가?
  - 왜: 주인공은 왜 그런 행동을 했는가?
- 가장 기억에 남는 장면이나 말은 무엇인가?
- 중요한 사건이나 인물의 행동은 무엇인가?

책을 읽고 배운 점 정리하기

책을 읽고 인상 깊은 인물의 행동이나 사건, 인상 깊은 까닭, 배운 점 등을 정리하고, 글의 주제와 관련한 질문 만들기를 하며 책 속 상황에서 어떻게 행동하는 것이 올바른 것인지 추론하고 판단해 보자.

스스로 독서 활동지　책을 읽고 배운 점 정리하기 예

인상 깊은 인물의 행동이나 사건	김란사가 고종의 비밀문서를 품고 파리로 향함.
인상 깊은 까닭	자신의 목숨이 위태로운 상황에서도 목숨을 걸고 나라를 위하는 모습이 인상 깊어서
배운 점	어려운 상황 속에서도 굴복하지 않고 나라를 위해 애쓰는 모습에서 나라 사랑하는 마음을 배웠다.
글의 주제와 관련한 질문 만들기	• 만약 고종이 갑자기 죽지 않았다면 어떻게 되었을까? • 만약 김란사가 고종의 비밀문서를 전하는 데 성공했다면 어떻게 되었을까?

└ primary.ebs.co.kr 교재방 > 교재 정답지에서 출력!

생각 나누기

독서 토론 하기

1. 친구들과 함께 토론하고 싶은 주제 생각하기
2. 토론 주제를 선택할 때 주의할 점 말하기
3. 토론 주제 정하기
4. 토론 주제에 대한 자신의 의견 쓰기
5. 독서 토론 하기: 주장 펼치기 → 반론하기 → 주장 다지기

토론 주제를 선택할 때에는 찬성과 반대로 의견을 나눌 수 있는 주제가 좋고, 책 내용을 깊이 이해하는 데 도움이 되는 주제여야 해.

독서력 향상 가이드

'선택 활동'에서는 '책 속 인물에게 편지 쓰기', '독서 신문 만들기' 활동을 할 수 있어. 다음 활동 가운데에서 하나를 골라 해 보렴.

책 속 인물에게 편지 쓰기

책 속 인물에게 편지를 쓸 때 생각할 점
- 편지를 써 주고 싶은 인물은 누구인가?
- 편지를 쓰고 싶은 까닭은 무엇인가?
- 그 인물에게 하고 싶은 말은 무엇인가?
- 책을 읽으며 인물에게 궁금했던 점은 무엇인가?

독서 신문 만들기

독서 신문에 넣을 내용 예
- 책 속 인물과의 가상 면담
- 인물에게 쓴 편지
- 서평
- 책 광고, 추천 도서

정리하기

○ 독서 활동 돌아보기 / 더 찾아 읽기 / 독서 습관 기르기

마무리 할 때엔 체크 리스트에 표시하면서 자신의 독서 활동을 돌아보렴.

스스로 독서 활동지 독서 활동을 되돌아보고 스스로 점검하기

매우 그렇다:5, 그렇다: 4, 보통이다: 3, 그렇지 않다: 2, 매우 그렇지 않다: 1

평가 기준	평가
비판하며 책을 읽으려고 노력했다.	
질문을 하며 책을 읽으려고 노력했다.	
친구들과 책을 읽으며 생각을 적극적으로 나누었다.	
활동에 열심히 참여했다.	
책을 끝까지 읽으려고 했다.	

스스로 독서 활동지 읽고 싶은 책 더 찾아 읽기 예

책 제목	글쓴이	이 책을 고른 까닭
『기억할 그 이름, 여성독립운동가』	성민준	여성독립운동가에 대해 더 알고 싶어서
『나는 고딩 독립운동가』	이하나	독립운동과 관련된 책을 살펴보다 제목이 재미있어서

└ primary.ebs.co.kr 교재방＞교재 정답지에서 출력!

스스로 독서 활동지 독서 습관 기르기

평가 기준	평가		
	매우 그렇다	그렇다	보통이다
나는 책을 꾸준히 읽는다.			
나는 내가 읽은 책에 대해 친구들과 자주 이야기를 나눈다.			
나는 책을 읽고 난 다음 그 책의 글쓴이가 쓴 다른 책이나 비슷한 주제의 책을 더 찾아 읽는다.			
나는 가족과 함께 책을 읽고 책 내용을 이야기한다.			

1 공감하며 대화해야 하는 까닭

- 상대의 처지를 이해할 수 있기 때문입니다.
- 처지를 바꾸어 생각하면 상대의 마음을 알 수 있기 때문입니다.
- 상대에게 공감하며 말하면 기분 좋은 대화를 할 수 있기 때문입니다.
- 대화를 즐겁게 이어 갈 수 있기 때문입니다.

2 공감하며 대화하는 방법

방법	활동	할 수 있는 말 예	표정이나 행동 예
경청하기	말하는 사람에게 주의를 기울여 집중해서 듣기	• 그렇구나. • 그래서 어떻게 되었어? • 네 말이 그런 뜻이구나.	• 고개를 끄덕인다. • 눈을 맞추고 웃는다. • 손뼉을 친다. • 상황에 맞게 손짓을 한다.
처지를 바꾸어 생각하기	말하는 사람의 처지가 되어 생각하기	• 정말 슬펐을 것 같아. • 내가 너라면 아주 기뻤겠어. • 나라도 화가 났을 거야.	• 주먹을 불끈 쥔다. • 손을 모아 쥔다. • 어깨를 토닥여 준다.
공감하며 말하기	상대의 처지를 생각하면서 말하기	• 네가 무척 힘들었겠구나. • 다음에는 잘할 수 있을 거야.	• 친절하게 웃는 표정 • 온화한 표정 • 눈을 맞추고 몸을 가까이한다.
상대의 반응 살펴보기	자신의 말에 상대가 어떻게 반응하는지 살펴보기	• 내 말을 어떻게 생각하니?	• 부드럽게 웃는 표정 • 얼굴을 가까이한다.

3 예절을 지키며 누리 소통망에서 대화하기

- 누리 소통망은 '소셜 네트워크 서비스[SNS]'를 다듬은 말로, 온라인에서 자유롭게 글이나 사진 따위를 올리거나 나누는 것을 말합니다.
- 말하고 싶은 내용을 정확하게 전달합니다.
- 이상한 말이나 줄임말을 쓰지 않습니다.
- 상대가 대화하고 싶은지 확인하고 말을 걸어야 합니다.
- 혼자서 너무 많이 말하지 않도록 합니다.

01 공감하는 대화로 알맞은 것에 모두 ○표를 하시오.

(1) 내 감정에 충실한 대화 ( )

(2) 상대를 배려하며 말하는 대화 ( )

(3) 상대가 느끼는 감정과 같이 느끼며 귀 기울여 듣는 대화 ( )

02 다음 활동은 공감하며 듣고 말하는 방법 중 무엇에 해당하는지 알맞은 것에 ○표를 하시오.

> • 말하는 사람에게 주의를 기울여 집중해서 듣기
> • 말이나 행동으로 맞장구치기

(1) 경청하기 ( )

(2) 공감하며 말하기 ( )

(3) 처지를 바꾸어 생각하기 ( )

03 다음은 무엇에 대한 설명인지 쓰시오.

> '소셜 네트워크 서비스[SNS]'를 다듬은 말로, 온라인에서 자유롭게 글이나 사진 따위를 올리거나 나누는 것.

( )

04 누리 소통망에서 대화하면 좋은 점을 말한 두 친구를 골라 이름을 쓰시오.

> 현진: 얼굴을 보고 직접 대화할 수 있어.
> 명호: 많은 사람에게 소식을 전할 수 있어.
> 지수: 급한 연락을 쉽고 빠르게 할 수 있어.

(,)

05 누리 소통망에서 상대에게 공감한다는 것을 보여 주는 방법으로 알맞지 <u>않은</u> 것의 기호를 쓰시오.

> ㉮ 잘 듣고 있다는 그림말을 보내 준다.
> ㉯ 화면을 보며 열심히 고개를 끄덕인다.
> ㉰ 말을 하는 중간중간 "그렇구나." 같은 말로 잘 듣고 있음을 표현해 준다.

( )

06 예절을 지키며 누리 소통망에서 대화하는 방법입니다. 알맞은 말에 ○표를 하시오.

(1) 말하고 싶은 내용을 (대충 , 정확하게) 전달합니다.

(2) 이상한 말이나 줄임말을 (씁니다 , 쓰지 않습니다).

[07~08] 다음 글을 읽고, 물음에 답하시오.

> 당계요 장군은 많이 놀랐지.
> "여자가 어떻게 여기 왔나?"
> "세상을 돌고 돌아 왔어요."
> "여자가 왜 여기 왔나?"
> "하늘을 날고 싶어서요."
> "여자가 왜 비행사가 되려 하나?"
> "내 나라를 빼앗아 간 일본과 싸우려고요!"
> ㉠"…… 좋다!"

07 '내'가 비행사가 되려는 까닭은 무엇인지 쓰시오.

( )

08 ㉠을 공감하는 대화로 알맞게 바꾼 것에 ○표를 하시오.

(1) "여자는 비행사가 될 수 없다. 너무 위험해!" ( )

(2) "그렇구나. 나라를 빼앗겼으면 되찾으려 노력해야지, 내가 도와주마." ( )

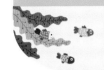
학교 시험 만점왕

[01~02] 다음 대화를 읽고, 물음에 답하시오.

> 명준: 지난번 질서 지키기 그림 대회에서 내가 그린 그림
> 이 뽑히지 않아서 무척 서운했어.
> 지윤: ㉠(시큰둥하게) 그게 그렇게 중요한 일이니?
> 명준: (화내는 목소리로) 뭐? 네가 내 기분을 어떻게 아
> 니? 너는 친구의 기분은 조금도 생각하지 않니? 어
> 떻게 그렇게 말을 해?
> 지윤: 왜 그래? 내 생각에는 별것 아닌 것 같아.

01 대화가 즐겁게 이어지지 않은 까닭은 무엇입니까?
( )

① 겪은 일을 말해 주지 않아서
② 상대의 말을 잘 알아듣지 못하여서
③ 상대의 기분을 생각하지 않고 말해서
④ 거친 말과 줄임말을 많이 사용하여서
⑤ 상대의 질문에 정확하게 답해 주지 않아서

서술형
02 ㉠을 공감하는 말로 바꾸어 쓰시오.

_____

_____

03 공감하며 대화해야 하는 까닭을 알맞게 말하지 <u>않은</u>
친구의 이름을 쓰시오.

> 세린: 공감하며 대화하면 상대의 처지를 이해할
> 수 있기 때문이야.
> 은채: 처지를 바꾸어 생각하면 상대의 마음을 알
> 수 있기 때문이야.
> 이안: 공감하며 대화하면 대화를 즐겁게 이어 갈
> 수 있기 때문이야.
> 민우: 상대에게 공감하여 말하면 대화를 계속하
> 지 않아도 되기 때문이야.

( )

[04~05] 다음 글을 읽고, 물음에 답하시오.

> "현욱아, 혹시 프라이팬도 닦았니?"
> "예. 제가 철 수세미로 문질러 깨끗이 닦았어요."
> "뭐라고? 철 수세미로 문질렀다는 말이니?"
> "예. 수세미로는 잘 닦이지 않아서 철 수세미를 썼어
> 요."
> 엄마는 한숨을 한 번 쉬시고는 다시 웃음을 띠고 말씀
> 하셨다.
> "우리 아들이 집안일을 도와주려는 마음으로 설거지를
> 열심히 했구나. 그렇지만 금속으로 프라이팬 바닥을
> 긁으면 바닥이 벗겨져서 못 쓰게 된단다."
> 엄마의 말씀을 듣고 나니 부모님의 일을 도와드렸다는
> 생각에 뿌듯했던 나는 금세 부끄러워졌다.
> "죄송해요, 엄마. 집안일을 도와드리려다가 오히려 프
> 라이팬만 망가뜨렸어요."
> 엄마는 웃으며 나를 꼭 안아 주셨다.
> "미안해하지 않아도 돼. 집안일을 도와주려고 한 현욱
> 이 마음이 엄마는 정말 고마워."
> ㉠엄마의 말씀을 듣고 내 마음은 한순간에 봄눈 녹듯
> 풀렸다.

04 ㉠의 까닭으로 알맞은 것은 무엇입니까? ( )

① 엄마께 집안일을 잘했다고 칭찬 받아서
② 부모님의 일을 도와드린 일이 뿌듯하여서
③ 엄마께서 자신의 마음을 이해하고 공감해 주어서
④ 어차피 프라이팬을 바꿀 때가 되었다는 것을
알게 되어서
⑤ 프라이팬은 철 수세미로 문지르면 안 된다는
사실을 알게 되어서

중요
05 엄마와 같이 공감하며 말하는 방법으로 알맞지 <u>않은</u>
것은 무엇입니까? ( )

① 경청하기
② 공감하며 말하기
③ 처지를 바꾸어 생각하기
④ 생각을 정확히 전달하기
⑤ 자기 기분을 최우선으로 생각하기

06 '공감하며 말하기'의 활동으로 알맞은 것을 두 가지 고르시오. (,   )

① 내 기분을 고려해 말하기
② 예의 바르게 천천히 말하기
③ 상대의 기분을 고려해 말하기
④ 전하고 싶은 생각을 숨기며 말하기
⑤ 자신의 잘못은 없는지 생각하며 말하기

07 '경청하기'에 어울리는 표정이나 행동이 아닌 것은 무엇입니까? (   )

① 손뼉을 친다.
② 고개를 끄덕인다.
③ 먼 산을 바라본다.
④ 눈을 맞추고 웃는다.
⑤ 상황에 맞게 손짓을 한다.

08 다음 누리 소통망 대화에서 예절을 지키며 대화하려면 어떻게 해야 하는지 쓰시오.

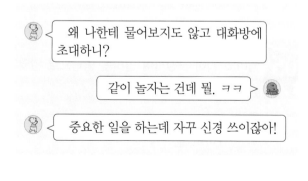

왜 나한테 물어보지도 않고 대화방에 초대하니?

같이 놀자는 건데 뭘. ㅋㅋ

중요한 일을 하는데 자꾸 신경 쓰이잖아!

_____

_____

[09~10] 다음 글을 읽고, 물음에 답하시오.

> 드디어 비행 학교 학생이 되었어. 남학생들과 똑같이 훈련했지. 빙글빙글 어지러움을 견디는 훈련, 비행기를 조종하고 고치는 기술까지 배웠어. 너무 힘들고 위험했어야. 학생들이 많이 떠났지만 나는 하루하루가 행복했어. 내 꿈을 따라서 산다는 게 꿈만 같았거든.
> '언젠가 내 나라를 자유롭게 만들 거야. 반드시 저 하늘을 훨훨 날아갈 거야.'
> 처음으로 비행기를 타는 날. 비행기에 올라타서 배운 대로 움직였지. 훌쩍! 날아올라, 깜짝! 너무 놀라 비행기가 부릉부릉, 눈앞이 기우뚱기우뚱. 잘 날다가 뚝 떨어지기도 해. 펑 터지기도 해. 조종간을 꽉, 이를 악물었지.
> '진짜로 날고 있나?'
> 얼른 아래를 내려다봤더니…….
> 아름다워! / 끝없는 산과 들과 강물이, 두 발목을 딱 붙들던 온 세상이 눈앞에서 너울너울 춤을 추네.

09 '나'에 대한 설명으로 알맞지 <u>않은</u> 것은 무엇입니까?
(   )

① 비행 학교 학생이 되었다.
② 훈련은 위험했지만 꿈을 따라 살아서 행복했다.
③ 처음으로 비행기를 타는 날 자유로움을 느꼈다.
④ 비행 학교에서 남학생들과는 다른 훈련을 했다.
⑤ 어지러움을 견디는 훈련, 비행기를 조종하고 고치는 기술까지 배웠다.

10 이 이야기를 읽고 공감하며 대화를 나눌 때 빈칸에 들어갈 알맞은 말에 ○표를 하시오.

> 대현: '나'는 여자의 몸으로 힘든 훈련을 이겨 내고 마침내 비행사가 되었어. 정말 대단해.
> 유나: _____

(1) 여자이기 때문에 비행사가 된 것이 대단하다고? 그런 것이 바로 차별적 발언이야. (   )
(2) 나도 그렇게 생각해. 꿈을 따라서 살았기에 힘들어도 힘든지 모르고 훈련을 이겨 낸 것 같아.
(   )

2 단원 핵심 복습

1 지식이나 경험을 활용해 글을 읽으면 좋은 점

- 글 내용을 쉽게 이해할 수 있습니다.
- 글 내용에 흥미를 느낄 수 있습니다.
- 글 내용을 깊이 이해할 수 있습니다.
- 이미 아는 내용과 비교하며 글을 읽을 수 있습니다.
- 글 내용을 끝까지 집중해서 읽을 수 있습니다.
- 이미 아는 내용에 새롭게 안 내용을 더해 글 내용을 더 오래 기억할 수 있습니다.

2 지식이나 경험을 활용해 글을 읽는 방법

- 책을 읽을 때 궁금한 점은 다른 책이나 자료를 찾아 가며 읽습니다.
- 자신이 아는 내용과 책 내용을 비교하며 읽습니다.
- 글을 읽기 전에 여러 가지 질문을 떠올려 본 뒤 떠올렸던 질문을 생각하며 글을 읽습니다.

3 체험한 일을 떠올리며 감상이 드러나는 글을 쓰는 방법

- 체험한 일을 자세히 풀어 씁니다.
- 체험할 때의 생각이나 느낌을 떠올려 보고, 체험한 일에 대한 감상이 생생하게 전해지도록 씁니다.

4 지식이나 경험을 활용해 함께 글을 고치면 좋은 점

- 배운 지식을 활용하면 글 내용을 더 정확하고 자세하게 나타낼 수 있습니다.
- 서로의 경험을 활용해서 글 내용을 생생하게 고칠 수 있어서 좋습니다.
- 자신이 잘못 이해하고 쓴 내용을 친구들이 바르게 고쳐 줄 수 있습니다.

〈글을 고칠 때 필요한 평가표〉

	평가 기준
내용	• 체험한 일을 자세히 풀어 썼는가? • 글 내용이 정확한가? • 어떤 일인지 이해하기 쉬운가?
조직	• 글 내용에 따라 문단을 구분했는가? • 처음, 가운데, 끝으로 나누었는가? • 사실과 의견을 구분해 썼는가?
표현	• 체험한 일을 생생하게 표현했는가? • 정확한 표현을 사용했는가? • 알기 쉬운 표현을 사용했는가?

[01~03] 다음 글을 읽고, 물음에 답하시오.

> 줄다리기하는 모습을 실제로 본 적 있나요? 줄다리기에 쓰이는 줄은 엄청나게 굵답니다. 옛날에는 어른이 줄 위에 걸터앉으면 발이 땅에 닿지 않을 정도였다고 해요. 요즈음 영산 줄다리기에 쓰는 줄은 예전에 비하여 훨씬 가늘고 짧아졌는데도 굵기가 1.5미터, 길이가 40미터가 넘습니다. 또 암줄, 수줄로 나누어져 있지요.

01 요즈음 영산 줄다리기에 쓰는 줄의 굵기는 얼마 정도인지 쓰시오.

(   )

02 이 글을 읽으며 떠올릴 경험으로 가장 알맞은 것에 ○표를 하시오.

(1) 고무줄놀이를 해 본 경험 (   )
(2) 체육대회 때 줄다리기를 한 경험 (   )

03 지식이나 경험을 떠올리며 이 글을 읽으면 좋은 점에 ○표를 하시오.

(1) 글 내용을 쉽게 이해할 수 있다. (   )
(2) 글 내용을 복잡하게 느낄 수 있다. (   )

[04~05] 다음 글을 읽고, 물음에 답하시오.

> 지붕은 이중 구조인데 바깥쪽은 열을 효과적으로 막아주는 진흙으로, 안쪽은 열전달이 잘되는 화강암으로 만들었다. 천장은 반원형으로 기둥 다섯 개에 장대석이 걸쳐 있고, 장대석을 걸친 곳에는 밖으로 통하는 공기 구멍이 세 개가 나 있다. 이 구멍은 아래쪽이 넓고 위쪽은 좁은 직사각형 기둥 모양인데, 이렇게 함으로써 바깥에서 바람이 불 때 빙실 안의 공기가 잘 빠져나온다. 즉, 열로 데워진 공기와 출입구에서 들어오는 바깥의 더운 공기가 지붕의 구멍으로 빠져나가기 때문에 빙실 아래의 찬 공기가 오랫동안 머물 수 있어 얼음이 적게 녹는 것이다.

04 석빙고의 얼음이 적게 녹는 까닭은 무엇인지 쓰시오.

(   )

05 이 글의 내용을 쉽게 이해하기 위해 떠올릴 수 있는 과학 지식입니다. 알맞은 말에 ○표를 하시오.

> 주위보다 온도가 높은 기체가 (1)(위로 올라가고, 아래로 내려가고), 온도가 낮은 기체는 (2)(위로 올라온다 , 아래로 내려온다).

06 다음은 지식이나 경험을 활용해 글을 읽는 방법입니다. ( ) 안에 알맞은 말을 쓰시오.

(1) 책을 읽을 때 (   ) 점은 다른 책이나 자료에서 관련된 내용을 찾으며 읽는다.
(2) 자신이 (   ) 내용과 책 내용을 비교하며 읽는다.
(3) 글을 읽기 전에 여러 가지 질문을 떠올려 본 뒤 떠올렸던 (   )을 생각하며 글을 읽는다.

07 체험과 감상이 드러나는 글을 쓰는 방법으로 알맞은 것에 ○표를, 알맞지 <u>않은</u> 것에 △표를 하시오.

(1) 인상 깊은 체험을 중심으로 쓰되, 내용이 잘 드러나게 자세히 풀어 쓴다. (   )
(2) 체험한 일에 대한 생각이나 느낌은 잘 전달되지 않아도 된다. (   )

08 글의 조직을 평가하는 기준으로 알맞은 것에 ○표를 하시오.

(1) 글 내용이 정확한가? (   )
(2) 글 내용에 따라 문단을 구분했는가? (   )

학교 시험 만점왕

2. 지식이나 경험을 활용해요

[01~03] 다음 글을 읽고, 물음에 답하시오.

조상들은 대보름이면 모든 일을 제처 두고 줄다리기 준비에 정성을 쏟았어요. 그리고 마을 사람이 모두 함께 줄다리기를 했지요. 온 마을이 참여해서 집집마다 짚을 거두고 놀이에 필요한 돈과 일손을 내어 줄을 만들어 놀이를 한다는 게 생각처럼 쉬운 일은 아니랍니다. 그런데도 해마다 줄다리기를 거르는 법이 없었어요. 여기에는 봄기운이 시작되는 정월에 풍년을 기원하고, 줄다리기라는 큰 행사를 치르면서 마을 사람들이 마음을 한데 모아 무사히 한 해 농사를 지으려는 지혜가 담겨 있어요. 영산 줄다리기는 1969년에 국가 무형 문화재(무형유산)로 지정되었답니다.

또 다른 국가 무형유산에는 무엇이 있는지 궁금해.

윤지

01 줄다리기에는 어떤 마음이 담겨 있는지 알맞은 것을 두 가지 고르시오. (,)

① 정월에 풍년을 기원하는 마음
② 남아도는 짚을 처리하려는 마음
③ 농사일이 없을 때 심심함을 달래려는 마음
④ 청년들의 힘을 길러 전쟁에서 이기려는 마음
⑤ 마을 사람들이 마음을 한데 모아 무사히 한 해 농사를 지으려는 마음

02 영산 줄다리기는 무엇으로 지정되었는지 쓰시오.

( )

서술형
03 윤지가 떠올린 생각이 글을 읽는 데 어떤 도움이 되었을지 쓰시오.

_____

_____

[04~05] 다음 글을 읽고, 물음에 답하시오.

현대인의 생활필수품인 냉장고는 냉기나 얼음을 인공적으로 만드는 기계 장치이지만, 빙고는 겨울에 보관해 두었던 얼음을 봄·여름·가을까지 녹지 않게 효과적으로 보관하는 냉동 창고이다. 우리나라에서 얼음을 보관하기 시작했다는 기록은 『삼국사기』에 나타난다. 또한 신라 시대 때에는 얼음 창고에 관한 일을 맡아보던 '빙고전'이라는 기관이 있었다고 한다. 고려 시대에 얼음을 보관하여 사용한 기록은 『고려사』에 나타나는데, 음력 4월에 임금에게 얼음을 진상한 기록이 있고 또 법으로 해마다 6월부터 입추까지 신하들에게 얼음을 나누어 준 기록이 있다.

04 빙고에 대해 바르게 설명한 것에 ○표를 하시오.

(1) 냉기나 얼음을 인공적으로 만드는 기계 장치

( )

(2) 여름에도 서늘해서 얼음이 어는 동굴 창고

( )

(3) 겨울에 보관해 두었던 얼음을 봄·여름·가을까지 녹지 않게 효과적으로 보관하는 냉동 창고

( )

중요

05 이 글을 읽는 방법으로 알맞은 것을 두 가지 고르시오. (,)

① 일이 일어난 차례를 정리하며 읽는다.
② 앞으로 일어날 일을 추측하며 읽는다.
③ 자신이 아는 내용과 책 내용을 비교하며 읽는다.
④ 인물의 성격이 사건에 어떤 영향을 미치는지 생각하며 읽는다.
⑤ 글을 읽기 전에 여러 가지 질문을 떠올려 본 뒤 떠올렸던 질문을 생각하며 읽는다.

지붕은 이중 구조인데 바깥쪽은 열을 효과적으로 막아 주는 진흙으로, 안쪽은 열전달이 잘되는 화강암으로 만들었다. 천장은 반원형으로 기둥 다섯 개에 장대석이 걸쳐 있고, 장대석을 걸친 곳에는 밖으로 통하는 공기구멍이 세 개가 나 있다. 이 구멍은 아래쪽이 넓고 위쪽은 좁은 직사각형 기둥 모양인데, 이렇게 함으로써 바깥에서 바람이 불 때 빙실 안의 공기가 잘 빠져나온다. 즉, 열로 데워진 공기와 출입구에서 들어오는 바깥의 더운 공기가 지붕의 구멍으로 빠져나가기 때문에 빙실 아래의 찬 공기가 오랫동안 머물 수 있어 얼음이 적게 녹는 것이다. 또한 지붕에는 잔디를 심어 태양열을 차단했고, 내부 바닥 한가운데에 배수로를 5도 경사지게 파서 얼음에서 녹은 물이 밖으로 흘러 나갈 수 있는 구조를 갖추어 과학적이다.

06 석빙고의 내부 바닥 한가운데에 배수로를 5도 경사지게 판 까닭은 무엇입니까? (　　)

① 태양열을 차단하기 위해서
② 얼음에서 녹은 물을 빼려고
③ 얼음을 쉽게 이동시키기 위해서
④ 찬 기운이 바닥에 골고루 퍼지게 하려고
⑤ 따뜻한 공기가 배수로를 따라 빠져나가게 하려고

07 이 글을 쉽게 이해하기 위해 떠올릴 지식으로 알맞은 것을 두 가지 고르시오. (　,　)

① 열전달에 관한 지식
② 물의 순환에 관한 지식
③ 얼음을 이용한 음식에 관한 지식
④ 물이 끓을 때의 변화에 관한 지식
⑤ 기체에서의 열의 이동에 관한 지식

처음 발끝이 닿은 장소는 2층 '한글이 걸어온 길' 상설 전시실이었다. 전시실 이름처럼 '한글이 걸어온 길'을 주제로 마련한 상설 전시실은 총 3부로 구성되었다. 1부 주제는 '새로 스물여덟 자를 만드니'로, 세종 25년 한글이 그 모습을 드러내던 때를 살펴볼 수 있었고, 2부 주제는 '쉽게 익혀서 편히 쓰니'이며, 마지막으로 3부 주제는 '세상에 널리 퍼져 나아가니'이다. 상설 전시실의 이름이 한글의 역사를 잘 말해 주는 것 같았다.

08 이 글에는 어떠한 경험이 나타나 있습니까? (　　)

① 한글 사랑에 관한 글을 쓴 일
② 한글 창제에 관한 영화를 본 일
③ 한글을 사랑하자는 연설을 한 일
④ 세종대왕에 관한 전기를 읽은 일
⑤ 국립한글박물관의 상설 전시실을 관람한 일

09 다음은 이 글을 고쳐 쓰는 방법에 관해 의견을 나눈 것입니다. 어떤 부분에 관한 의견인지 알맞게 선으로 이으시오.

(1) '발끝이 닿은 장소'보다는 '발길이 닿은 장소'가 더 자연스럽다.　•
　•① 내용

(2) 문장 중간중간에 감상을 넣어 주면 글쓴이가 어떻게 느꼈는지 알 수 있어서 좋을 것 같다.　•
　•② 표현

서술형 10 글을 고칠 때 살펴볼 평가 기준을 세 가지만 쓰시오.

_____

_____

_____

핵심 복습

1 의견을 조정해야 하는 까닭

- 모두가 받아들일 수 있는 결론을 정할 수 있기 때문입니다.
- 문제를 합리적으로 해결하기 위해서입니다.

의견을 조정해야 토의를 원활하게 진행할 수 있어.

2 토의 과정에서 의견을 조정하는 방법

의견을 조정하는 방법	내용
문제 파악하기	• 해결하려는 문제를 정확히 파악함. • 여러 사람의 다양한 의견을 들어 봄.
의견 실천에 필요한 조건 따지기	• 자료를 찾아 의견을 뒷받침함. • 문제를 해결하기에 적합한 의견인지 생각함.
결과 예측하기	• 의견대로 실천했을 때 결과를 생각함. • 의견을 실천했을 때 일어날 수 있는 문제점을 예측해 봄.
반응 살펴보기	• 어떤 의견을 더 따르고 싶어 하는지 살펴봄. • 의견에 대한 토의 참여자의 생각을 들음.

3 토의에서 자신의 의견을 뒷받침할 자료 찾아 읽기

기사문, 보도문	책
• 제목을 중심으로 훑어 읽음. • 의견을 뒷받침하는 기사문이나 보도문을 찾아 자세히 읽음.	• 책의 차례를 살펴봄. • 내용을 건너뛰며 읽으면서 의견을 뒷받침하는 내용을 찾음. • 의견을 뒷받침하는 내용을 좀 더 자세히 읽음.

4 찾은 자료를 알기 쉽게 표현하기

- 가장 중요한 정보는 간단하게 요약합니다.
- 직접 보려면 사진이나 그림으로 나타냅니다.
- 간단하게 보려면 차례나 단계, 도표로 나타냅니다.
- 공간에 자료를 적절하게 배치합니다.
- 글씨, 그림, 사진, 도표 따위의 크기를 결정합니다.

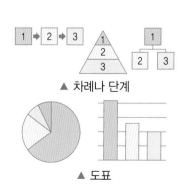

▲ 차례나 단계

▲ 도표

01 다음 토의 장면에 나타난 문제점에 ○표를 하시오.

> 하루 종일 공기 청정기를 켜 놓으면 전기 소모가 많을 수 있습니다.

> 미세 먼지를 걸러야 하는데 그깟 전기가 중요합니까? 정말 뭘 모르시는군요.

(1) 상대에게 예의를 지키지 않고 말하였다.
( )
(2) 토의 과정에 적극적으로 참여하지 않았다.
( )

02 의견을 조정하지 않으면 일어날 수 있는 일에 ○표를 하시오.

(1) 토의를 원활하게 진행할 수 (있다 , 없다).
(2) 말하는 사람들끼리 (갈등 , 친근감)이 생긴다.

03 의견을 조정하는 방법을 순서대로 정리한 것입니다. 빈칸에 들어갈 알맞은 말을 보기 에서 찾아 쓰시오.

보기

조건   문제   결과   반응

(1) ( ) 파악하기
(2) 의견 실천에 필요한 ( ) 따지기
(3) ( ) 예측하기
(4) ( ) 살펴보기

04 의견을 조정하는 방법 중 '의견 실천에 필요한 조건 따지기' 단계에서 할 일을 골라 ○표를 하시오.

(1) 자료를 찾아 의견을 뒷받침한다. ( )
(2) 의견대로 실천했을 때 결과를 생각한다.
( )

05 의견을 조정하는 태도로 알맞은 것에 ○표, 알맞지 않은 것에 ×표를 하시오.

(1) 의견과 발언에 집중한다. ( )
(2) 해결 방안이 없으면 빨리 포기한다. ( )
(3) 자신의 생각을 적극적으로 표현한다. ( )

06 다음 중 눈으로 확인하기 쉬운 자료를 모두 골라 ○표를 하시오.

(1) 사진 ( )   (2) 도표 ( )
(3) 그림 ( )   (4) 보고서 ( )

07 신문 기사를 읽는 방법을 생각하며 빈칸에 들어갈 알맞은 말을 쓰시오.

(1) 제목을 중심으로 ( ) 읽는다.
(2) 의견을 뒷받침하는 기사문을 찾아 ( ) 읽는다.

08 다음과 같은 방법으로 읽어야 하는 자료에 ○표를 하시오.

• 차례를 살펴본다.
• 내용을 건너뛰며 읽으면서 의견을 뒷받침하는 내용을 찾는다.

(1) 책 ( )
(2) 보도문 ( )

09 찾은 자료를 알기 쉽게 표현하는 방법에 ○표를 하시오.

(1) 가장 중요한 정보는 자세하게 풀어 쓴다.
( )
(2) 간단하게 보려면 차례 또는 단계로 나타낸다.
( )

학교 시험 만점왕

[01~02] 다음 그림을 보고, 물음에 답하시오.

1 공기 청정기가 없는 곳은 어떻게 하나요? 그럼 공기 청정기가 설치된 곳에서만 지내야 하나요?

2 마스크를 쓰는 것은 안 불편한 줄 아십니까? 마스크를 쓰면 답답하고 숨을 쉬기 어렵습니다.

3 하루 종일 공기 청정기를 켜 놓으면 전기 소모가 많을 수 있습니다.

4 미세 먼지를 걸러야 하는데 그깟 전기가 중요합니까? 정말 뭘 모르시는군요.

5 공기 청정기를 설치하면 쓰고 난 마스크를 버리지 않아도 되니 환경을 보호할 수 있습니다.

6 마스크를 쓰면 추운 겨울에도 얼굴을 따뜻하게 할 수 있습니다.

01 미세 먼지 문제에 대처하기 위해 어떤 의견이 제시되었을지 두 가지 고르시오. (,)

① 청소를 자주 하자.
② 외출은 자주 하지 말자.
③ 마스크를 쓰고 생활하자.
④ 창문을 열어 환기를 자주 시키자.
⑤ 학교 곳곳에 공기 청정기를 설치하자.

서술형

02 그림 **5**~**6**의 토의 장면에 나타난 문제점은 무엇인지 쓰시오.

_____

_____

03 의견을 조정해야 하는 까닭으로 가장 알맞은 것은 어느 것입니까? ( )

① 토의를 빨리 끝낼 수 있다.
② 친구들과 즐겁게 지낼 수 있다.
③ 상대의 의견을 잘 비판할 수 있다.
④ 다른 사람들을 빨리 설득할 수 있다.
⑤ 모두가 받아들일 수 있는 결론을 정할 수 있다.

중요

04 다음 의견을 조정하는 방법을 순서에 맞게 기호를 쓰시오.

> ㉮ 반응 살펴보기
> ㉯ 결과 예측하기
> ㉰ 문제 파악하기
> ㉱ 의견 실천에 필요한 조건 따지기

( )→( )→( )→( )

05 의견을 조정하는 과정에서 상대를 배려하는 의견 표현 방법으로 알맞은 것을 두 가지 고르시오.

(,)

① "그 의견도 좋은 생각입니다. 하지만……."
② "그 의견은 무척 문제가 많은 의견입니다."
③ "제발 이성적, 합리적으로 생각해 보십시오."
④ "지금 말씀하신 부분은 저도 동의합니다. 다만……."
⑤ "결론적으로 말해서 그 의견은 잘못된 것입니다."

06 토의에서 자신의 의견을 말할 때 자료를 제시하면 어떤 점이 좋은지 바르게 말한 친구의 이름을 쓰시오.

> 정호: 정보를 눈으로 직접 확인할 수 있어 의견과 근거를 이해하기 쉬워.
> 하은: 자료를 제시하면 의견을 조정하지 않아도 다른 사람을 모두 설득할 수 있어.

(   )

07 다음 자료는 어떻게 읽는 것이 좋은지 바르게 선으로 이으시오.

(1) 책 •

(2) 신문 기사 •

• ① 차례를 살펴서 건너뛰며 읽는다.

• ② 제목을 중심으로 훑어 읽다가 의견을 뒷받침하는 글을 찾아 자세히 읽는다.

[08~10] 다음 글을 읽고, 물음에 답하시오.

(가) 아나운서: 요즘 초등학교에서는 건강 달리기에 많은 관심을 보이고 있습니다. ○○○ 기자의 보도입니다.
기자: 한 초등학교 체육관에 아침 여덟 시부터 학생 마흔 명이 모여 있습니다. 가벼운 체조로 몸을 푼 뒤 이어지는 달리기 수업. 체육관에서 웃음소리가 끊이지 않습니다. 「○○방송 뉴스」

(나) [건강 달리기의 효과]
• 비만 문제를 해결할 수 있다.
• 집중력이 향상되고, 우울증과 불안감이 줄어든다.

---

08 (가)의 방송 뉴스 보도를 통해 전하려는 사실은 무엇이겠습니까? (   )

① 건강 달리기는 어렵다.
② 건강 달리기가 효과적이다.
③ 운동 전 준비운동은 중요하다.
④ 우리나라에는 비만인 학생이 많다.
⑤ 우리나라 학생들은 공부보다 운동을 중요하게 생각한다.

09 다음은 자료를 알기 쉽게 표현하는 방법입니다. (나)에서 사용된 방법으로 알맞은 것에 ○표를 하시오.

(1) 도표로 나타내었다. (   )
(2) 간단하게 요약하였다. (   )
(3) 차례나 단계로 나타내었다. (   )
(4) 사진이나 그림으로 나타내었다. (   )

서술형
10 (나)의 내용을 한눈에 이해하기 쉽게 도형과, 선, 화살표를 이용해 표현하려고 합니다. 빈칸에 들어갈 알맞은 내용을 쓰시오.

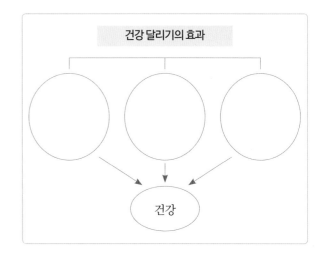

4 단원 핵심 복습

1 문장 성분의 호응 관계 알기

- 문장 성분: 주어, 목적어, 서술어와 같이 문장을 구성하는 부분
- 주어와 서술어의 호응 관계를 바르게 써야 합니다.

  (예)
  우리가 환경을 보호해야 하는 까닭은 환경 파괴의 피해가 결국 우리에게 돌아오는 것이라고 생각한다.
  　　　　주어　　　　　　　　　　　　　　　　　　　　　　　　　잘못된 서술어

  ➡ '까닭은'에 어울리는 서술어는 '~ 때문이다'이므로, 서술어를 '돌아오기 때문이다'로 고쳐야 함.

- 시간을 나타내는 말과 서술어의 호응 관계를 바르게 써야 합니다.

  (예)
  어제저녁 우리 가족은 함께 동네 공원으로 산책을 나간다.
  시간을 나타내는 말　　　　　　　　　　　　잘못된 서술어

  ➡ '어제저녁'은 지나간 시간을 나타내는 말이므로 현재 행동을 나타내는 서술어인 '나간다'를 '나갔다'로 고쳐야 함.

- 높임의 대상을 나타내는 말과 서술어의 호응 관계를 바르게 써야 합니다.

  (예)
  할아버지는 얼른 밥을 다 먹고 또 일하러 나가셨다.
  　　　높임 표현을 사용하지 않음.

  ➡ '할아버지'는 높임의 대상이므로 '-는'을 '-께서는'으로, '밥'을 '진지'로, '먹고'를 '잡수시고'로 고쳐야 함.

2 겪은 일이 드러나게 글 쓰기

- 글쓰기를 계획합니다.
  - 목적, 글의 종류, 읽는 사람, 주제 등을 정합니다.
- 글로 쓰고 싶은 일이나 생각을 떠올려 생각그물로 정리해 봅니다.
- 자신이 쓴 겪은 일 또는 생각 가운데에서 글로 표현하기 힘든 것은 없는지 살펴보고 차례대로 지웁니다.
  - 내용을 자세히 풀어 쓸 수 없는 것, 주제가 잘 드러나지 않는 것, 장소나 등장인물의 변화가 너무 많은 것, 글을 읽는 사람이 흥미를 느끼기 힘든 것, 누구나 경험할 만한 것 등을 지웁니다.
- 글감을 정하고, 글 내용을 조직합니다.
  - '처음 - 가운데 - 끝', 시간의 순서나 장소의 변화, 일이 일어난 원인과 결과를 중심으로 글을 조직할 수 있습니다.
- 주제가 잘 드러나게 글을 쓰고, 쓴 글을 다시 한번 읽고 고쳐 씁니다.

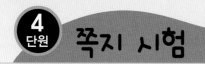
정답과 해설 **34**쪽

01 주어, 목적어, 서술어와 같이 문장을 구성하는 부분을 무엇이라고 하는지 쓰시오.

(   )

02 다음 문장에서 서술어에 해당하는 부분에 밑줄을 그으시오.

소희가 책을 읽는다.

03 다음 문장이 어색한 까닭으로 알맞은 것에 ○표를 하시오.

우리가 환경을 보호해야 하는 까닭은 환경 파괴의 피해가 결국 우리에게 돌아오는 것이라고 생각한다.

(1) 주어와 서술어의 호응 관계가 바르지 않아서
(   )
(2) 시간을 나타내는 말과 서술어의 호응 관계가 바르지 않아서 (   )
(3) 높임의 대상을 나타내는 말과 서술어의 호응 관계가 바르지 않아서 (   )

04 다음 문장을 바르게 고쳐 쓰시오.

안방에서 아버지가 나를 불렀다.

(   )

05 바른 문장이 되도록 (   ) 안에 알맞은 말을 넣어 문장을 고쳐 쓰시오.

선생님 말씀은 전혀 들어 본 내용이었다.
➡ 선생님 말씀은 전혀 (   )
내용이었다.

06 (   ) 안에 들어갈 말로 가장 알맞은 것을 보기 에서 찾아 쓰시오.

보기

별로   여간   도저히

나는 지호의 생각을 (   ) 이해할 수 없다.

07 다음 문장의 밑줄 그은 부분을 바르게 고쳐 쓰시오.

나는 그림 그리는 것을 별로 좋아한다.

(   )

08 매체를 활용해 겪은 일이 드러나는 글을 쓰고 의견을 주고받을 때 활용할 수 있는 매체를 한 가지만 쓰시오.

(   )

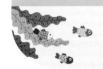

학교 시험 만점왕

[01~05] 다음 글을 읽고, 물음에 답하시오.

'쳇. 나한테만 뭐라고 하고…….'
용준이가 문을 똑똑 두드렸다.
"누나야, 문 열어 봐."
"싫어."
나는 앞으로 용준이와 놀아 주지 않겠다고 다짐했다. 한참 있다가 어머니께서 오셨다. 문을 열어 보라고 하시는데 ㉠어머니의 목소리가 별로 좋아 보였다. 나는 혼이 날까 봐 살짝 문을 열었다.
"윤서야, 너 좋아하는 연속극 해."
"일기 쓸래요."
㉡그때 안방에서 아버지가 불렀다.
"윤서야, 이리 와 봐."
㉢나는 입을 쭉 내밀고 절대 앉기 싫다는 표정으로 아버지 옆에 앉았다.
"왜 울었어?"
"잘못은 용준이가 했는데 저만 야단맞아서요."
"서러웠니?"
"네."
"윤서가 다 컸다고 아빠가 쉽게 생각했어. 미안하구나."
"……."
"용준이 너 이리 와."
아버지의 호령에 용준이가 똥 마려운 아이처럼 쭈뼛쭈뼛 다가왔다.
"누나……, 미안."
용준이가 씩 웃으며 나를 쳐다보았다. 웃음이 나오려는 것을 참고 아버지 쪽으로 얼굴을 돌렸는데 아버지께서 손으로 하트 모양을 만들고 계셨다. ㉣그만 웃음이 피식 웃어 버렸다. 아버지께서도 웃으셨다. 내 마음이 녹아 버렸다.
"윤서야, 연속극 보고 가."
"그냥 일기 쓸래요."
"그래? 알았다."
난 내 방으로 들어와서 일기를 썼다.
'역시 가족은 가족이구나. 이런 것이 가족의 정이지.'

01 ㉠을 바르게 고쳐 쓰시오.
(   )

02 ㉡이 잘못된 문장인 까닭을 바르게 말한 친구의 이름을 쓰시오.

> 세아: 주어와 호응하는 서술어를 쓰지 않았어.
> 서연: 시간을 나타내는 말과 서술어의 호응이 맞지 않아.
> 재원: 높임의 대상을 나타내는 말과 서술어의 호응이 맞지 않아.

(   )

03 ㉡을 바르게 고친 문장은 무엇입니까? (   )
① 그때 안방에서 아버지가 부른다.
② 그때 안방에서 아버지가 부르셨다.
③ 그때 안방에서 아버지께서 부르셨다.
④ 그때 안방에서 아버지께서 나를 불렀다.
⑤ 그때 안방에서 아버지께서 부를 것이다.

04 ㉢에서 윤서의 마음으로 알맞은 것은 무엇입니까?
(   )
① 미안한 마음
② 서운한 마음
③ 부러운 마음
④ 궁금한 마음
⑤ 기대되는 마음

중요
05 ㉣을 바르게 고친 문장으로 알맞은 것에 ○표를 하시오.
(1) 그만 나는 피식 웃어 버렸다.   (   )
(2) 나는 그만 웃음이 피식하고 웃었다. (   )

06 다음 문장을 바르게 고친 것은 무엇입니까? (   )

어제저녁 우리 가족은 함께 동네 공원으로 산책을 나간다.

① 어제저녁 우리 가족은 동네 공원으로 산책을 나간다.
② 어제 우리 가족은 함께 동네 공원으로 산책을 나간다.
③ 어제 우리 가족은 함께 동네 공원으로 산책을 나갑니다.
④ 어제저녁 우리 가족은 함께 동네 공원으로 산책을 나갔다.
⑤ 어제저녁 우리 가족은 함께 동네 공원으로 산책을 나갈 것이다.

중요
07 다음 문장의 밑줄 그은 부분을 바르게 고쳐 쓰시오.

우리가 환경을 보호해야 하는 까닭은 환경 파괴의 피해가 결국 우리에게 <u>돌아오는 것이라고 생각한다.</u>

(   )

서술형

08 다음 낱말을 사용하여 보기 처럼 짧은 문장을 쓰시오.

보기

결코

나는 친구가 거짓말을 한 것이 결코 바른 행동이라고 생각하지 않는다.

_____

_____

09 매체를 활용해 글을 쓰고 의견을 주고받은 뒤에 글을 고쳐 쓰는 과정에서 가장 먼저 해야 할 일의 기호를 쓰시오.

㉮ 새롭게 고쳐 쓴 글 저장하기
㉯ 고쳐 쓸 부분을 찾아 고치기
㉰ 새롭게 고쳐 쓴 글임을 밝히기
㉱ 처음 썼던 글을 복사해서 붙이기

(   )

10 매체를 활용해 겪은 일이 드러나는 글을 쓰고 의견을 주고받을 때 주의할 점으로 알맞지 <u>않은</u> 것은 무엇입니까? (   )

① 누가 쓴 글인지 이름을 밝힌다.
② 친구들의 글에 의견을 쓸 때에는 예의를 지켜서 쓴다.
③ 친구들의 의견 중에서 반영할 부분을 생각하여 글을 고쳐 쓴다.
④ 읽는 사람이 보기 편하도록 글자 크기나 줄 간격을 알맞게 한다.
⑤ 매체를 선정할 때에는 몇몇 친구들만 사용할 수 있는 매체를 고른다.

1 **여러 가지 매체 자료 알기**

- 매체 자료: 내용을 전달하는 수단이 되는 자료
- 매체 자료의 종류와 특징

매체	종류	정보를 전달하는 방법
인쇄 매체 자료	서적, 신문, 잡지 등	글, 그림, 사진
영상 매체 자료	동영상, 텔레비전 방송, 영화, 드라마 등	소리, 자막 등의 여러 가지 연출 방법
인터넷 매체 자료	누리집, 누리 소통망[SNS], 휴대 전화 문자 메시지 등	인쇄 매체 자료와 영상 매체 자료에서 사용하는 방식을 모두 사용함.

2 **여러 가지 매체 자료를 알맞은 방법으로 읽기**

- 인쇄 매체 자료는 글, 그림, 사진으로 나타낸 시각 정보를 잘 살펴봅니다. 글로 표현한 내용을 머릿속으로 떠올리면서 내용을 꼼꼼히 확인하며 읽어야 합니다.
- 영상 매체 자료는 화면 구성을 잘 살피고, 소리에 담긴 정보도 탐색합니다.

  예 교과서 196쪽 동영상에서 사용한 음악이 주는 효과

	음악이 주는 느낌과 효과
도입부의 음악	잔잔하고 차분한 음악이 사용됨. 이야기의 시작을 알리고, 묵묵히 노력하는 인물의 모습이 강조됨.
장면이 전환되며 바뀌는 부분에서 사용된 음악	경쾌한 느낌의 음악이 사용됨. 읽은 내용을 자꾸 잊어버리는 우스꽝스러우면서도 안타까운 김득신의 모습이 강조됨.
마무리 부분에 사용된 음악	고요하고 평화로운 느낌의 음악이 사용됨. 꾸준히 노력해서 자신의 한계를 극복한 김득신의 삶을 돌아보는 느낌을 줌.

- 인터넷 매체 자료를 읽을 때에는 인쇄 매체 자료와 영상 매체 자료를 읽는 방식을 모두 사용합니다. 글과 그림이 주는 시각 정보를 잘 살펴볼 뿐만 아니라 화면 구성과 소리에 담긴 정보도 탐색합니다.

3 **매체 자료의 특성을 생각하며 이야기를 읽고 현실 세계와 비교하기**

- 글 내용을 원인과 결과에 따라 정리합니다.
- 글에 등장하는 인물과 비슷한 나의 경험을 떠올립니다.
- 등장인물들의 말과 행동에 대해 생각해 봅니다.
- 매체 자료를 이용할 때 주의할 점이 무엇인지 생각해 봅니다.

정답과 해설 35쪽

01 내용을 전달하는 수단을 무엇이라고 하는지 쓰시오.

(   )

[02~04] 다음을 보고, 물음에 답하시오.

가 ○○ 어린이 신문   20○○년 ○○월 ○○일

여름날의 창녕 우포늪

람사르 습지로 등록된 창녕군 우포늪은 다양한 곤충과 조류, 식물과 어류의 보금자리이다. 여름날 우포늪을 거닐면 뿌리는 물밑 땅에 내리고 잎은 물 위에 띄운 보라색 꽃의 가시연꽃을 볼 수 있다.

나 금빛 질주로 스피드스케이팅 새 역사를 열어

다

02 다음 중 매체 자료 **가**와 성격이 비슷한 것을 골라 쓰시오.

영화 잡지 드라마 휴대 전화 문자 메시지

(   )

03 매체 자료 **가**~**다** 중에서 영상 매체 자료에 해당하는 것의 기호를 쓰시오.

(   )

04 매체 자료 **가**~**다** 중에서 그림말이나 문자, 동영상을 활용해 정보를 전달할 수 있는 매체 자료의 기호를 쓰시오.

(   )

05 인쇄 매체 자료와 영상 매체 자료를 볼 때 주의할 점을 찾아 알맞게 선으로 이으시오.

(1) 인쇄 매체 자료 • • ① 글, 그림, 사진으로 나타낸 시각 정보를 잘 살펴본다.

(2) 영상 매체 자료 • • ② 화면 구성을 잘 살피고 소리에 담긴 정보를 탐색한다.

[06~07] 다음 글을 읽고, 물음에 답하시오.

허수아비: 아무리 얼굴과 이름을 숨기고 자기 생각을 마음대로 실을 수 있는 인터넷 세상이지만, 최소한의 예의는 지켜야 한다. 그런데도 거짓 정보를 올린 흑설 공주는 당장 사과해라!

어린 왕자: 흑설 공주가 대체 누구인가? 이런 사람은 카페에 들어올 자격이 없다.

매운 고추: 민서영, 잠시라도 널 의심해서 미안하다. 네 용기에 박수를 보낸다.

하이디: 글은 자기의 얼굴과 마찬가지이다. 거짓 글로 민서영에게 상처를 준 흑설 공주는 카페에 글을 쓸 자격이 없다. 마녀사냥은 민서영이 아니라 흑설 공주에게 해야 한다.

06 이 글에서는 어떤 종류의 매체를 사용하여 의견을 나누고 있는지 알맞은 것에 ○표를 하시오.

인쇄 매체 영상 매체 인터넷 매체

07 06에서 답한 매체를 사용할 때 주의할 점을 한 가지만 쓰시오.

(   )

학교 시험 만점왕

5. 여러 가지 매체 자료

[01~04] 다음을 보고, 물음에 답하시오.

가
○○ 어린이 신문 　20○○년 ○○월 ○○일

여름날의 창녕 우포늪

람사르 습지로 등록된 창녕군 우포늪은 다양한 곤충과 조류, 식물과 어류의 보금자리이다. 여름날 우포늪을 거닐면 뿌리는 물밑 땅에 내리고 잎은 물 위에 띄운 보라색 꽃의 가시연꽃을 볼 수 있다.

나
금빛 질주로 스피드스케이팅 새 역사를 열어

다

03 매체 자료 나를 읽을 때 주의할 점을 바르게 말한 친구의 이름을 쓰시오.

> 세진: 사진과 글을 모두 살펴봐야 해.
> 빛나: 장면과 어우러지는 음악이나 연출 기법의 의미를 생각하며 읽어야 해.
> 태호: 글, 그림, 사진이 주는 시각 정보를 잘 살펴볼 뿐만 아니라 화면 구성과 소리에 담긴 정보도 탐색하며 읽어야 해.

(　　　　　　　)

04 매체 자료 다에서 사진이나 동영상 등을 활용하여 정보를 전달할 때의 효과를 쓰시오.

_____

_____

01 가~다를 매체 자료의 종류에 따라 알맞게 선으로 이으시오.

(1) 가 ・ 　 ・① 영상 매체 자료

(2) 나 ・ 　 ・② 인쇄 매체 자료

(3) 다 ・ 　 ・③ 인터넷 매체 자료

02 다음 중 매체 자료 가와 성격이 비슷한 매체 자료를 두 가지 고르시오. (　 , 　)

① 책
② 영화
③ 잡지
④ 드라마
⑤ 누리 소통망

05 다음 장면에서 사용된 음악이 주는 효과로 알맞은 것에 ○표를 하시오.

태몽에 나온 '노자(老子)'의 정령을 받은 아이

영상의 시작 부분으로, 정삼품 부제학을 지낸 김치의 아들로 태어난 김득신은 열 살에 처음 글을 배우기 시작했다는 내용

장면에서 사용된 음악을 들은 느낌	잔잔하고 차분한 느낌

(1) 묵묵히 노력하는 인물의 모습이 더욱 강조됨. (　　　)

(2) 우스꽝스러우면서도 안타까운 인물의 모습이 강조됨. (　　　)

(가) 여러분, 저는 흑설 공주에게 모함을 받고 있는 민서영입니다.

여러분 중에서도 흑설 공주의 글을 읽고 여전히 제가 거짓말쟁이라고 의심하는 분들이 있다는 걸 알고 매우 슬펐습니다. 만약 아직도 저에 대한 의심과 오해를 풀지 못한 분이 있다면 아래에 있는 사진을 참조해 주시기 바랍니다.

(나) 첫 번째는 우리 아빠가 아프리카 탄자니아 은좀베에서 의료 봉사를 하고 있는 병원의 모습을 찍은 사진입니다. 진찰실에서 청진기를 들고 아프리카 아이를 진찰하고 있는 분이 바로 우리 아빠입니다. 정말 자랑스러운 우리 아빠 말이지요.

두 번째는 디자이너인 우리 엄마가 지난봄에 연 패션쇼 모습을 찍은 사진입니다. 엄마가 디자인한 옷을 입은 모델들이 패션쇼를 하고 있는 모습이 보이지요?

이처럼 ㉠뚜렷한 증거를 올렸으니 여러분은 이제 제가 거짓말쟁이가 아니라는 걸 믿으시겠지요?

추신: 이제 증거를 밝혔으니 흑설 공주는 터무니없는 글로 나와 우리 엄마, 아빠를 모함하는 일을 그만두기 바란다.

06 서영이는 어떤 상황에 처해 있습니까? (   )

① 친구들에게 따돌림을 당하고 있다.
② 거짓말쟁이라는 의심을 받고 있다.
③ 전학을 간 친구를 그리워하고 있다.
④ 친구들이 모두 서영이를 많이 싫어한다.
⑤ 약속을 안 지키는 사람이라고 오해를 받고 있다.

07 ㉠이 뜻하는 것은 무엇인지 두 가지를 쓰시오.

(,   )

08 서영이가 흑설 공주에게 부탁한 것은 무엇인지 (   ) 안에 알맞은 말을 쓰시오.

서영이는 흑설 공주에게 터무니없는 글로 자신의 가족을 (   )하는 일을 그만두라고 했다.

허수아비: 아무리 얼굴과 이름을 숨기고 자기 생각을 마음대로 실을 수 있는 인터넷 세상이지만, 최소한의 예의는 지켜야 한다. 그런데도 거짓 정보를 올린 흑설 공주는 당장 사과해라!

어린 왕자: 흑설 공주가 대체 누구인가? 이런 사람은 카페에 들어올 자격이 없다.

매운 고추: 민서영, 잠시라도 널 의심해서 미안하다. 네 용기에 박수를 보낸다.

하이디: 글은 자기의 얼굴과 마찬가지이다. 거짓 글로 민서영에게 상처를 준 흑설 공주는 카페에 글을 쓸 자격이 없다. 마녀사냥은 민서영이 아니라 흑설 공주에게 해야 한다.

삐삐: 핑공 카페지기는 당장 흑설 공주의 신상 털기를 해라!

방글이: 요즈음 거짓 정보 때문에 목숨을 끊는 연예인이 얼마나 많은가. 우리 어린이들까지 ㉠그런 잘못된 걸 본받으면 안 된다!

09 ㉠이 뜻하는 것은 무엇입니까? (   )

① 친구를 따돌리는 일
② 친구를 믿지 않는 일
③ 사람들을 의심하는 일
④ 거짓 정보로 사람들에게 피해를 주는 일
⑤ 인터넷 매체에서 올바른 우리말을 쓰지 않는 일

10 이 글을 통해 알 수 있는 인터넷 매체를 이용할 때의 주의할 점으로 알맞은 것에 ○표를 하시오.

(1) 정보의 출처가 분명한지, 확실한 정보인지 판단해야 한다. (   )
(2) 인터넷 매체에 의견을 쓸 때에는 실명을 쓰지 않으므로 예의를 갖출 필요가 없다. (   )

핵심 복습

■ 일상생활에서 토론이 필요한 경우 예

- 쓰레기통 주변이 오히려 더 지저분해 쓰레기통을 없애자고 토론했습니다.
- 학교 안에서 스마트폰을 사용하는 문제에 대해 토론이 필요했습니다.

2 근거 자료의 타당성 평가하기

- 주장을 뒷받침하는 근거 자료는 전문가의 면담 자료, 설문 조사 자료 등이 있습니다.
- 면담 자료를 평가하는 기준으로 자료가 주장을 잘 뒷받침하는지 살펴보고, 믿을 만한 전문가의 의견인지 등을 따져 봅니다.
- 설문 조사 자료를 평가하는 기준으로 주장의 근거로 사용한 자료가 믿을 만한지, 자료 출처가 정확한지 확인하고, 조사 대상과 범위가 적절한지, 주장을 뒷받침하기에 적절한 자료를 사용했는지 등을 생각해 봅니다.

3 토론 절차와 방법 알기

- 토론 절차

주장 펼치기 ▶ 반론하기 ▶ 주장 다지기

- 토론 절차에 따른 토론 방법

토론 절차	토론 방법
주장 펼치기	• 근거를 들어 주장을 펼침. • 근거와 관련해 구체적인 자료를 제시함.
반론하기	• 상대편의 주장을 요약함. • 상대편의 주장이 타당하지 않다는 것을 밝히기 위한 질문을 함. • 주장에 대한 근거나 그에 대한 자료가 적절하지 않다는 것을 밝힘.
주장 다지기	• 자기편의 주장을 요약함. • 상대편에서 제기한 반론이 타당하지 않음을 지적함. • 자기편 주장의 장점을 정리함.

> 주장 다지기 단계에서는 자기편의 주장과 근거를 강조하고 상대편에서 제기한 반론이 타당하지 않음을 밝혀야 해. 또 듣는 사람이 자기편 주장을 확실히 이해할 수 있도록 자기편 주장의 장점을 한 번 더 말하는 것도 좋아.

정답과 해설 36쪽

[01~02] 다음 자료를 보고, 물음에 답하시오.

〈자료 1〉
　실제로 자신의 꿈이 '연예인'으로 바뀌었다고 하는 한 학생을 면담한 결과, "요즘에는 연예인이 대세이다."라면서도 "사실은 한 해에도 여러 번 바뀌는 희망 직업 때문에 고민이 많다. 무엇을 준비해야 할지 모르겠다."라고 털어놓았다.

〈자료 2〉
　직업 평론가 ○○○ 씨와 면담한 결과, 그는 "자신이 원하는 일이 무엇인지 모르며 사회에 어떤 다양한 직업이 있는지 알아보려고 하지 않는 사실이 문제"라며 우려를 나타냈다.

01 이 자료들은 어떤 종류의 자료인지 알맞은 것에 ○표를 하시오.

| 면담 자료 | 설문 조사 자료 |

02 〈자료 2〉가 〈자료 1〉보다 주장을 뒷받침한 근거 자료로 믿을 만한 까닭을 간단하게 쓰시오.

(　　　　　　　　　　　　)

[03~05] 다음 자료를 보고, 물음에 답하시오.

우리 반 친구들이 희망하는 직업
＊단위: 명

직업명	교사	요리사	과학자	의사	디자이너	연예인	운동선수	기타
■ 전체 32명	3	5	3	4	2	9	3	3

03 누구를 대상으로 조사한 것인지 쓰시오.

(　　　　　　　　　　　　)

04 조사 범위는 몇 명인지 쓰시오.

(　　　　　　　　　)명

05 이 자료에서 부족한 점으로 알맞은 것에 ○표를 하시오.

(1) 조사 범위가 너무 좁다.　　　　　(　　)
(2) 자료의 출처를 알 수 없다.　　　　(　　)

06 다음 빈칸에 알맞은 토론 절차의 단계를 쓰시오.

주장
펼치기　➡　　　　　➡　주장
다지기

07 다음은 토론 절차 중에서 어느 단계에 하는 방법인지 쓰시오.

| 자기편 주장의 장점을 정리한다. |

(　　　　　　　　　　　　)

학교 시험 만점왕

6. 타당성을 생각하며 토론해요

[01~02] 다음 그림을 보고, 물음에 답하시오.

운동장에 왜 이렇게 쓰레기가 많은 거야?

학교 운동장을 외부인에게 개방해서 쓰레기가 더 많아졌어요.

하지만 우리 학교 운동장은 이 지역 사람들이 이용할 수 있는 유일한 운동장이에요.

01 이 그림에서 생긴 문제는 무엇입니까? (　　　)

① 학교 운동장이 너무 작다.
② 학교 운동장에 쓰레기통이 부족하다.
③ 학교 운동장에 위험한 놀이 기구가 있다.
④ 학교 운동장을 외부인에게 개방해서 쓰레기가 많아졌다.
⑤ 학교 운동장에 반려 동물을 데리고 오는 사람들이 있다.

02 이 그림에서 생긴 문제를 토론을 통해 해결하려고 할 때 가장 알맞은 토론 주제에 ○표를 하시오.

(1) 학교 운동장을 청소하는 봉사활동을 하자.
　　　　　　　　　　　　　　　　(　　　)
(2) 학교 운동장을 외부인에게 개방하지 말자.
　　　　　　　　　　　　　　　　(　　　)

[03~05] 다음 글을 읽고, 물음에 답하시오.

㉠ 실제로 ㉠자신의 꿈이 '연예인'으로 바뀌었다고 하는 한 학생을 면담한 결과, "요즘에는 연예인이 대세이다."라면서도 "사실은 한 해에도 여러 번 바뀌는 희망 직업 때문에 고민이 많다. 무엇을 준비해야 할지 모르겠다."라고 털어놓았다. 직업의 선택은 유행이 아니라 자신의 적성이나 흥미, 특기를 고려해 이루어져야 한다. 정작 자신이 무엇을 원하는지보다 다른 많은 사람이 원하는 것에 이끌려 인생의 중요한 결정을 내린다면 결국 후회만 남을 것이다.

㉯ 이와 같은 현실과 관련해 ㉡직업 평론가 ○○○ 씨와 면담한 결과, 그는 "자신이 원하는 일이 무엇인지 모르며 사회에 어떤 다양한 직업이 있는지 알아보려고 하지 않는 사실이 문제"라며 우려를 나타냈다. 직업은 미래에 자기 삶을 유지해 줄 수 있는 수단 가운데 하나이다. 직업으로 사람들은 소득을 얻기도 하고, 행복과 보람을 느끼기도 한다. 그러므로 유행보다는 자신의 흥미와 적성, 특기를 알고, 이것을 바탕으로 하여 직업을 고르려고 노력해야 한다.

03 이 글에서 주장을 뒷받침하기 위해 어떤 종류의 자료를 사용하였는지 쓰시오.

　　　　　　　(　　　　　　　　　　)

04 다음 빈칸에 글쓴이의 주장으로 알맞은 말을 쓰시오.

직업의 선택은 (1)(　　　　　)보다는 자신의 (2)(　　　　　)을/를 고려해서 이루어져야 한다.

05 ㉠과 ㉡ 중에서 더 믿을 수 있는 근거 자료는 무엇인지 쓰시오.

　　　　　　　(　　　　　　　　　　)

[06~07] 다음 글을 읽고, 물음에 답하시오.

> 찬성편: 저희 찬성편은 두 가지 까닭에서 "학급 임원은 반드시 필요하다."라는 주제에 찬성합니다.
>
> 첫째, 실제로 학생 대표가 학교생활에 많은 역할을 합니다. 많은 학생들이 함께 생활하다 보니 학교에는 여러 가지 문제나 불편한 점이 생길 수 있습니다. 이러한 것에 대한 해결은 전교 학생회 회의에서 이루어지는데 학급 임원은 여기에 참여해 우리 반 학생들의 의견을 전달하는 역할을 합니다. 저희가 설문 조사를 한 결과에 따르면 우리 지역의 초등학교 가운데에서 95퍼센트가 넘는 학교가 학급 임원을 뽑고 있다고 합니다. 이렇게 많은 학교가 학급 임원을 뽑는다는 것은 실제로 학급 임원이 필요하기 때문이 아니겠습니까? 학급 임원이 없다면 누가 선생님을 돕고, 누가 전교 학생회 회의에 참여해 우리의 뜻을 전하겠습니까?
>
> 둘째, 학교 안에서 선거를 경험할 수 있습니다. 어린이 사회 교육 잡지에 실린 한 전문가의 면담에 따르면, "민주 시민 교육은 초등학교 때부터 이루어져야 한다. 사회를 미리 경험한다는 점에서 학급 임원 선거는 학생들에게 소중한 경험이 될 수 있다."라고 했습니다.

06 찬성편이 제시한 근거를 두 가지 쓰시오.

_____

_____

07 찬성편이 제시한 근거를 뒷받침하기 위해 사용한 자료를 바르게 선으로 이으시오.

(1) 근거 1 ·　　　· ① 전문가의 면담 자료

(2) 근거 2 ·　　　· ② 설문 조사 자료

[08~10] 다음 글을 읽고, 물음에 답하시오.

> 반대편: 찬성편은 학급에 대표가 필요하고, 학급 임원을 뽑는 과정에서 선거를 경험할 수 있기 때문에 학급 임원이 필요하다고 주장했습니다. 그러나 저희 반대편은 학급 임원이 반드시 필요하지는 않다고 생각합니다. 학급 임원을 뽑는 기준에 문제가 있고, 학생들 간 동등한 관계에 부정적인 영향을 끼친다면 반드시 학급 임원 제도를 유지해야 할 필요가 있을까요? 물론 학급 대표가 필요한 경우도 있습니다. 그러나 그렇다고 해서 꼭 한두 사람이 학급 임원이 될 필요는 없습니다. 오히려 여러 학생이 한 번씩 돌아가면서 봉사하고 학급을 대표하는 경험을 쌓는다면 좀 더 많은 학생이 지도력과 책임감을 키울 수 있다고 생각합니다.

08 반대편의 주장은 무엇인지 쓰시오.

(　　　　　　　　　　　　　　　　　　)

09 반대편은 여러 학생이 돌아가며 학급 임원을 한다면 어떤 점이 좋다고 하였습니까? (　　　　)

① 학생들의 사이가 좋아진다.
② 더 많은 학생들의 의견을 들을 수 있다.
③ 안정되고 효율적인 학급 운영이 가능하다.
④ 많은 학생이 지도력과 책임감을 키울 수 있다.
⑤ 학급 회의나 전교 학생회 회의를 열지 않아도 된다.

10 반대편의 발언은 토론의 절차 중에서 무엇에 해당하는지 골라 기호를 쓰시오.

> ㉮ 주장 펼치기
> ㉯ 반론하기
> ㉰ 주장 다지기

(　　　　　　　　　　　　　　　　　　)

7단원 핵심 복습

1 낱말의 뜻을 짐작하는 방법 알기

- 잘 모르는 낱말 앞뒤의 내용을 자세히 살펴보면서 낱말의 뜻을 짐작합니다.
- 이미 아는 친숙한 낱말로 바꾸었을 때 문장의 의미가 자연스러운지 살펴보며 낱말의 뜻을 짐작합니다.

> 낱말의 뜻을 짐작하며 글을 읽으면 낱말의 뜻을 제대로 이해하여 글을 잘 이해할 수 있어.

2 글을 요약하는 방법 알기

- 글을 짧게 간추립니다.
- 사소한 내용은 삭제하고, 중요한 내용만 간추립니다.
- 글에서 중요한 내용을 이해할 수 있게 간추립니다.

3 글의 구조에 따라 요약하기

- 글의 구조를 파악하며 읽습니다.

  예 여러 가지 글의 구조

- 문단의 중심 내용을 간추립니다.
- 글의 구조에 알맞은 틀을 그려 내용을 정리합니다.

글의 구조	틀
시간이나 공간의 순서에 따라 설명하는 글의 구조	☐ ↓ ☐ ↓ ☐ ↓ ☐
주제에 대해 몇 가지 특징을 늘어놓는 방법으로 설명하는 글의 구조	☐ ⊏ ☐ ☐ ☐

- 정리한 내용은 중요한 내용이 잘 드러나도록 간결한 문장으로 씁니다.

  예 「한지돌이」 내용 중 266~267쪽 요약하기

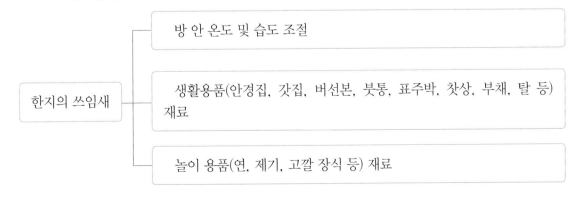

한지의 쓰임새
- 방 안 온도 및 습도 조절
- 생활용품(안경집, 갓집, 버선본, 붓통, 표주박, 찻상, 부채, 탈 등) 재료
- 놀이 용품(연, 제기, 고깔 장식 등) 재료

정답과 해설 37쪽

01 다음 빈칸에 공통으로 들어갈 알맞은 말을 쓰시오.

> 낱말의 뜻을 제대로 이해하지 못하고 ☐☐☐을/를 읽으면 낱말의 뜻을 제대로 짐작하지 못해서 ☐☐☐의 내용을 잘 이해할 수 없다.

( )

02 낱말의 뜻을 짐작하는 방법으로 알맞은 것에 ○표를 하시오.

(1) 글자 수가 비슷한 낱말로 바꾸어 본다.

( )

(2) 잘 모르는 낱말의 앞뒤 내용을 자세히 살펴본다.

( )

[03~04] 다음 글을 읽고, 물음에 답하시오.

> 귀가 ㉠어두워 무슨 말을 해도 제대로 알아듣지 못하는 만화 주인공 '사오정'을 아시나요? 만화 주인공 사오정과 비슷한 사람이 우리 주변에 많이 생겨나고 있습니다. 사오정이 ㉡뜬금없는 말로 우리에게 재미와 웃음을 주지만 요즘에 사오정들은 귀 건강을 위협받는 아주 위험한 상황에 놓여 있습니다.

03 ㉠의 뜻을 짐작하여 쓰시오.

( )

04 ㉡과 바꾸어 쓸 수 있는 낱말을 쓰시오.

( )

[05~06] 다음 글을 읽고, 물음에 답하시오.

> ㈎ 식물이 특별한 기술을 바탕으로 잎을 피우는 이유는 햇빛과 그림자 문제 때문입니다. 위의 잎이 바로 아래 잎과 겹치면 위에 있는 잎의 그림자 때문에 아래 잎은 햇빛을 받지 못합니다.
>
> ㈏ 식물의 자람에 영향을 주는 것은 햇빛입니다. 위의 잎이 바로 아래 잎과 겹치면 위에 있는 잎의 그림자 때문에 아래 잎은 햇빛을 받지 못하므로 식물은 다양한 모양으로 잎을 피웁니다. 줄기에 차례대로 잎을 붙여 나가는 모양인 '잎차례'로는 서로 어긋나게 피우는 '어긋나기', 줄기 한 마디에 잎 두 장이 마주 보는 '마주나기'가 있습니다. 한 마디에 잎이 석 장 이상 돌려나는 '돌려나기'도 있고, 잎이 한곳에서 모여나는 '모여나기'도 있습니다.

05 글 ㈎와 글 ㈏ 중에서 중요한 내용을 잘 요약한 글의 기호를 쓰시오.

( )

06 글 ㈎의 문제점으로 알맞은 것에 ○표를 하시오.

(1) 글이 너무 짧아서 중요한 내용이 드러나 있지 않다. ( )

(2) 분량이 길고 중요하지 않은 내용도 많이 들어 있다. ( )

07 다음 중 시간의 순서대로 글을 요약할 수 있는 틀에 ○표를 하시오.

(1)

( )

(2)

( )

학교 시험 만점왕

7. 중요한 내용을 요약해요

[01~03] 다음 글을 읽고, 물음에 답하시오.

우리의 귀 건강에 가장 큰 ㉠걸림돌은 '이어폰'입니다. 사람들 대부분이 이어폰으로 음악을 들으면 집중을 잘하기 때문에 학습하는 데 큰 ㉡힘이 될 것이라고 생각합니다. 하지만 이는 사실과 다릅니다. 양쪽 귀 바로 위쪽 부위에는 언어 중추가 있는 뇌 측두엽이 존재하는데 측두엽과 가까운 귀에 이어폰을 꽂으면 언어 중추가 음악 소리에 자극을 받기 때문에 학습 내용이 기억에 잘 남지 않습니다. 왜냐하면 측두엽은 기억력과 청각을 담당하기 때문입니다. 다시 말해 노래를 들으며 공부를 하면 뇌는 이 두 가지를 한꺼번에 처리해야 하기 때문에 어려움을 겪습니다. 그래서 일반적으로 뇌 과학자들은 음악 듣기는 고난도 학습이나 업무를 하는 데 도움을 주지 않는다고 설명합니다.

01 ㉠과 바꾸어 쓸 수 있는 낱말은 무엇입니까? ( )

① 선물   ② 주춧돌   ③ 보호물
④ 방해물   ⑤ 디딤돌

02 ㉡의 뜻을 짐작하는 방법에 ○표를 하시오.

(1) ㉡을 빼고 여러 번 읽어 본다.   ( )
(2) ㉡을 이미 아는 친숙한 낱말로 바꾸어 본다.
    ( )

03 ㉡의 뜻을 짐작하여 쓰시오.

( )

[04~05] 다음 글을 읽고, 물음에 답하시오.

㈎ 식물이 특별한 기술을 바탕으로 잎을 피우는 이유는 햇빛과 그림자 문제 때문입니다. 위의 잎이 바로 아래 잎과 겹치면 위에 있는 잎의 그림자 때문에 아래 잎은 햇빛을 받지 못합니다.

㈏ 식물의 자람에 영향을 주는 것은 햇빛입니다. 위의 잎이 바로 아래 잎과 겹치면 위에 있는 잎의 그림자 때문에 아래 잎은 햇빛을 받지 못하므로 식물은 다양한 모양으로 잎을 피웁니다. 줄기에 차례대로 잎을 붙여 나가는 모양인 '잎차례'로는 서로 어긋나게 피우는 '어긋나기', 줄기 한 마디에 잎 두 장이 마주 보는 '마주나기'가 있습니다. 한 마디에 잎이 석 장 이상 돌려나는 '돌려나기'도 있고, 잎이 한곳에서 모여나는 '모여나기'도 있습니다.

04 글 ㈎와 ㈏는 긴 글의 내용을 요약한 것입니다. 이와 같이 글을 요약하는 까닭을 생각하여 쓰시오.

_____
_____

05 글 ㈎와 ㈏ 중에서 다음 요약하기 평가 기준에 모두 만족시키는 글의 기호를 쓰시오.

• 글을 짧게 간추렸는가?
• 사소한 내용은 삭제하고 중요한 내용만 간추렸는가?
• 글에서 중요한 내용을 이해할 수 있게 간추렸는가?

( )

(가) 나는 숨을 쉬니까 집 단장에도 좋아. 더운 날에는 찬 공기 들여 시원하게 하고, 추운 날에는 더운 공기 잡아 따뜻하게 하지. 또 습한 날은 젖은 공기 머금어 방 안을 보송보송하게 하고, 건조한 날은 젖은 공기 내놓아 방 안을 상쾌하게 하지. 따가운 햇볕을 은은하게 걸러 주는 건 기본이고말고.

(나) 낡은 옷장에 나를 겹겹이 붙이면 새 옷장이 되고, 요리조리 모양 잡으면 안경집, 벼룻집, 갓집이 되지. 바늘, 실, 골무 같은 바느질 도구 넣는 반짇고리도 될 수 있어. 옷 만들 때는 옷본, 버선 만들 때는 버선본이 되고말고. 한겨울 옷 속에 나를 넣어 꿰매면 얼마나 따뜻하다고.

(다) 그뿐인가. 여기 보이는 게 전부 나로 만든 물건이야. 나를 새끼줄처럼 배배 꼬아 종이 노끈으로 만들어 엮으면 신발부터 붓통, 베개, 방석, 망태기가 되지. 옻칠하고 기름 먹이면 물 안 새는 표주박, 항아리, 요강도 되고말고. 저기 보이는 찻상, 구절판, 그릇은 물론이고, 팔랑팔랑 시원한 부채도 돼. 저 위에 걸려 있는 탈도 모두 나로 만든 거라고.

(라) 나는 흥겨운 놀이에도 빠지지 않아. 방패연, 가오리연이 되어 하늘을 훨훨 날 수도 있고, 제기가 되어 이리 펄쩍 저리 펄쩍 뛰기도 해. 풍물패 고깔 위에 알록달록 핀 예쁜 꽃도 바로 나야. 나는야 못 하는 게 없는 재주꾼, 한지돌이!

06 이 글의 주요 내용은 무엇입니까? (　　　)

① 한지의 종류
② 한지의 쓰임새
③ 한지의 독창성
④ 한지를 만드는 과정
⑤ 세계적으로 인정받는 한지

07 한지로 집을 단장하면 좋은 점으로 알맞지 <u>않은</u> 것은 무엇입니까? (　　　)

① 햇볕을 은은하게 걸러 준다.
② 시끄러운 소리를 차단해 준다.
③ 추운 날엔 집 안을 따뜻하게 해 준다.
④ 습한 날은 방 안을 보송하게 해 준다.
⑤ 더운 날에는 방 안을 시원하게 해 준다.

08 한지로 만들 수 있는 생활용품을 두 가지 이상 쓰시오.

(　　　　　　　　　　　　　　　　)

중요
09 글 (라)의 내용을 바르게 요약한 것의 기호를 쓰시오.

⑦ 한지를 이용해 악기를 만들 수 있다.
⑭ 한지는 우리 주변에서 흔히 찾아볼 수 있다.
⑭ 한지는 다양한 놀이 용품을 만들 때도 사용한다.

(　　　　　　　　　　　　　　　　)

10 이 글의 구조로 알맞은 것은 무엇입니까? (　　　)

① 순서 구조
② 나열 구조
③ 원인과 결과 구조
④ 비교와 대조 구조
⑤ 문제와 해결 구조

8 단원 핵심 복습

1 우리말이 훼손된 사례 살펴보기

- 외국어를 무분별하게 사용하지 않는지 살펴봅니다.
- 지나치게 줄임말을 사용하거나 맞춤법에 어긋나는 말을 쓰지 않는지 살펴봅니다.

> 우리말을 바르게 사용하지 않으면 뜻이 통하지 않을 수 있고, 아름다운 우리말이 사라질 수 있어.

2 발표 주제를 생각하며 자료를 조사하고 구성하기

- 조사 주제를 정합니다.
  - 실제로 조사할 수 있고, 조사 방법과 기간이 적절한 주제를 정합니다.
- 조사 주제에 맞는 조사 대상과 조사 방법을 정합니다.
- 조사 계획에 따라 조사하고, 발표 원고를 작성합니다.

시작하는 말에 들어가야 할 것	모둠 이름, 조사 주제, 발표 제목
전달하려는 내용에 들어가야 할 것	자료와 그 출처, 설명하는 말
끝맺는 말에 들어가야 할 것	발표한 내용, 모둠의 의견이나 전망

3 여러 사람 앞에서 조사한 내용을 발표하기

- 발표를 할 때 주의해야 할 점
  - 처음 시작하는 말에서 주제를 제시하거나 중요한 내용을 말할 때 목소리를 크게 합니다.
  - 주의 집중이 필요한 부분에서 목소리를 조금 작게 합니다.
  - 자료를 큰 화면으로 보여 주고 사진이나 실물은 여러 개 준비합니다.
  - 자료를 보여 주는 화면과 설명하는 말이 어긋나지 않도록 합니다.
- 발표를 들을 때 주의해야 할 점
  - 발표 주제가 무엇인지 알아야 합니다.
  - 자료는 정확한 것인지, 과장되거나 거짓된 내용이 없는지 판단하며 들어야 합니다.
  - 발표 내용이 주제와 관련 있는지 판단하며 들어야 합니다.

8단원 쪽지 시험

정답과 해설 38쪽

[01~04] 다음 그림을 보고, 물음에 답하시오.

01 그림 **가**에서와 같은 간판이 많아지면 어떤 문제가 생길 수 있는지 쓰시오.

( )

02 그림 **가**의 간판을 자연스러운 우리말로 바꾸어 쓰시오.

( )

03 ㉠의 말이 잘못된 까닭을 쓰시오.

( )

04 그림 **가**와 **나**처럼 우리말을 바르게 사용하지 않으면 생길 수 있는 문제점을 한 가지만 쓰시오.

( )

05 발표 주제를 생각하며 자료를 조사하고 구성하는 방법의 차례대로 기호를 쓰시오.

> ㉮ 조사 주제 정하기
> ㉯ 발표할 원고 구성하기
> ㉰ 조사 계획에 따라 조사하기
> ㉱ 조사 대상과 조사 방법 정하기

( ) → ( ) → ( ) → ( )

06 다음에서 설명하고 있는 조사 방법은 무엇인지 **보기**에서 골라 쓰시오.

> 장점: 여러 사람을 한꺼번에 조사할 수 있다.
> 단점: 답 내용 외에는 자세한 내용을 알기 어렵다.

보기

> 관찰   설문지   면담

( )

07 다음 그림을 통해 알 수 있는 발표할 때에 주의할 점으로 알맞은 것에 ○표를 하시오.

(1) 너무 빠른 속도로 말하지 않는다. ( )

(2) 발표 내용만 보면서 읽듯이 발표하지 않는다.

( )

학교 시험 만점왕

[01~02] 다음 그림을 보고, 물음에 답하시오.

> 수업 시간에 열공했더니 배고프다.

> 나도 배고픈데 편의점에서 삼김 사 먹을까?

01 남자아이의 말에서 잘못된 점은 무엇입니까? (   )

① 줄임말을 사용했다.
② 높임 표현을 잘못 사용했다.
③ 무분별하게 외국어를 사용했다.
④ 외국어와 우리말을 섞어서 사용했다.
⑤ 주어와 서술어의 호응이 맞지 않게 말했다.

02 여자아이의 말에서 잘못 사용한 우리말을 찾아 쓰고, 바르게 고쳐 쓰시오.

(1) 잘못 사용한 말: (   )
(2) 바르게 고친 말: (   )

[03~04] 다음 그림을 보고, 물음에 답하시오.

> 「거북이」라는 영화 봤어?

> 응, 노잼이었어.

> 주문하신 사과주스 나오셨습니다.

03 그림 속 간판에 사용된 말의 문제점으로 알맞은 것에 ○표를 하시오.

(1) 맞춤법에 맞지 않는 말을 썼다. (   )
(2) 글씨가 너무 작아 잘 보이지 않는다. (   )
(3) 같은 뜻의 우리말이 있는데도 영어를 사용했다. (   )

서술형 04 그림에서 우리말을 잘못 사용한 것을 찾아 쓰고, 문제가 되는 까닭을 쓰시오.

잘못 사용한 말	(1)
문제가 되는 까닭	(2)

중요 05 우리말을 잘못 사용하면 생길 수 있는 문제점을 모두 골라 기호를 쓰시오.

> ㉮ 뜻이 통하지 않을 수 있다.
> ㉯ 우리말을 간단하게 사용하기 힘들다.
> ㉰ 말에 담긴 우리의 정신도 훼손될 수 있다.

(   )

다음 그림을 보고, 물음에 답하시오.

08 **07**과 같은 조사 대상을 정한 까닭은 무엇입니까?

( )

① 수입품에 사용되는 영어가 많아서
② 아이들이 방송의 영향을 많이 받아서
③ 옷은 모든 학생들이 사용하는 것이라서
④ 방송에 출연하고 싶어 하는 아이들이 많아서
⑤ 학생들이 입는 옷에 영어가 많이 쓰여 있어서

09 조사 방법 중 '면담'의 단점으로 알맞은 것을 골라 기호를 쓰시오.

⑦ 답 내용 외에는 자세한 내용을 알기 어렵다.
④ 내가 찾고 싶은 정보를 쉽게 찾지 못할 수도 있다.
④ 시간이 오래 걸리고 원하는 인물과 면담을 하지 못할 수도 있다.

( )

06 이 모둠에서 조사하기로 한 주제는 무엇인지 쓰시오.

( )

07 이 모둠에서 정한 조사 대상으로 알맞은 것에 ○표를 하시오.

(1) 옷에 새긴 영어 ( )
(2) 방송에서 사용하는 영어 ( )

10 다음 그림을 통해 알 수 있는 발표할 때의 주의할 점은 무엇입니까? ( )

① 너무 빠른 속도로 발표하지 않는다.
② 바른 자세로 서서 진지하게 발표한다.
③ 자료를 제시할 때에는 꼭 출처를 밝힌다.
④ 한꺼번에 너무 많은 자료를 제시하지 않는다.
⑤ 듣는 사람이 알아듣기 쉬운 목소리로 발표한다.

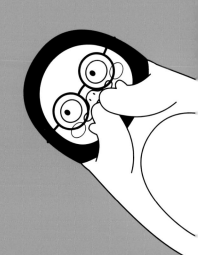

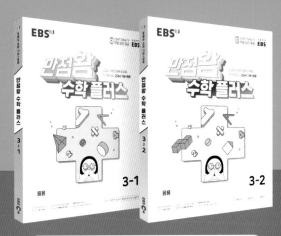

EBS와 **교보문고**가 함께하는 듄듄한 스터디메이트!

듄듄한 할인 혜택을 담은 **학습용품**과 **참고서**를 한 번에!

기프트/도서/음반 추가 할인 쿠폰팩

COUPON
PACK

+QR코드를 스캔하시면 듄듄문고 쿠폰팩을 다운받을 수 있는 이벤트 페이지로 연결됩니다+

영어 듣기 실전 대비서

초등 영어듣기평가 완벽대비

새 교육과정 반영

중학 내신 영어듣기,
초등부터
미리 대비하자!

전국 시·도교육청 영어듣기능력평가 시행 방송사 EBS가 만든
초등 영어듣기평가 완벽대비

'듣기 - 받아쓰기 - 문장 완성'을 통한 반복 듣기 ➔ 듣기 집중력 향상 + 영어 어순 습득

다양한 유형의 **실전 모의고사 10회** 수록 ➔ 각종 영어 듣기 시험 대비 가능

딕토글로스* 활동 등 **수행평가 대비 워크시트** 제공 ➔ 중학 수업 미리 적응

* Dictogloss, 듣고 문장으로 재구성하기

https://on.ebs.co.kr

★ ★ ★ ★ ★
초등 공부의 모든 것
EBS 초등ON

제대로 배우고 익혀서 (溫)
더 높은 목표를 향해 위로 올라가는 비법 (ON)
초등온과 함께 **즐거운 학습경험**을 쌓으세요!

아직 기초가 부족해서
차근차근
공부하고 싶어요.

조금 어려운 내용에
도전해보고 싶어요.

영어의 모든 것!
체계적인
영어공부를 원해요.

조금 어려운
내용에
**도전해보고
싶어요.**

학습 고민이 있나요?
초등온에는
친구들의 **고민에 맞는**
다양한 강좌가 준비되어 있답니다.

**학교 진도에
맞춰**
공부하고
싶어요.

초등 ON 이란?

EBS가 직접 제작하고 분야별 전문 교육업체가 개발한
다양한 콘텐츠를 바탕으로,

대표강좌

초등 목표달성을 위한 <**초등온**> 서비스를 제공합니다.

BOOK 3

해설책

BOOK 3 해설책으로
틀린 문제의 해설도
확인해 보세요!

초등 기본서

만점왕

국어

5·2

BOOK **3** 해설책

차례

1 단원
마음을 나누며 대화해요

교과서 내용 학습

8~16쪽

01 ②, ⑤   02 예 무시당하는 것 같아 화가 났을 것이다.
03 예 그랬구나. 내가 너처럼 그림 그리기를 좋아하면 나도
서운했을 것 같아.   04 ①   05 (1) ○ (3) ○   06 ②, ③
07 예 프라이팬이 망가졌기 때문에   08 예 부끄러움.   09
예 엄마가 자신을 이해해 주고 자신과 공감하며 대화를 나누
었기 때문에   10 (1) - ② (2) - ③ (3) - ①   11 세은   12
(1) - ① (2) - ② (3) - ③   13 ①, ②   14 예 그렇구나. 내
가 너처럼 넓은 청소 구역을 맡았다면 너와 같은 마음이 들
것 같아.   15 (2) ○   16 (1) ○ (2) ○   17 ④   18 예 얼굴
을 보고 말하기 어려운 마음과 생각을 전달할 수 있다.   19
②, ⑤   20 ③   21 ⑤   22 ①, ②   23 예 얼른 나아서 건강
하게 돌아오렴. / 보고 싶어. 사랑해, 친구야.   24 ⑤   25 ③
26 ②   27 예 그래, 맞아! 정말 자유로워 보여!   28 비행사
29 ①   30 ④   31 ④   32 ①   33 ③   34 (2) ○   35
예 "그렇구나. 나라를 빼앗겼으면 되찾으려 노력해야지. 내가
너를 도와주마."   36 ④   37 예 하늘을 난 / 비행사가 된
38 ②, ④   39 예 나도 그렇게 생각해. 당계요 장군을 만나서
도 당당히 자신의 꿈을 밝힌 것이 정말 멋졌어.

01 지윤이는 상대의 기분을 생각하지 않고 자신이 하고 싶
   은 말만 했습니다.

02 명준이는 지윤이에게 무시당하는 것 같아 화가 나고,
   지윤이가 미워졌을 것입니다.

03 친구의 기분을 생각하며 위로하는 말을 해야 합니다.

   채점 기준

   친구의 기분을 생각하며 위로하거나 격려하는 말을 썼으면 정
   답으로 인정합니다.

04 공감하는 대화를 하면 상대의 처지를 이해할 수 있고,
   상대의 마음을 알 수 있으며, 기분 좋은 대화를 즐겁게
이어 갈 수 있습니다.

05 공감하는 대화는 상대의 마음을 이해하고, 상대가 느끼
   는 감정과 같이 느끼며 귀 기울여 듣고, 상대를 배려하
   며 말하는 대화입니다.

06 현욱이는 부모님께서 오시면 피곤하실 것이라며 저녁
   밥을 해 먹고 설거지까지 했습니다.

07 현욱이 엄마는 현욱이가 철 수세미로 닦아 망가진 프라
   이팬을 보고 놀라셨습니다.

08 현욱이는 처음에 부모님의 일을 도와드렸다는 생각에
   뿌듯했는데 프라이팬을 망가뜨린 것을 알고, 부끄러워
   졌다가 엄마의 따뜻한 말씀을 듣고 마음이 풀렸습니다.

09 현욱이는 자신을 이해해 주는 엄마의 마음을 느꼈을 것
   입니다. 그래서 부끄러웠던 마음이 풀렸습니다.

10 그림 1 에서 현욱이 엄마는 현욱이의 말을 경청했으
   며, 그림 2 에서는 처지를 바꾸어 생각했고, 그림 3 에
   서는 공감하며 말했습니다.

11 현욱이 엄마는 현욱이의 마음이 고맙고 기특하며, 망가
   진 프라이팬보다 현욱이의 마음이 더욱 소중하기 때문
   에 화를 내지 않았을 것입니다.

12 말이나 행동으로 맞장구치기는 '경청하기', 말하는 사람
   의 처지가 되어 생각하기는 '처지를 바꾸어 생각하기',
   상대의 기분을 고려해 말하기는 공감하며 듣고 말하는
   방법 중 '공감하며 말하기'입니다.

   더 알아보기

   공감하며 듣고 말하는 방법

방법	활동
경청하기	• 말하는 사람에게 주의를 기울여 집중 해서 듣기 • 말이나 행동으로 맞장구치기 • 상대의 말 반복해 주기

처지를 바꾸어 생각하기	• 말하는 사람의 처지가 되어 생각하기 • 자신과 상대의 처지가 어떻게 다른지 생각하기
공감하며 말하기	• 상대의 기분을 고려해 말하기 • 자신의 잘못은 없는지 생각하며 말하기
생각을 정확히 전달하기	• 전하고 싶은 생각을 정확히 말하기 • 예의 바르게 또박또박 말하기
상대의 반응 살펴보기	• 자신의 말에 상대가 어떻게 반응하는 지 살펴보기

13 경청하는 방법으로 대화할 때에는 "그렇구나.", "그래서 어떻게 되었어?", "네 말이 그런 것이구나."라고 말할 수 있습니다.

14 상대의 처지를 이해한 후 상대의 마음에 공감하는 말을 하도록 합니다.

채점 기준

처지를 바꾸어 생각해 본 후 상대의 마음에 공감하는 말을 썼으면 정답으로 인정합니다.

15 누리 소통망은 '소셜 네트워크 서비스[SNS]'를 다듬은 말로, 온라인에서 자유롭게 글이나 사진 따위를 올리거나 나누는 것을 말합니다.

16 누리 소통망 대화는 자신의 생각을 나누고 싶거나 많은 사람에게 알릴 것이 있는 경우에 합니다.

17 누리 소통망 대화도 일반 대화와 마찬가지로 대화 상대가 있어야 합니다.

18 누리 소통망에서 대화하면 얼굴을 보고 말하기 어려운 마음과 생각을 전달할 수 있습니다.

채점 기준

직접 말하기 어렵거나 말할 기회가 없을 때 매체로 대화할 수 있다는 내용을 포함하여 썼으면 정답으로 인정합니다.

19 누리 소통망에서 대화할 경우 대화의 분위기를 알 수 없거나, 글자를 일일이 입력하는 것이 불편하거나, 얼굴을 보지 않고 대화해서 어색하다는 불편한 점이 있습니다.

20 📄에서는 대화방에 없는 친구를 험담하였습니다.

더 알아보기

누리 소통망 대화 예절을 지키지 않은 점
📄: 어지럽게 그림말을 지나치게 많이 사용했습니다.
📄: 대화방에 없는 친구를 험담했습니다.
📄: 상대에게 기분 나쁜 말을 했습니다.
📄: 원하지 않는 친구를 대화방에 초대했습니다.

21 예절을 지키며 누리 소통망 대화를 하기 위해서는 상대가 대화하고 싶은지 확인하고 말을 걸어야 합니다.

22 누리 소통망에서 대화할 때에는 말하고 싶은 내용을 정확하게 전달하고, 이상한 말이나 지나친 줄임말을 쓰지 않아야 합니다.

더 알아보기

예절을 지키며 누리 소통망에서 대화하는 방법
• 말하고 싶은 내용을 정확하게 전달합니다.
• 이상한 말이나 줄임말을 쓰지 않습니다.
• 상대가 대화하고 싶은지 확인하고 말을 걸어야 합니다.
• 혼자서 너무 많이 말하지 않도록 합니다.

23 아픈 친구의 처지를 생각하며 위로하고 격려하는 말을 생각해서 써 봅니다.

채점 기준

아픈 친구의 처지를 생각하며 친구가 듣기 좋아할 말, 격려하는 말을 썼으면 정답으로 인정합니다.

24 부모가 제 역할을 하지 못해서 자식이 고생하는 것이 미안했기 때문입니다.

25 목사님은 '내'가 똑똑하고 혼자서 열심히 공부했기 때문에 학교에 공짜로 보내 주셨습니다.

26 '나'는 비행기를 처음 보았을 때 하늘을 나는 비행기가 자유로워 보이고 신기하고 놀라웠으며, 발을 동동 구를 정도로 신이 났습니다. 그래서 하늘을 날고 싶다는 꿈이 생겼을 것입니다.

27 경청하기 방법에는 고개를 끄덕이거나 맞장구를 치는 방법이 있습니다.

채점 기준

상대의 말에 맞장구치는 내용의 말을 썼으면 정답으로 인정합니다.

28 '나'는 얼른얼른 커서 꼭 비행사가 될 것이라고 하였습

니다.

29 '내'가 살던 시대의 조선은 일본에 나라를 빼앗겨 고통
받고 있던 시절입니다.

30 비행기를 타고 날아가서 일본과 싸우는 꿈을 꾸었지,
바로 비행기를 탄 것은 아닙니다.

31 '나'는 중국으로 가서 비행사가 되어 일본과 싸우겠다고
생각했습니다.

32 중국의 비행 학교에서 여자는 들어올 수 없다고 하자
'나'는 당계요 장군을 만나 자신도 비행 학교에 들어갈
수 있게 해 달라고 설득했습니다.

33 비행 학교의 훈련이 너무 힘들고 위험하여 많은 학생들
이 떠났지만 '나'는 떠나지 않고 즐겁게 훈련을 받았습
니다.

34 당계요 장군은 나라를 되찾으려고 한 '나'의 마음에 공
감했기 때문에 도와준 것입니다.

35 처지를 바꾸어 생각하여 공감하는 말을 써 봅니다.
채점 기준
말하는 사람의 처지가 되어 생각한 후 상대의 마음을 이해하
고 헤아리는 말을 썼으면 정답으로 인정합니다.

36 '나'는 비행기를 타고 처음에는 깜짝 놀랐으나, 자유롭
고 세상이 아름답다고 느꼈으며 꿈을 이루어 기뻤을 것
입니다.

37 사람들은 권기옥을 처음으로 하늘을 난 우리나라 여자
라고 부릅니다.

38 ②와 ④는 ⑦과 같이 '목표, 이상, 행복 따위를 추구하
다.'는 뜻으로 쓰였으며, 나머지는 '어떤 대상을 잡거나
만나기 위하여 뒤를 급히 따르다.'나 '어떤 자리를 떠나
도록 몰다.'의 뜻인 '쫓다'를 써야 합니다.

39 친구의 말을 경청하고 처지를 바꾸어 생각하여 공감하
는 말을 써 봅니다.
채점 기준
경청하기, 처지를 바꾸어 생각하기, 배려하며 말하기의 방법으
로 알맞은 말을 썼으면 정답으로 인정합니다.

서술형 수행 평가 돋보기
17쪽

1 **예** 상대의 기분을 생각하지 않고 자기가 하고 싶은 말만 했다.
2 **예** 친구의 기분을 생각하며 말해야 한다. / 친구를 위로해
주어야 한다.
3 (1) **예** 그래? 무슨 일이야? 어서 말해 봐.
(2) **예** 힘내! 너는 그림을 열심히 그리니까 다음에는 꼭 뽑힐
거야.

1 지윤이는 대화를 나누는 상대의 기분을 생각하지 않고
자기가 하고 싶은 말만 했습니다.

채점 기준	
상	상대의 기분을 생각하지 않고 자기가 하고 싶은 말만 했다고 썼으면 만점입니다.
중	기분 나쁘게 말했다고만 써서 아쉽습니다.
하	지윤이의 태도에서 잘못된 점을 찾지 못해 점수를 받기 어렵습니다.

2 지윤이는 명준이의 기분을 생각하며 말하고, 서운해하
는 명준이를 위로해 주었어야 합니다.

채점 기준	
상	친구의 기분을 생각하며 말해야 했다거나 친구를 위로해 주어야 했다고 썼으면 만점입니다.
중	구체적으로 어떻게 말했어야 할지 쓰지 않고 바르고 고운 말을 써야 했다고만 써서 아쉽습니다.
하	지윤이가 어떻게 말했어야 할지 쓰지 못하여 점수를 받기 어렵습니다.

3 상대의 이야기를 경청하는 태도가 나타나게 ⑦을 고쳐
쓰고, 상대의 기분을 공감하며 말하도록 ⓒ을 고쳐 씁
니다.

채점 기준	
상	상대의 이야기를 경청하는 태도가 나타나게 ⑦을 고쳐 쓰고, 상대의 기분을 공감하며 말하도록 ⓒ을 고쳐 썼으면 만점입니다.
중	⑦과 ⓒ 중 하나만 바르게 고쳐 써서 아쉽습니다.
하	⑦과 ⓒ을 모두 바르게 고쳐 쓰지 못해 점수를 받기 어렵습니다.

정답과 해설 **5**

단원 확인 평가

01 ⑤ 02 철 수세미 03 ①, ③ 04 ④ 05 (3) ○ 06
⑤ 07 예 👦: 친구가 없는 대화방에서 친구를 나쁘게 말하
면 안 돼. / 👧: 그렇구나. 내가 잘못했어. 08 ③ 09 (1) ○
10 ⑤

01 공감하며 대화하면 대화가 즐겁게 이어지고, 말할 내용
이 풍부해지고, 상대와 사이가 더 좋아지고, 상대의 생
각을 쉽게 알 수 있습니다.

02 현욱이는 프라이팬을 철 수세미로 문질러 깨끗이 닦았
다고 했습니다.

03 현욱이와 엄마는 상대의 말을 경청하고, 처지를 바꾸어
생각한 후 상대를 공감하며 말하는 대화를 했습니다.

04 엄마가 자신의 마음을 이해해 주고 공감하는 말을 했기
때문에 현욱이의 마음이 풀린 것입니다.

05 상대의 기분을 고려해 말하고, 자신의 잘못은 없는지
생각하며 말하는 것은 '공감하며 말하기'의 활동에 해당
합니다.

06 누리 소통망에서 대화할 때에는 대화 상대의 얼굴이 보
이지 않기 때문에 대화 분위기를 쉽게 알 수 없어 불편
합니다.

더 알아보기

누리 소통망 대화로 좋아진 점
- 언제나 빨리 연락해 대화할 수 있습니다.
- 만나지 않고도 대화할 수 있습니다.
- 간편하게 편지를 보낼 수 있습니다.
- 급한 연락을 쉽게 할 수 있습니다.
- 많은 사람에게 소식을 전할 수 있습니다.

07 대화방에 없는 친구를 험담하지 말고, 바르고 고운 말
을 써서 대화해야 합니다.

채점 기준

친구를 험담하지 않고, 다른 사람의 마음에 상처를 주지 않는
바르고 고운 말로 고쳐 썼으면 정답으로 인정합니다.

08 여자는 비행 학교에 갈 수 없다는 사실을 알게 된 '나'는

드넓은 중국 땅을 가로질러 당계요 장군을 찾아가 설득
했습니다.

09 경청하고, 말하는 사람의 처지가 되어 생각한 후 상대
의 마음을 헤아리며 말한 것은 (1)입니다.

10 비행사가 되기 위해 열심히 공부하고, 비행 학교에서
거절당하자 드넓은 중국 땅을 가로질러 당계요 장군을
찾아가고, 위험한 비행 훈련도 견뎌 낸 '나'는 마음먹은
것은 반드시 이루려고 노력하며 인내심이 강한 성격입
니다.

> 1 단원에서 는
> 상대의 말에 공감하며 바르게
> 대화하는 방법을 공부했어.
> 가족이나 친구들과 공감하며
> 대화해 보자.

교과서 내용 학습

26~35쪽

01 (1) ⓐ 체육대회 때 주로 한다. (2) ⓐ 똑바로 서서 줄을 당기는 것보다 비스듬히 누워서 줄을 당기면 더 센 힘으로 줄을 당길 수 있다. (3) ⓐ 우리나라 민속놀이 가운데 하나로, 두 편이 나누어 힘을 겨루는 놀이다. 02 (1) ○ 03 ③, ⑤ 04 (2) ○ 05 ① 06 ③ 07 ② 08 ⓐ 영산 줄다리기는 상대의 기를 누르려고 함성을 지르는데, 내가 학교에서 줄다리기를 할 때에는 박자를 맞춰 줄을 당기기 위해 "영차" 소리를 지르며 줄을 당겼다. 09 ① 10 (1) 용 (2) 풍년 11 ④ 12 ⑤ 13 ⑤ 14 ④ 15 ④ 16 ⓐ 글을 읽다가 잘 모르는 내용이 나오면 먼저 관련 있는 지식을 공부한다. 17 (1) ○ 18 (1) 기계 장치 (2) 냉동 창고 19 ② 20 ④, ⑤ 21 ① 22 ④ 23 ⑤ 24 ⓐ 조선 시대에는 빙고가 관청이었다 25 ① 26 ② 27 ⑤ 28 ⓐ 주위보다 온도가 높은 기체는 위로 올라가고, 주위보다 온도가 낮은 기체는 아래로 내려간다는 사실을 과학 시간에 배운 적이 있어. 29 ②, ⑤ 30 ④ 31 (2) ○ 32 ①, ④ 33 ⑤ 34 다경 35 ⓒ, ⓐ 36 ④, ⑤ 37 ① 38 민주 39 ② 40 ⓐ ₪에서 상설 전시실의 이름뿐만 아니라 보다 자세한 전시 내용을 설명하면 좋을 것 같다.

01 줄다리기와 관련한 경험, 줄다리기에 대해 배운 내용 등을 떠올려 자유롭게 써 봅니다.

02 줄다리기는 줄을 당길 때보다 줄다리기를 준비하는 과정에 더 많은 뜻이 있다고 하였습니다.

03 작은 줄을 만들어 아이들이 먼저 경기를 벌이고, 이후 장정들이 짚을 모아 마을 사람들과 함께 모두 모여 줄을 만듭니다.

04 윤지는 줄다리기를 하는 줄의 굵기가 15센티미터 정도일 것이라고 생각했는데, 그것보다 열 배나 더 굵은 줄을 사용한다는 것을 알게 되어 놀랐습니다.

05 줄을 다 만들면 여러 마을에서 모인 농악대가 앞장을 섭니다.

06 줄을 메고 가는 모습을 멀리서 보면, 마치 용이 꿈틀거리는 것 같다고 하였습니다.

07 줄을 당길 장소에 다다르면 양편에서는 상대의 기를 누르려고 있는 힘을 다하여 함성을 지릅니다.

08 줄다리기와 관련된 경험이나 지식을 떠올려 씁니다.

채점 기준

줄다리기와 관련된 경험이나 지식을 떠올려 썼으면 정답으로 인정합니다.

09 줄다리기 놀이는 농사와 관련이 깊습니다.

10 줄다리기가 농사와 관련이 깊은 까닭은 물을 다스리는 신인 용을 닮은 줄을 만들고, 그 줄로 줄다리기를 해서 용을 기쁘게 하면 풍년이 든다고 생각했기 때문입니다.

11 윤지는 글을 읽으며 풍물놀이도 풍년을 기원하며 많이 해 왔다고 배운 내용을 떠올렸습니다.

12 글을 읽을 때 자신이 아는 지식이나 경험을 떠올리면 글 내용을 쉽고 깊이 이해할 수 있고, 글 내용에 흥미를 느낄 수 있으며, 이미 아는 내용과 비교하며 글을 읽을 수 있어 좋습니다.

13 줄다리기는 봄기운이 시작되는 정월에 하였습니다.

14 줄다리기에는 봄기운이 시작되는 정월에 풍년을 기원하고, 큰 행사를 치르면서 마을 사람들이 마음을 한데 모아 한 해 농사를 무사히 지으려는 지혜가 담겨 있습니다.

15 영산 줄다리기는 1969년에 국가 무형 문화재(문화유산)로 지정되었습니다.

16 글과 관련된 내용을 공부하거나 관련 있는 책을 찾아 읽거나 글을 골라 읽을 때 관련된 지식이나 경험이 많은 것으로 골라 읽으면 됩니다.

채점 기준

글과 관련된 내용을 공부한다거나 관련 있는 책을 찾아 읽는다거나, 글 내용과 비슷한 경험이나 관련 지식이 많은 내용을 찾아 읽는다고 썼으면 정답으로 인정합니다.

17 이 글의 제목만 보고 질문을 만든 것은 (1)입니다. (2)는 자신이 아는 내용과 글의 내용을 관련지은 질문을 만든 것입니다.

18 냉장고는 냉기나 얼음을 인공적으로는 만드는 기계 장치이지만, 빙고는 겨울에 보관해 두었던 얼음을 봄·여름·가을까지 녹지 않게 효과적으로 보관하는 냉동 창고입니다.

19 우리나라에서 얼음을 보관하기 시작한 것은 『삼국사기』의 기록에서 찾아볼 수 있으므로, 얼음을 보관하기 시작한 최초의 기록은 삼국 시대라고 할 수 있습니다.

20 글 내용과 관련된 자신의 지식이나 경험을 떠올려 생각한 내용을 써 보고, 글에서 답을 찾을 수 없는 질문을 떠올려 써 보며 글을 읽자고 안내하였습니다.

21 조선 시대에는 서울 한강가에 얼음 창고를 만들었습니다.

22 동빙고는 왕실의 제사에 쓰일 얼음을 보관했습니다.

23 한겨울에 얼음을 보관했다가 쓰는 기술을 '장빙'이라고 했습니다.

24 글 내용 중 새롭게 알게 된 점이나 신기한 점을 찾아 씁니다.

25 경주 석빙고가 어떤 구조로 만들어져 있는지 자세히 설명하고 있습니다.

26 천장의 장대석을 걸친 곳에는 더운 공기가 밖으로 빠질 수 있도록 밖으로 통하는 공기구멍이 세 개가 나 있습니다.

27 석빙고는 더운 공기가 빠져나가고 찬 공기가 오랫동안 머물 수 있는 구조로 만들어져 있습니다.

28 5학년 1학기 과학 시간에 배운 열의 이동에 관한 내용 중 글의 내용과 관련된 내용을 떠올려 써 봅니다.

29 석빙고의 얼음을 왕겨나 짚으로 싸서 보관한 까닭은 왕겨나 짚이 단열 효과를 높이기도 하지만, 얼음이 약간 녹을 때 주변 열도 흡수하므로 왕겨나 짚의 안쪽이 온도가 낮아져 얼음을 오랫동안 보관할 수 있습니다.

30 석빙고를 통해 조상들의 과학적인 지혜를 한껏 엿볼 수 있습니다.

31 ㉠은 알고 싶은 내용을 떠올려 쓴 질문입니다.

32 지식이나 경험을 활용해 글을 읽는 방법으로는 책을 읽을 때 궁금한 점은 다른 책이나 자료를 찾아 가며 읽기, 자신이 아는 내용과 책 내용을 비교하며 읽기, 글을 읽기 전에 여러 가지 질문을 떠올려 본 뒤 떠올렸던 질문을 생각하며 읽기 따위의 방법이 있습니다.

33 국립한글박물관을 다녀와서 쓴 글입니다.

34 글쓴이는 국립한글박물관의 한글 놀이터, 한글 배움터, 특별 전시실을 관람하고 이 글을 썼습니다.

35 ㉠과 ㉡은 체험, ㉢과 ㉣은 감상에 해당합니다.

36 체험과 감상이 드러나는 글을 쓸 때에는 체험에서 글쓴이가 본 것, 들은 것, 한 것 등을 자세히 풀어 쓰고, 체험한 일에 대한 생각이나 느낌이 생생하게 전달되도록 씁니다.

37 한글의 우수성에 대한 정보는 알 수 없습니다.

38 민주는 지하철역에서 국립한글박물관까지 걸어가 본 경험을 활용해서 글에 대한 의견을 말하였습니다.

39 지식이나 경험을 활용해 글을 고치면 글의 내용을 정확하고 자세하며, 바르고 생생하게, 그리고 이해하기 쉽게 고쳐 쓸 수 있습니다.

40 글 내용에 대해 보충할 부분, 고칠 부분 등을 읽는 사람이 이해하기 쉬운 방향으로 써 봅니다.

서술형 수행 평가 돋보기

36쪽

1 ⃟예 주위보다 온도가 높은 기체가 위로 올라가고 온도가 낮은 기체는 아래로 내려간다는 것

2 ⃟예 온도가 높은 공기가 위로 올라가고 온도가 낮은 공기는 아래로 내려가서 머무르기 때문에 석빙고의 바닥이 낮은 기온을 유지해 얼음을 보관할 수 있었던 것 같다.

3 ⃟예 글을 읽을 때 더욱 집중할 수 있었고, 내가 아는 지식이나 경험이 더 풍부해지는 것 같아 좋았다.

1 주위보다 온도가 높은 기체가 위로 올라가고 온도가 낮은 기체는 아래로 내려간다는 사실이 이 글의 내용과 관련이 있습니다.

채점 기준

상	주위보다 온도가 높은 기체가 위로 올라가고 온도가 낮은 기체는 아래로 내려간다는 사실이 직접 관련 있다고 썼으면 만점입니다.
중	고체 물질을 따라 온도가 높은 곳에서 온도가 낮은 곳으로 열이 이동한다는 내용을 썼으나, 기체에 관한 내용과 직접적 관련이 없어 아쉽습니다.
하	주위보다 온도가 높은 액체가 위로 올라가고 위에 있던 액체가 아래로 내려오면서 열이 이동한다는 내용을 써서 점수를 받기 어렵습니다.

2 주위보다 온도가 높은 공기가 위로 올라가고 온도가 낮은 공기는 아래로 내려가기 때문에 석빙고의 바닥이 낮은 기온을 유지해 얼음을 보관할 수 있다는 사실을 이해할 수 있습니다.

채점 기준

상	주위보다 온도가 높은 공기가 위로 올라가고 온도가 낮은 공기는 아래로 내려가기 때문에 석빙고의 바닥이 낮은 기온을 유지해 얼음을 보관할 수 있다는 사실을 이해했으면 만점입니다.
중	**1**에 나온 과학 지식을 썼으나 글 내용 이해에 적용시키지 못해 아쉽습니다.
하	과학 시간에 배운 지식을 쓰지 못하고, 글 내용 이해에도 적용시키지 못해 점수를 받기 어렵습니다.

3 지식이나 경험을 활용해 글을 읽으면 글 내용을 더 쉽고 깊이 이해할 수 있고, 이미 아는 내용과 비교해 더 흥미를 느끼며 읽을 수 있습니다.

채점 기준

상	지식이나 경험을 활용해 글을 읽으면 내용을 더 쉽게, 깊이 이해할 수 있고, 이미 아는 내용과 비교할 수 있고, 더 흥미 있게 읽을 수 있다는 내용을 썼으면 만점입니다.
중	지식이나 경험을 활용해 글을 읽으면 좋은 점이 아니라, 지식이나 경험을 활용해 글을 읽는 방법이나 경험을 써서 아쉽습니다.
하	지식이나 경험을 활용해 글을 읽으면 좋은 점이나 읽는 방법 등 관련 내용을 전혀 쓰지 못해 점수를 받기 어렵습니다.

단원 확인 평가

40~41쪽

01 ⑤ **02** (2) ◯ **03** ⃟예 책에서 옛날 사람들은 용이 비를 내리게 하는 능력이 있다고 믿었다는 내용을 읽은 적이 있어. **04** ② **05** 지안 **06** (1) − ③ (2) − ① (3) − ② **07** (1) 비교 (2) 질문, 질문 **08** ㉤ **09** ② **10** ①, ③

01 우리 조상들은 용을 닮은 줄을 만들어 흥겹게 줄다리기를 해서 용을 기쁘게 하여 풍년을 기원하기 위해 줄다리기를 했습니다.

02 윤지는 자신이 알고 있는 지식이나 경험을 활용해 글을 읽고 있습니다.

03 글 내용과 관련하여 이미 알고 있는 지식이나 읽은 책의 내용, 들은 내용 등을 떠올려 씁니다.

채점 기준

줄다리기나 윷놀이, 풍년을 기원하는 행위, 용에 관한 내용 등 글과 관련하여 알고 있는 지식이나 경험을 떠올려 썼으면 정답으로 인정합니다.

04 석빙고는 얼음을 녹지 않게 보관했던 장소이므로, 빙실 아래의 찬 공기가 오래 머물 수 있어 얼음이 적게 녹았던 것임을 짐작할 수 있습니다.

05 지안은 과학 시간에 배운 기체와 관련된 내용을 활용해 글의 내용을 잘 이해했습니다. 데워진 공기가 지붕의 구멍으로 빠져나가서 찬 공기가 아래에 계속 있을 수 있는 것이므로 진세는 글의 내용을 잘 이해하지 못했습니다.

06 (1)은 새롭게 안 것, (2)는 짐작한 것, (3)은 알고 싶은 것에 해당합니다.

07 자신이 아는 내용과 책 내용을 비교하며 읽으며, 글을 읽기 전에 여러 가지 질문을 떠올려 본 뒤 떠올렸던 질문을 생각하며 글을 읽습니다.

08 ㉠~㉣은 본 것, 들은 것, 한 일 등 체험에 해당하고, ㉤은 글쓴이의 생각이나 느낌인 감상에 해당합니다.

09 자신의 경험을 활용해 의견을 말하고, 글에서 보충할 부분에 대해 말했으며, 읽는 사람의 처지에서 이해하기 쉬운 방향과 표현에 대해 말하였습니다.

10 ①과 ③은 글의 '내용'에 관한 평가 기준이고, ④와 ⑤는 글의 '조직'에 관한 평가 기준이며, ②는 '표현'에 관한 평가 기준입니다.

2단원에서는 지식이나 경험을 활용해 글을 읽고 쓰는 방법을 공부했어.

의견을 조정하며 토의해요

교과서 내용 학습

44~50쪽

01 ③ 02 (1) - ③ (2) - ① (3) - ② 03 (1) ○ 04 예 박이슬 학생이 토의 과정에 적극적으로 참여하지 않았다. / 박이슬 학생이 문제를 해결하는 데 무관심한 태도를 보였다. 05 ⑤ 06 ④ 07 (1) ○ 08 민우 09 ①, ⑤ 10 (2) ○ 11 건강한 학교생활을 하려면 틈새 시간을 어떻게 활용해야 할까? 12 (2) ○ 13 신문 기사 14 (2) ○ 15 (1) - ② (2) - ① 16 예 자료 읽기에 필요한 시간과 노력을 절약하기 위해서이다. 17 ②, ③ 18 ①, ③ 19 ⑤ 20 승기 21 ③ 22 (2) ○ 23 ⑤ 24 ①, ③ 25 예 글을 읽는 것보다 더 쉽고 빠르게 이해할 수 있기 때문이다. 26 ② 27 도형 28 (1) 학교 운동장 (2) 학교 급식실 29 ③ 30 ③, ④ 31 (1) 예 자율 배식을 하자. (2) 예 자신이 먹을 만큼만 음식을 가져가기 때문에 음식물 쓰레기가 생기지 않을 것이다. 32 (2) ○

01 미세 먼지 문제를 어떻게 대처할지에 대한 문제를 토의하고 있는 상황입니다.

02 그림 1~2에서는 상대의 의견을 비판하기만 하며 상대 의견의 장점을 받아들이지 않고 있고, 그림 3~4에서는 상대의 기분을 배려하지 않고 말했습니다. 그림 5~6에서는 '미세 먼지 대처 방안'이라는 토의 주제와 관련 없는 근거를 말하였습니다.

03 의견을 조정하지 않으면 토의를 원활하게 진행할 수 없고, 말하는 사람들끼리 갈등이 생깁니다.

더 알아보기

의견을 조정해야 하는 까닭: 모두가 받아들일 수 있는 결론을 정할 수 있기 때문입니다.

04 박이슬 학생처럼 토의 과정에 적극적으로 참여하지 않고, 문제를 해결하는데 무관심한 태도를 보이는 것은 바람직하지 않습니다.

채점 기준

토의 과정에 적극적으로 참여하지 않았다거나 무관심한 태도를 보였다고 썼으면 정답으로 인정합니다.

05 사회자는 토의로 해결할 문제를 정확하게 파악하기 위해 토의로 해결할 문제를 다시 물어보았습니다.

06 결과 예측하기 단계에서는 의견대로 실천했을 때 결과를 생각해 보거나 의견을 실천했을 때 일어날 수 있는 문제점을 예측해 봅니다.

더 알아보기

토의 과정에서 의견을 조정하는 방법

의견을 조정하는 방법	내용
문제 파악하기	• 해결하려는 문제를 정확히 파악함. • 여러 사람의 다양한 의견을 들어 봄.
의견 실천에 필요한 조건 따지기	• 자료를 찾아 의견을 뒷받침함. • 문제를 해결하기에 적합한 의견인지 생각함.
결과 예측하기	• 의견대로 실천했을 때 결과를 생각함. • 의견을 실천했을 때 일어날 수 있는 문제점을 예측해 봄.
반응 살펴보기	• 어떤 의견을 더 따르고 싶어 하는지 살펴봄. • 의견에 대한 토의 참여자의 생각을 들음.

07 먼저 문제를 파악한 후 의견 실천에 필요한 조건을 따져 보았고, 결과를 예측한 후 의견에 대한 참여자의 의견을 들어 반응을 살펴보았습니다.

08 그림 가, 다에서는 아무런 자료 없이 의견을 말하고 있고, 그림 나, 라에서는 신문 기사와 책 등 자료를 제시하며 말하고 있습니다.

09 그림 나의 신문 기사처럼 눈으로 확인하기 쉬운 자료에는 사진, 그림, 도표 등이 있습니다.

10 책, 보고서, 설문 조사 따위의 읽기 자료를 제시하면 발표 내용 이외에도 더욱 풍부한 정보를 얻을 수 있습니다.

11 건강한 학교생활을 하려면 틈새 시간을 어떻게 활용할지에 대해 토의하고 있습니다.

12 아이들은 자신들의 의견을 뒷받침하는 근거를 자세히 확인하려고 자료를 찾아보려 합니다.

13 여자아이는 신문 기사를, 남자아이는 책에서 정보를 찾고 있습니다.

14 남자아이는 읽어야 할 책이 많아 한꺼번에 읽기 힘들어서 곤란해하고 있습니다.

15 ⑦는 기사문과 보도문의 읽기 방법, ⑭는 책 읽기 방법에 해당합니다.

16 자료 읽기에 필요한 시간과 노력을 절약하기 위해서 훑어 읽습니다.

채점 기준

빨리 읽기 위해서, 시간을 절약하기 위해서라고 썼으면 정답으로 인정합니다.

17 신문 기사나 보도문은 제목을 중심으로 훑어 읽다가 의견을 뒷받침하는 글을 찾아 자세히 읽고, 책도 차례를 살펴 건너뛰며 읽다가 의견을 뒷받침하는 내용을 찾아 자세하게 읽습니다.

책에서 차례를 살펴보는 까닭은 차례를 보면 책의 주요 내용과 흐름을 알 수 있기 때문이야.

18 믿을 수 있고 정확한 자료임을 나타내기 위해서 자료의 출처를 밝힙니다.

19 자료의 내용으로 보아 텔레비전 방송 뉴스 보도에서 찾은 자료임을 알 수 있습니다.

20 이 자료에는 사진, 표 등이 제시되지 않았습니다.

21 [19~20]의 뉴스 보도와 비교할 때, 이 글은 내용을 읽기 쉽게 요약했습니다.

22 내용을 읽기 쉽게 요약했지만 좀 더 알기 쉽게 표현하려면 표나 도표를 이용해서 나타낼 수 있습니다.

23 비만 학생 수를 도표로 나타내었습니다.

24 건강 달리기의 효과를 간단히 줄여 쓴 후 도형과 선, 화살표를 이용해 연결하여 알기 쉽게 나타내었습니다.

25 도표나 그림 등을 이용하면 글을 읽는 것보다 더 쉽고 빠르게 이해할 수 있습니다.

채점 기준

이해가 쉽다, 보기에 쉽고 편리하다는 내용으로 썼으면 정답으로 인정합니다.

26 글씨 크기는 뒤에 앉은 친구들도 알아볼 수 있는 크기로 쓰고, 제목과 내용의 크기를 다르게 하여 적절하게 표현해야 합니다.

27 중요한 내용을 요약하여 사진, 그림, 그래프 등으로 자료를 이해하기 쉽고 간단하게 나타내어야 합니다. 많은 자료를 사용하면 오히려 복잡해서 이해하기가 어렵습니다.

28 그림 ⑦는 학교 운동장에서, 그림 ⑭는 학교 급식실에서 일어나는 문제입니다.

29 운동장을 이용하는 학생 수가 너무 많아서 편안하고 안전하게 운동장이나 축구 골대를 사용할 수 없는 문제가 있습니다.

30 음식물 쓰레기가 너무 많고, 음식을 먹을 만큼 받을 수 없는 문제가 있습니다.

31 자율 배식을 하자거나, 먹지 못하는 음식은 미리 알려 드리자는 등의 의견이 있을 수 있습니다. 그렇게 하면 음식물 쓰레기의 양을 줄일 수 있습니다.

채점 기준

음식물 쓰레기의 양을 줄일 수 있는 의견을 쓰고, 그렇게 하면 음식물 쓰레기의 양을 줄일 수 있다는 근거를 썼으면 정답으로 인정합니다.

32 의견 조정의 내용을 보면 자율 배식을 했을 때의 문제점이 두드러지므로, (2)의 의견으로 조정할 수 있음을 예측할 수 있습니다.

1 (1) ⑩ 의견을 조정하는 과정 / 의견 모으기 과정

2 ⑩ 의견을 조정해야 모두가 받아들일 수 있는 결론을 정할 수 있기 때문이다.

3 ⑩ 의견과 발언에 집중한다. / 해결 방안을 끝까지 알아본다. / 자신의 생각을 적극적으로 표현한다. / 결정한 의견에 따른다.

1 토의의 과정 중 의견을 조정하는 과정에 해당합니다.

2 토의를 할 때 의견 조정하기 과정을 거치는 이유는 사람마다 생각이 다양하고 의견이 충돌하는 것은 자연스러운 일이기 때문입니다. 참여자 모두가 받아들일 수 있는 결론을 정할 수 있기 때문에 의견 조정하기 단계가 필요합니다.

채점 기준	
상	의견 조정하기 과정이 필요한 까닭을 모두가 받아들일 수 있는 결론을 정할 수 있어서라고 썼으면 만점입니다.
중	의견 조정하기 과정이 필요한 까닭이 아닌 의견 조정하기 단계에서 할 일 등을 써서 아쉽습니다.
하	의견 조정하기 과정과 관련 없는 내용을 써서 점수를 받기 어렵습니다.

3 의견을 조정하는 과정에서는 의견과 발언에 집중하는 태도, 해결 방안을 끝까지 알아보는 태도, 자신의 생각을 적극적으로 표현하는 태도, 결정한 의견에 따르는 태도 등이 필요합니다.

채점 기준	
상	의견을 조정하는 과정에서 필요한 바람직한 태도를 두 가지 이상 썼으면 만점입니다.
중	의견을 조정하는 과정에서 필요한 바람직한 태도를 한 가지만 써서 아쉽습니다.
하	의견을 조정하는 과정에서 필요한 바람직한 태도를 쓰지 못해 점수를 받기 어렵습니다.

01 (1) ○ (2) ○ 02 ③ 03 ① 04 ④ 05 (1) ○ (2) ○
06 ⑩ 정보를 눈으로 직접 확인할 수 있어 의견과 근거를 이해하기 쉽다. 07 ⑩ 필요한 내용을 정리하고 글쓴이와 출판사를 쓴다. 08 (1) – ① (2) – ② 09 ③ 10 ②

01 전호영 학생은 상대에게 예의를 지키지 않고 말했고, 박이슬 학생은 문제를 해결하는 데 무관심한 태도를 보였습니다. 최혜민, 이정우 학생이 토의 주제와 관련 없는 근거를 들기는 했으나, 주제와 관련 없는 의견을 주고받은 사람은 없습니다.

02 의견을 조정하지 않으면 모두가 동의하는 의견을 찾을 수 없습니다. 또 미세 먼지 문제에 적절히 대처하거나 합리적으로 해결할 수 없어 질병이 발생할 수 있고, 문제를 토의로 해결하려고 하지 않게 될 것입니다. 그리고 토의를 원활하게 진행할 수 없고 말하는 사람들끼리 갈등이 생길 수 있습니다. 그리고 문제를 합리적으로 해결할 수 없습니다.

03 의견을 조정할 때에는 가장 먼저 문제를 파악하고, 두 번째 의견 실행에 필요한 조건을 따져 본 후, 세 번째 결과를 예측하고, 마지막으로 반응을 살펴보아야 합니다.

04 의견을 조정할 때에는 의견과 발언에 집중하고, 해결 방안을 끝까지 알아보며, 자신의 생각을 적극적으로 표현하고, 결정한 의견에 따라야 합니다. 자신의 의견을 끝까지 고집해서는 안 됩니다.

05 (1)과 (2)처럼 상대의 의견을 인정해 주며 예의 바르게 말해야 합니다. (3)처럼 상대의 기분을 상하게 하거나 상대를 무시하는 태도의 말을 해서는 안 됩니다.

06 자료를 제시하여 의견을 말하면 의견을 뒷받침하는 근거로 사용할 수 있고, 발표를 듣는 이는 정보를 눈으로 직접 확인할 수 있어 의견과 근거를 이해하기 쉽습니다.

의견을 뒷받침하는 근거로 사용할 수 있다거나, 의견과 근거를 이해하기 쉽다는 내용을 포함하여 썼으면 정답으로 인정합니다.

07 먼저 찾고 싶은 자료와 관련한 책을 찾아 차례를 살펴본 후 내용을 건너뛰며 읽습니다. 의견을 뒷받침하는 내용을 찾아 좀 더 자세하게 읽습니다. 그리고 필요한 내용을 정리하고 글쓴이와 출판사를 씁니다.

08 ㈎는 방송 뉴스 보도 그대로의 자료이며, ㈏는 '아동 건강 문제'와 관련하여 요약한 것이고, ㈐는 내용을 도표로 알기 쉽게 나타낸 것입니다.

09 100명의 학생 중 비만에 해당하는 학생을 도표로 나타내어 내용을 한눈에 이해할 수 있습니다.

10 표현한 자료가 알기 쉬운지 검토해 보려면 중요한 내용을 잘 요약했는지, 자료를 이해하기 쉽고 간단하게 나타내었는지, 사진 또는 그림은 설명하는 대상을 잘 나타내었는지, 보기 쉽게 자료를 배치하였는지 살펴봅니다. 자료의 양은 많고 자세하다고 좋은 것이 아니라 중요한 내용을 간단히 나타내는 것이 좋습니다.

3단원에서는 토의 과정에서 의견을 조정하는 방법을 공부했어.

4 단원
겪은 일을 써요

교과서 내용 학습

60~64쪽

01 ④ 02 어제저녁에 방에서 컴퓨터를 하는데 졸음이 밀려왔다. 03 (1) 문을 열어 보라고 하시는데 어머니의 목소리가 별로 좋아 보였다. (2) 예 문을 열어 보라고 하시는데 어머니의 목소리가 별로 좋아 보이지 않았다. 04 ⑤ 05 예 그만 나는 피식 웃어 버렸다. 06 ④ 07 (1) - ① (2) - ③ (3) - ② 08 (1) 예 우리가 환경을 보호해야 하는 까닭은 그 피해가 결국 우리에게 돌아오기 때문이다. (2) 예 할아버지께서는 얼른 진지를 다 잡수시고 또 일하러 나가셨다. (3) 예 어제저녁 우리 가족은 함께 동네 공원으로 산책을 나갔다. 09 (1) ○ 10 ③, ⑤ 11 예 좋아하는 편이 아니다 12 ③ 13 소중하다는 것을 느꼈다, 소중하다는 것이다 14 ④, ⑤ 15 ③ 16 (1) - ① (2) - ③ (3) - ② 17 ①, ② 18 ㉰ → ㉱ → ㉭ → ㉮ → ㉠ 19 (3) ○ 20 (1) 예 학급 누리집 (2) 예 반 친구들이 모두 사용할 수 있는 매체이기 때문에 21 (1) ○ (3) ○ 22 ㉭ → ㉮ → ㉠ → ㉰ 23 ⑤

01 동생과 장난을 쳤는데 아버지께서 윤서에게만 큰소리로 꾸중을 하셨습니다.

02 '어제저녁'에 있었던 일이므로 과거의 일을 나타내는 말로 고쳐야 합니다.

03 글을 읽고 호응이 바르지 않아서 어색한 문장을 찾아 고쳐 봅니다.
채점 기준
호응 관계가 잘못된 문장을 찾아 바르게 고쳐 썼으면 정답으로 인정합니다.

04 '아버지'는 높임의 대상이므로 알맞은 높임 표현을 써야 합니다.

05 '웃어 버렸다'에 대한 주어가 잘못되었습니다. '그만 나는 피식 웃어 버렸다.'와 같이 고쳐야 합니다.

06 윤서는 어떤 내용을 글로 쓸지 쓸 내용을 떠올리고 있습니다.

07 ㉮는 주어인 '환경을 보호해야 하는 까닭은'과 서술어인 '돌아오는 것이라고 생각한다'의 호응이 바르지 않고, ㉯는 '할아버지'에 알맞은 높임의 대상을 나타내는 말과 서술어를 사용하지 않았습니다. ㉰는 '어제저녁'에 있었던 일인데 서술어는 '나간다'로 현재를 나타내는 말을 썼습니다.

08 주어와 서술어의 호응, 시간을 나타내는 말과 서술어의 호응, 높임의 대상을 나타내는 말과 서술어의 호응 관계를 살펴보고 바르게 고쳐 씁니다.
채점 기준
문장의 호응 관계에 따라 바르게 고쳐 썼으면 정답으로 인정합니다.

09 '결코'는 '-지 않다, -지 못하다'와 같은 부정적인 서술어 혹은 '안', '못'이 꾸며 주는 서술어와 함께 사용합니다.

10 '전혀 들어 보지 않았다', '전혀 들어 본 내용이 아니었다' 등의 부정을 나타내는 서술어로 고쳐야 합니다.

11 '결코, 전혀, 별로'와 같은 낱말은 '-지 않다, -지 못하다'와 같은 부정적인 서술어와 호응합니다.

12 '여간, 도무지, 도저히, 그다지, 좀처럼'과 같은 낱말은 부정적인 서술어와 호응합니다.

13 '느낀 점은 ~ 느꼈다'가 되므로 주어와 서술어의 호응이 바르지 않습니다.

14 '결코'는 '-지 못하다', '-지 않다' 따위의 부정을 나타내는 서술어와 호응합니다.

15 '전혀'는 '-지 못하다', '-지 않다' 따위의 부정을 나타내는 서술어와 호응합니다.

16 '만약'은 '-면, -ㄴ다면, -거든' 따위의 말과, '도저히'는 부정의 서술어와, '꼭'은 '-어야 한다, -ㄹ 것이다, -지도 모르다' 따위의 말과 호응합니다.

17 서술어가 '갈 것이다'이므로 아직 일어나지 않은 일을 말하고 있습니다. 따라서 밑줄 그은 부분에는 미래를 나타내는 말이 들어가야 합니다.

문장 성분의 호응 관계 예

- 비록/설령/설사 ～ −이도/더라도/ㄹ지라도/ㄴ들
  - 예 비록 영자가 떠났더라도
- 아무리/암만 ～ −어도/더라도/ㄹ지라도/ㄴ들
  - 예 아무리 지구가 둥글어도
- 만약/만일 ～ −면/ㄴ다면/거든
  - 예 만약 지구가 편평하다면
- 아마/혹시 ～ −겠다/ㄹ 것이다/지도 모르다
  - 예 아마 제주도에는 폭우가 올 것이다
- 반드시/꼭 ～ −어야 한다/ㄹ 것이다/고 말다
  - 예 우리는 반드시 문제를 내일까지 풀어야 한다.
- 전혀/절대로 ～ −지 않다/못하다
  - 예 이 영화는 절대로 오락적이지 않다.
- 도저히 ～ [부정]
  - 예 이 문제는 도저히 영희가 풀 수 없다.

18 활용할 매체를 정한 뒤 그 매체를 활용할 때에 주의할 점을 생각합니다. 매체를 활용하여 글을 쓰고, 친구들과 의견을 주고받으며 글에서 고칠 부분을 생각하여 글을 고쳐 씁니다.

19 단체 대화방을 매체로 활용하면 스마트폰이 없는 친구들이 소외될 수 있습니다.

20 매체를 선택할 때에는 사용하기 쉽고, 반 친구들이 모두 활용할 수 있는 것일수록 좋습니다.

채점 기준

알맞은 매체를 정하고, 그 매체를 고른 까닭을 바르게 썼으면 정답으로 인정합니다.

21 매체를 활용할 때에는 누가 쓴 글인지 이름을 밝힙니다.

22 매체를 활용해 글을 고쳐 쓰려면 먼저 처음 썼던 글을 복사해서 붙이고, 고쳐 쓸 부분을 찾아 고치고 저장한 뒤 새롭게 고쳐 쓴 글임을 밝힙니다.

23 ⑤는 종이에 글을 쓰고 의견을 나눌 때의 좋은 점입니다. 매체를 활용하여 글을 쓰고 의견을 나누면 여러 사람의 의견을 쉽게 알 수 있고, 음악이나 사진, 영상 등의 효과를 곁들일 수 있습니다.

서술형 수행 평가 돋보기 65쪽

1 (1) 예 친구들, 부모님 (2) 예 명절 문화 바꾸기

2

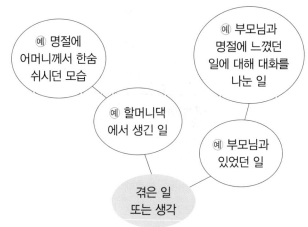

3 (1) 예 설 명절에 신이 나 있었던 나와 달리 어머니께서 명절에 힘들어하시던 모습이 떠오름.

(2) 예 설 명절을 힘들게 준비하시는 어머니의 모습을 본 경험과 명절에 대해 부모님과 대화를 나눔.

(3) 예 명절을 지내는 나의 마음이 달라짐, 어머니를 많이 도와드려야겠다고 다짐함.

1 겪은 일을 바탕으로 어떤 생각을 글로 나타내고 싶은지 정하여 글쓰기를 계획해 봅니다.

2 1의 (2)에서 정한 주제와 관련된 경험들을 떠올려 생각 그물로 정리합니다.

채점 기준

상	주제에 맞게 겪은 일 또는 생각 4～5가지를 생각 그물의 형식에 알맞게 정리하여 만점입니다.
중	주제에 맞게 겪은 일 또는 생각 2～3가지를 생각 그물의 형식에 알맞게 정리하여 아쉽습니다.
하	주제에 맞게 겪은 일 또는 생각 1～2가지를 정리 했지만 생각그물의 형식에 맞지 않아 점수를 받기 어렵습니다.

3 주제에 맞는 글감을 선택하고 처음, 가운데, 끝에 들어갈 내용을 간단히 정리하여 씁니다.

06 '할아버지'는 높임의 대상이므로 '할아버지는'을 '할아버지께서는'으로, '밥'을 '진지'로, '먹고'를 '드시고'로 고쳐야 합니다.

07 '어제'는 '갔다'와 '내일'은 '갈 것이다'와 호응합니다.

08 '별로'는 '−지 않다, −지 못하다' 따위의 부정적인 서술어와 호응합니다.

09 매체를 활용해 글을 쓰고 의견을 주고받으면 의견을 쉽게 주고받을 수 있고, 한 사람이 쓴 글을 여러 사람이 동시에 읽고 의견을 쓸 수 있습니다. 글을 고치기에 편리하고, 칭찬하는 말이나 고칠 부분을 편하게 전할 수 있습니다.

10 책 내용을 그대로 가져다 쓰는 것은 저작권을 침해하는 행동입니다.

단원 확인 평가

70~71쪽

01 ⑤　02 (3) ○　03 ⓔ 그때 안방에서 아버지께서 부르셨다.　04 ②　05 ④　06 ⑤　07 (1) 어제 (2) 내일　08 ⓔ 나는 운동하는 것을 별로 좋아하지 않는다.　09 경은　10 ②

01 윤서는 동생이 잘못했는데 자신만 야단을 맞아서 울었다고 하였습니다.

02 높임의 대상을 나타내는 말과 호응하는 서술어가 바르지 않습니다.

03 '아버지'를 높이는 서술어를 사용해야 합니다. '아버지가'를 '아버지께서'로 '불렀다'를 '부르셨다'로 고쳐야 합니다.

04 주저하거나 머뭇거리는 모양을 나타낸 말은 '쭈뼛쭈뼛'입니다.

05 주어인 '웃음이'와 서술어인 '웃어 버렸다'의 호응이 바르지 않습니다. '그만 나는 피식 웃어 버렸다.'와 같이 고쳐야 합니다.

4단원에서는 문장 성분의 호응 관계를 생각하여 겪은 일이 잘 드러나게 글을 쓰는 방법을 공부했어.

교과서 내용 학습

74~80쪽

01 ㉡ 02 (2) ○ 03 ㉡ 04 ③, ④ 05 열 살 06 (3) ○

07 예 만 번 이상 읽은 책을 기록했다. 08 예 영상 매체 자료는 여러 가지 표현 방법을 활용하기 때문에 활용한 요소들이 무엇을 나타내는지 생각하며 봐야 한다. 09 ② 10 (1) ○ 11 예 용기 있다고 생각했다. 12 리아 13 (1) - ②
(2) - ① 14 예 사실이 무엇인지 확인하지 않았기 때문이다. 15 ④ 16 ㉯ → ㉰ → ㉮ → ㉱ 17 예 흑설 공주의 글이 거짓이라는 것을 다른 학생들에게 알려 줄 것이다. 18 ①, ③ 19 ①, ③ 20 모함 21 (1) 응원 (2) 비난 22 (1) ○
23 ② 24 ⑤ 25 ⑤ 26 ① 27 ①, ③ 28 예 다른 사람의 말이 끝나기 전에 끼어들지 않는다.

01 기사에서 글과 함께 사진을 제시하는 이유는 글의 내용을 더 자세히 보여주기 위해서입니다.

02 텔레비전 영상물을 볼 때에는 화면 구성을 잘 살피고, 소리에 담긴 정보를 탐색해야 합니다.

03 인터넷 매체 자료는 글, 그림, 사진, 영상을 모두 활용하여 내용을 전달합니다.

더 알아보기

매체 자료를 특징에 따라 구분하기

매체 자료	특징
인쇄 매체 자료	대량 인쇄하는 매체 자료로 신문, 잡지, 서적 따위를 아우름. 다른 매체 자료에 비해 보존이 쉽고 반복해서 볼 수 있음. 광고 효과가 오래 지속되며 시각적 효과가 뛰어남. 문자, 사진, 그림 따위를 표현 수단으로 함.
영상 매체 자료	시각과 청각을 모두 이용하는 매체 자료로 영상을 수신자에게 전달하는 텔레비전 영상물, 영화 따위가 있음. 동영상, 문자, 음성, 음악, 음향 따위를 표현 수단으로 함.
인터넷 매체 자료	최종 사용자가 콘텐츠에 접근할 수 있도록 전자기기의 힘을 이용하는 매체 자료임. 동영상, 문자, 음성, 음악, 음향 따위의 인쇄 매체 자료와 영상 매체 자료의 표현 수단을 모두 활용할 수 있음.

04 신문과 잡지는 인쇄 매체 자료, 누리 소통망은 인터넷 매체 자료에 해당합니다.

05 김득신은 열 살에 처음 글을 배우기 시작했습니다.

06 영상의 처음 부분에 인물의 모습을 보여주면서 잔잔하고 차분한 느낌의 음악으로 이야기의 시작을 알리고 묵묵한 노력하는 인물의 모습이 강조되는 효과를 줍니다.

07 김득신은 만 번 이상 읽은 책을 기록하는 방법으로 한계를 극복하기 위해 노력했습니다.

08 여러 가지 표현 방법이 주는 효과를 살피며 영상 매체 자료를 봐야 합니다.

채점 기준
여러 가지 표현이 주는 효과를 살펴본다는 내용을 포함하여 썼으면 정답으로 인정합니다.

09 전학 와서 금세 친구들과 잘 어울리는 서영이가 부러웠던 미라는 핑공 카페에 서영이에 대한 거짓 글을 올렸습니다.

10 민주는 혹시 서영이가 무슨 글을 올리지 않을까 해서 날마다 핑공 카페를 들여다보았습니다.

11 민주는 자기 생각을 당당하게 밝힐 줄 아는 서영이의 용기가 부러웠다고 하였습니다.

12 서영이의 글과 흑설 공주의 글 내용의 사실 확인도 하지 않고 판단하여 글을 썼습니다.

13 민서영이 흑설 공주에게 일방적으로 당한 것 같다는 의견은 빨간 풍선이, 인터넷에 다른 사람의 사생활을 퍼뜨리는 건 나쁜 짓이라는 의견은 기쁜 나무가 쓴 것입니다.

14 누구의 말이 사실인지 확인하지 않고, 자신의 생각을 말했기 때문입니다.

사실이 무엇인지 확인하지 않았기 때문이라는 내용을 썼으면 정답으로 인정합니다.

15 카페에 올라온 글들을 숨을 죽인 채 읽고 또 읽었다는 말에서 긴장했음을 알 수 있습니다.

16 흑설 공주가 서영이에 대한 거짓 글을 썼고, 이에 대해 반박하는 글을 서영이가 썼습니다. 서영이의 글에 친구들이 여러 의견을 달았고, 흑설 공주는 다시 서영이를 공격하는 글을 썼습니다.

17 내가 민주라면 어떻게 행동했을지 생각한 내용을 씁니다.

서영이에게 흑설 공주가 거짓 글을 썼다고 빨리 알려 줬을 것이다. 흑설 공주에게 그런 행동을 하지 말라고 충고해 줬을 것이다 등 민주의 입장이 되어 생각해 보고 알맞은 내용을 썼으면 정답으로 인정합니다.

18 자신을 거짓말쟁이라고 생각하는 친구들에게 증거 자료까지 올리면서 반박 글을 쓰는 서영이의 마음은 억울하고 속상했을 것입니다.

19 서영이는 아빠가 환자를 진찰하는 모습의 사진과 엄마의 패션쇼 사진을 증거로 밝혔습니다.

20 '나쁜 꾀로 남을 어려운 처지에 빠지게 함.'이라는 뜻을 가진 낱말은 '모함'입니다.

21 서영이의 증거 사진을 본 친구들은 서영이를 응원하는 댓글과 흑설 공주를 비난하는 댓글을 올렸습니다.

22 '마녀사냥'은 뜻이 다른 사람을 따돌리는 것을 비유적으로 표현한 말입니다.

23 흑설 공주가 잘못이 있더라도 핑공 카페와 같은 누리 소통망에서 누군가를 무분별하게 비난하고 욕하는 행동은 잘못된 것입니다.

24 흑설 공주는 서영이의 글을 읽고 또 다른 공격을 하였습니다.

25 서영이가 제시한 사진이 진짜인지 인터넷에서 퍼 온 것인지 알 수 없다고 생각하였습니다.

26 흑설 공주와 민서영의 싸움을 구경하려는 구경꾼들로 가득 찼고, 흑설 공주와 민서영이 올린 글의 조회 수는 점점 더 올라가는 등 친구들의 관심이 커졌습니다.

27 이 글에서는 거짓 정보를 누리 소통망에 쓰고, 그 글에 대한 사실 확인도 하지 않은 채 친구를 비난하는 의견을 올리고 있습니다. 인터넷 매체를 사용할 때에는 예의를 지켜 글을 쓰고, 정보를 분별하는 능력을 갖춰야 합니다.

28 글을 읽고 이야기의 주제에 대해 친구들과 대화를 나눌 때에는 다른 사람의 말이 끝나기 전에 끼어들면 안 되고, 이야깃거리와 관련 있는 내용을 말해야 합니다. 또, 친구의 말을 무시하거나 친구의 말에 기분 나쁘게 대꾸하면 안 되고, 혼자 너무 길게 말하지 않아야 합니다.

자신의 경험이나 이미 알고 있는 내용을 토대로 친구들과 대화할 때에 지켜야 할 예절을 알맞게 썼으면 정답으로 인정합니다.

단원 확인 평가

84~85쪽

01 ①, ② 02 영상 매체 03 ⑤ 04 ⑵○ 05 예 꾸준히 노력해서 자신의 한계를 극복한 김득신의 삶을 돌아보는 느낌을 준다. 06 ① 07 ⑶○ 08 흑설 공주(미라) 09 ④ 10 ⑤

01 가와 같은 인쇄 매체 자료를 읽을 때에는 글의 내용을 꼼꼼하게 읽고 함께 제시된 그림이나 사진도 자세히 살펴봐야 합니다.

02 영화, 드라마, 방송 프로그램 따위는 영상 매체 자료에 해당합니다.

03 **대**와 ⑤는 인터넷 매체 자료이고, ①, ②는 인쇄 매체 자료, ③, ④는 영상 매체 자료입니다.

04 인터넷 매체 자료는 인쇄 매체 자료와 영상 매체 자료에서 사용하는 방식을 모두 사용합니다.

05 장면에 사용된 음악을 통해 장면의 분위기가 효과적으로 전달됩니다.

> **채점 기준**
>
> '꾸준히 노력해서 자신의 한계를 극복한 김득신의 삶을 돌아보는 느낌을 준다.' 따위의 내용을 썼으면 정답으로 인정합니다.

06 서영이의 증거 사진을 본 친구들은 순식간에 흑설 공주의 말이 거짓이라고 판단하고 서영이를 응원하는 댓글을 올렸습니다.

07 허수아비는 인터넷 상에서도 최소한의 예의를 지켜야 한다고 했습니다.

08 (대)는 서영이의 글을 읽고 자신을 비난하는 댓글들이 올라오자, 흑설 공주가 반박하는 글을 쓴 것입니다.

09 (대)를 쓴 흑설 공주는 민서영이 보여 준 사진이 사실이 아닐 것이라는 자신의 생각을 사실인 것처럼 글로 썼습니다.

10 이 글은 인터넷 매체를 사용하는 친구들이 정보에 대한 사실 여부도 파악하지 않고 누군가를 판단하고, 예의를 지키지 않고 비난하는 태도에 대해서 이야기하고 있습니다.

5단원에서는 여러 가지 매체 자료의 특성을 공부했어.

88~97쪽

교과서 내용 학습

01 ③   02 예 우리 학교에서만 하는 인사말이 좋다고 생각한다.   03 ④   04 ④, ⑤   05 (1) 가 (2) 나   06 가   07 ②   08 ⑤   09 유행   10 예 글쓴이가 속한 학급의 친구들   11 성주   12 ⑤   13 다   14 (1) ㉡ (2) 예 해당 분야 전문가의 말이기 때문에   15 가   16 학급 임원은 반드시 필요하다.   17 ②, ⑤   18 ①, ⑤   19 가   20 (1) ○ (2) ○   21 예 자기편의 주장에 대한 근거가 믿을 만하다고 상대편이 생각하도록 하기 위해서   22 (1) 근거 (2) 자료   23 서윤   24 ④   25 (1) 찬 (2) 반   26 (2) ○   27 ⑤   28 ⑤   29 나   30 예 우리 학교 선생님을 면담한 결과를 보여 줌.   31 ㉣ → ㉡ → ㉢ → ㉠   32 ⑤   33 좀 더 많은 학생이 지도력과 책임감을 키울 수 있다.   34 (1) 주장 (2) 반론   35 ㉢ → ㉠ → ㉡   36 (1) - ① (2) - ②   37 ③   38 예 인공 지능 시대에 사람의 가치는 낮아질 것인가?   39 나래

---

01 그림 가에서 생긴 문제는 학교 앞에 불법 주차한 차들이 많고 차들이 빨리 달린다는 것입니다.

02 그림 나에서 "착한 사람이 되겠습니다."라는 학교에서 하는 인사말에 대해 지선이는 우리 학교에서만 하는 인사말이 좋다고 생각하였고, 남자아이는 그 인사말이 자신이 지금은 착한 사람이 아닌 것 같아 기분이 좋지 않다고 하였습니다.

03 그림 다에서는 학교 운동장을 외부인에게 개방하여 쓰레기가 많아지는 문제점이 생겼습니다. 그 문제점에 대해 여자아이와 선생님 사이에 서로 다른 의견이 생겨났습니다.

04 여자아이는 "착한 사람이 되겠습니다."라고 인사하면 지금은 착한 사람이 아닌 것 같은 기분이 들고, 전통적인 인사말도 우리가 지켜야 하는 것이라고 생각하였습니다.

05 가는 자신의 의견을 근거를 들어 말하고 있고, 나는 친구의 기분을 상하게 하는 말을 하고 있습니다.

06 근거를 들어 자신의 주장에 대한 의견을 나누는 가가 문제를 해결하는 데 더 도움이 됩니다.

07 최근 한 매체에서 '연예인'이 초등학생들의 장래 희망 직업 1위를 차지했다는 결과를 발표했다고 하였습니다.

08 연예인이 초등학생들의 장래 희망 직업 1위가 된 까닭은 초등학생들 사이에 번진 아이돌 열풍 때문이라고 하였습니다.

09 글 ❶에서 글쓴이는 자신의 꿈을 실현할 수 있는 기회인 직업을 유행에 따라서 결정하는 것은 옳지 않다고 생각합니다.

10 글 ❶에 사용한 근거 자료는 글쓴이가 속한 학급 친구들 32명을 대상으로 조사한 것입니다.

11 글 ❶에 사용한 근거 자료는 조사 범위가 좁아서 일부 사람들에게만 해당하는 내용일 수 있기 때문에 적절한 자료라고 할 수 없습니다.

> **더 알아보기**
>
> **'우리 반 친구들이 희망하는 직업' 자료의 부족한 점**
> • 조사 범위가 좁아서 모든 학생의 희망 직업을 대표한다고 보기가 어려움.
> • 주장의 근거로 사용한 자료가 믿을 만한지, 출처가 정확한지 확인해야 함.
> • 조사 범위가 적절한지 생각해야 함.
> • 주장을 뒷받침하기에 적절한 자료를 사용했는지 생각해 봐야 함.

12 글쓴이는 유행에 따라 직업을 선택할 것이 아니라 자신의 흥미, 적성, 특기를 고려해 직업을 선택해야 한다고 주장하고 있습니다.

13 다는 자료 ㉡에 대한 설명입니다. 자료 ㉠은 자신의 꿈이 '연예인'으로 바뀌었다고 하는 학생과의 면담으로, 한 해에도 여러 번 바뀌는 희망 직업 때문에 고민이라는 내용입니다.

14 해당 분야 전문가의 면담 자료는 글을 읽는 사람에게

신뢰감을 줄 수 있습니다.

⑴에 ㉯를 선택하고, ⑵에는 전문가의 의견이기 때문이라는 내용을 썼으면 정답으로 인정합니다.

15 근거 자료를 평가할 때에는 주장을 뒷받침하는 자료인지, 믿을 만한 전문가의 의견인지, 자료의 출처가 믿을 만한지, 조사 범위가 적절한지 등을 생각해야 합니다.

더 알아보기

근거 자료를 평가하는 기준

면담 자료를 평가하는 기준	• 주장을 뒷받침하는 자료인가? • 믿을 만한 전문가의 의견인가?
설문 조사 자료를 평가하는 기준	• 주장을 뒷받침하는 자료인가? • 자료의 출처가 믿을 만한가? • 조사 범위가 적절한가?

16 사회자가 한 말에서 토론 주제는 "학급 임원은 반드시 필요하다."임을 알 수 있습니다.

17 찬성편은 주장에 대한 근거로 '실제로 학생 대표가 학교생활에 많은 역할을 한다.', '학교 안에서 선거를 경험할 수 있다.'를 제시하였습니다.

18 첫 번째 근거에 대한 자료로는 같은 지역 초등학교를 대상으로 한 설문 조사 자료를 제시하였고, 두 번째 근거에 대한 자료로는 전문가의 면담 자료를 제시하였습니다.

19 토론에서 사회자는 토론을 진행하고, 토론의 절차에 맞게 발언권을 주는 역할을 합니다. ㉯는 찬성편 토론자와 반대편 토론자가 하는 역할입니다.

20 반대편은 주장에 대한 근거로 학급 임원을 뽑는 기준이 올바르다고 보기 어렵고, 학생들 간 동등한 관계에 부정적인 영향을 끼친다는 것을 근거로 들었습니다.

21 근거에 대한 구체적인 예를 근거 자료로 제시해야 상대편을 설득할 수 있습니다.

자기편의 주장에 대한 근거가 믿을 만하다고 상대편이 생각하기 위함이라는 의미로 썼으면 정답으로 인정합니다.

22 토론에서 주장을 펼칠 때에는 근거를 들어 주장을 펼치고, 근거와 관련해 구체적인 자료를 제시해야 합니다.

23 상대의 주장을 들을 때에는 주장과 근거가 타당한지, 자료가 믿을 만한 것인지 생각하며 들어야 합니다.

24 반론하기 단계에서는 상대편의 주장이 타당하지 않다는 것을 밝히기 위해 질문을 합니다.

25 반대편은 찬성편에게 누구나 학급을 위해 봉사할 수 있고, 요즘은 기술이 발달해서 여러 사람이 동시에 회의에 참여할 수 있다는 내용으로 반론을 하였습니다. 이에 찬성편은 학생 대표는 모범적이면서 봉사 정신이 뛰어난 학생이 스스로 참여해야 한다고 반박하였습니다.

26 반대편이 찬성편에게 '오히려 모든 학생이 학급 임원을 경험할 수 있도록 돌아가며 하는게 좋지 않을 까요?'라고 질문을 한 까닭은 찬성편이 제시한 근거가 타당하지 않음을 지적하기 위해서입니다.

27 찬성편이 반대편의 질문에 대한 답변으로 돌아가면서 임원을 할 경우에 하고 싶은 마음이 없는 학생이 대표가 되면 그 학생에게 부담이 될 수 있다고 하였습니다.

28 반론에 앞서 상대편의 주장을 요약하는 것은 반론을 효과적으로 펼치기 위해서입니다.

29 찬성편은 반대편에서 제시한 설문 조사 결과는 다른 학교의 상황에 따른 결과이므로 우리 학교의 상황과 반드시 같다고 볼 수 없다고 하였습니다.

30 반대편은 찬성편의 반론에 대한 질문을 반박하기 위해 우리 학교 선생님을 면담한 결과를 보여 주었습니다.

'새로운 근거를 제시했다.', '우리 학교 선생님의 면담 내용을 제시했다.' 등의 내용을 썼으면 정답으로 인정합니다.

31 반론하기는 반대편이 찬성편에게 반론과 질문을 하고, 찬성편이 이에 대해 반박하였습니다. 그리고 찬성편이 반대편에게 반론과 질문을 하고 반대편이 이에 대해 반박하는 순서로 진행되었습니다.

32 찬성편이 주장을 다지기 위해 학급 임원을 뽑는 기준에 문제가 있다면 문제를 해결하면 되고, 어떤 학생이 원하지도 않는데 학생 대표를 맡는다면 또 다른 문제가 생길 수 있다는 내용의 설명을 덧붙였습니다.

33 여러 학생이 한 번씩 돌아가면서 봉사하고 학급을 대표하는 경험을 쌓는다면 좀 더 많은 학생이 지도력과 책임감을 키울 수 있다고 하였습니다.

34 주장 다지기에서는 자기편의 주장을 요약하고, 상대편에서 제기한 반론이 타당하지 않음을 지적합니다. 그리고 자기편 주장의 장점을 정리합니다.

35 토론은 주장 펼치기, 반론하기, 주장 다지기의 단계로 진행됩니다.

36 고모는 시장에서 물건을 사고 아주머니가 돌려주는 거스름돈은 꼭 세어 보지만, 은행 현금 지급기에서 나오는 돈은 세어 보지 않고 지갑에 바로 넣습니다.

37 고모의 행동을 통해 이 시는 '사람보다 기계를 더 믿는 세상'이라는 주제가 어울립니다.

38 '기계를 더 믿게 되는 세상'과 관련하여 토론의 주제를 정해 봅니다.

채점 기준

인공 지능이 우리의 삶을 대신할 것인가, 기계에 더 많이 의존하는 것이 과연 좋은가 등의 주제를 썼으면 정답으로 인정합니다.

39 독서 토론을 할 때에는 자신의 의견에 대한 까닭을 구체적으로 말해야 합니다.

서술형 수행 평가 돋보기 98쪽

| 1 | 주장 | (1) 예 초등학생은 교복을 입으면 안 된다. |
| | 근거 | (2) 예 각자의 개성을 존중해야 하기 때문이다. 교복은 활동하는 데 불편한 점이 많다. |

| 2 | 근거를 뒷받침하는 자료 | 예 학생들을 대상으로 한 설문 결과 자료, 교복 가격에 대한 자료, 교복이 주는 불편함에 대한 신문 기사 자료 |

| 3 | 상대편의 예상되는 반론 | (1) 예 교복을 입지 않으면 옷을 사야 하는 비용이 늘어나게 된다. |
| | 반론에 대해 우리 편이 반박할 내용 | (2) 예 교복의 가격도 싸지 않고, 성장이 빠르고 활동량이 많은 시기이기 때문에 교복도 여러 번 사게 될 것이다. |

1 토론 주제에 대해 '찬성'인지 '반대'인지 정하고, 그렇게 생각한 이유를 정리해 봅니다.

채점 기준

상	찬성이나 반대의 입장을 정해 주장과 그에 알맞은 근거를 썼으면 만점입니다.
중	주장은 썼지만 그에 알맞은 근거를 쓰지 못하여 아쉽습니다.
하	주장과 근거 모두 알맞게 쓰지 못하여 점수를 받기 어렵습니다.

2 근거를 뒷받침하기 위해 사용할 수 있는 자료가 무엇인지 생각해 봅니다. 많은 사람을 대상으로 한 설문 조사 결과나 전문가 면담 자료, 신문 기사 자료 등 믿을 만한 자료를 사용해야 합니다.

3 상대편이 우리 편의 주장에 대해 어떻게 반론할지 예상해 보고, 그렇게 반론했을 때 어떤 내용을 반박하면 좋을지 떠올려 봅니다.

채점 기준

상	상대편의 예상되는 반론 내용과 반론에 대해 반박할 내용을 설득력 있게 썼으면 만점입니다.
중	상대편의 예상되는 반론 내용을 썼지만 반박할 내용을 바르게 쓰지 못하여 아쉽습니다.
하	예상되는 반론과 반박할 내용을 쓰지 못하여 점수를 받기 어렵습니다.

단원 확인 평가

01 (3) ○　02 ⑤　03 ②　04 면담 자료　05 소윤　06
• 학급 임원을 뽑는 기준이 올바르다고 보기 어렵습니다. /
• 학생들 간 동등한 관계에 부정적인 영향을 끼칩니다.　07
주장 펼치기　08 ⑩ 반대편에서 제시한 설문 조사 결과는 다
른 학교에서 조사한 결과로, 우리 학교의 상황과 설문 조사
자료가 반드시 같다고 볼 수 없다.　09 ③　10 인기가 많은

10 봉사 정신이 뛰어나거나 모범적인 행동을 보이는 학생
보다 인기가 많은 학생이 학급 임원이 되는 경우가 종
종 있었다는 내용입니다.

01 학교에서 '착한 사람이 되겠습니다.'라고 인사하는 문제
에 대해 학생들은 서로 다른 의견을 말했습니다.

02 토론을 할 때는 서로 근거를 들어 의견을 나누고, 상대
의 주장과 그 근거가 옳은지 따져 가며 듣습니다. 나의
주장이 옳다고 우기거나 내 주장만을 말하지 않습니다.

03 글쓴이는 유행보다는 자신의 흥미와 적성, 특기를 바탕
으로 직업을 골라야 한다고 하였습니다.

04 직업 선택에 대해 고민하는 한 학생과 직업 평론가의
면담 자료를 근거 자료로 사용하였습니다.

05 해당 분야의 전문가 말인 ㉡이 더 믿을 만한 근거 자료
입니다.

06 반대편의 근거는 학급 임원을 뽑는 기준이 올바르다고
보기 어렵고, 학생들 간 동등한 관계에 부정적인 영향
을 끼친다는 것입니다.

07 반대편이 주장과 근거, 근거 자료에 대해 말하고 있으
므로, 이 부분은 토론의 절차 중에서 주장 펼치기 단계
에 해당합니다.

08 찬성편은 반대편의 자료가 다른 학교의 상황이므로 우
리 학교의 상황과 같다고 할 수 없다며 반론을 하였습
니다.

채점 기준

찬성편이 제시한 반대편의 주장에 대한 반론을 구체적으로 썼
으면 정답으로 인정합니다.

09 근거 자료의 타당성에 대해 반론을 제시한 찬성편에게
새로운 근거 자료로 반박하였습니다.

6단원에서 는
토론의 절차와 방법을
공부했어.

교과서 내용 **학습**

108~115쪽

01 ⑤ 02 ① 03 성은 04 (1) ○ 05 이어폰 06 ①, ②
07 (1) 예 방해가 되는 것 (2) 예 그런 생각은 지금의 문제를
해결하는 데 오히려 걸림돌이 돼. 08 사람들과 식물의 집
짓기 09 ④, ⑤ 10 ④ 11 (1) – ② (2) – ① 12 ②, ③
13 돌려나기 14 (2) ○ 15 ㉰ 16 예 글의 중요한 내용을
한눈에 파악할 수 있어 글의 핵심 내용을 잘 이해할 수 있다.
17 ㉯ 18 ⑤ 19 새기기가 어렵고 다른 곳으로 옮길 수가
없다. 20 ②, ③ 21 (1) ○ 22 **2** 23 (1) 빨강(붉은색)
(2) 노랑 24 눌러둔 한지를 한 장씩 떼어 말린다. 25 ④
26 ④, ⑤ 27 ① 28 ㉮, ㉰ 29 (2) ○ 30 (1) 예 반짇고
리 (2) 예 '바느질 도구를 넣는'이라는 표현을 보고 바느질 도
구를 넣는 상자일 것이라고 뜻을 짐작하였습니다.

01 '귀가 어둡다'는 것은 귀가 잘 들리지 않는다는 것을 뜻
합니다.

02 낱말을 바꾸어 넣어도 문장의 뜻이 달라지지 않는 낱말
은 ①입니다.

03 낱말의 뜻을 짐작하기 위해서는 잘 모르는 낱말 앞뒤의
내용을 자세히 살펴보거나 이미 아는 친숙한 낱말로 바
꾸었을 때 문장의 의미가 자연스러운지 살펴봅니다.

04 민찬이처럼 모르는 낱말의 뜻을 짐작하지 않고 글을 대
충 읽으면 낱말의 뜻을 제대로 짐작하지 못해서 글의
내용을 잘 이해할 수 없을 것입니다.

> 잘 모르는 낱말은
> 그 뜻을 짐작하며 글을
> 읽어야 글의 내용을 잘
> 이해할 수 있어.

05 귀 건강에 가장 큰 걸림돌이 되는 것은 '이어폰'이라고
하였습니다.

06 귀 건강을 지키기 위해서는 음향 기기를 하루 2시간 이
내로 사용해야 하고, 사용할 때에는 소리 크기를 60퍼
센트로 유지해야 합니다. 그리고 귀를 건조하게 유지해
야 합니다.

07 낱말 앞뒤 내용을 잘 살펴보면서 낱말의 뜻을 짐작하거
나 이미 아는 친숙한 낱말로 바꾸어 넣어서 뜻을 짐작
해 보고, 그 뜻에 어울리는 문장을 만들어 씁니다.

> **채점 기준**
>
> '장애물', '방해물' 등으로 뜻을 짐작하고, 그 뜻에 어울리는 문
> 장을 만들어 썼으면 정답으로 인정합니다.

> **더 알아보기**
>
> **낱말의 뜻을 짐작하는 방법 알기**
> • 잘 모르는 낱말 앞뒤의 내용을 자세히 살펴보면서 낱말의
>   뜻을 짐작합니다.
> • 이미 아는 친숙한 낱말로 바꾸었을 때 문장의 의미가 자연
>   스러운지 살펴보며 낱말의 뜻을 짐작합니다.

08 글 **1** 에서는 사람들의 집 짓기와 식물의 집 짓기의 공
통점을 설명하고 있습니다.

09 식물이 특별한 기술을 바탕으로 잎을 피우는 이유는 햇
빛과 그림자 문제 때문입니다.

10 식물이 줄기에 차례대로 잎을 붙여 나가는 모양을 잎차
례라고 합니다.

11 국수나무는 평행하게 어긋나면서 잎을 피우고, 해바라
기는 소용돌이 모양으로 돌려나면서 어긋나게 잎을 피
웁니다.

12 잎 두 장이 서로 마주 보는 '마주나기'로 잎을 피우는 식
물은 '단풍나무'와 '화살나무'입니다.

13 갈퀴꼭두서니는 마디마다 잎이 여섯 장에서 여덟 장씩
돌려나기로 핍니다.

14 글을 요약하는 까닭은 주어진 글의 내용을 잘 이해하
고, 글의 중심 내용을 잘 파악하기 위해서입니다.

15 글을 요약할 때에는 사소한 내용을 삭제하여 중요한 내

용만 간추리고, 글에서 중요한 내용을 이해할 수 있게 간추려야 합니다.

내가 관심 있는 내용이 중요한 내용이라고 보기 어려워.

16 생각그물은 짧고 중요한 낱말을 그물 형식으로 간단히 정리하는 것입니다. 주어진 글을 생각그물로 정리하면 글의 중요한 내용을 한눈에 파악할 수 있어 글의 핵심 내용을 잘 이해할 수 있습니다.

채점 기준
'중요한 내용을 파악할 수 있다.', '핵심 내용을 이해할 수 있다.'와 같은 말이 들어 있으면 정답으로 인정합니다.

17 글의 중요한 내용을 잘 이해할 수 있도록 쓴 글은 글 **대** 입니다.

18 글 **내**는 글이 너무 짧아서 중요한 내용이 잘 드러나 있지 않고, 글 **대**는 중요한 내용이 잘 드러나게 요약했습니다.

더 알아보기
요약하기 평가 기준
• 글을 짧게 간추렸나요?
• 사소한 내용은 삭제하고 중요한 내용만 간추렸나요?
• 글에서 중요한 내용을 이해할 수 있게 간추렸나요?

19 바위나 동굴에 새기고 그리는 것은 쉽지 않았고, 다른 곳으로 옮길 수도 없었습니다.

20 글 **1**에서는 종이가 쓰고 그리기 쉽고, 가볍고 간직하기 좋다고 하였습니다.

21 글 **1**은 종이가 만들어진 까닭을, 글 **2**는 한지가 만들어지는 과정에 대해 썼습니다.

22 주어진 틀은 시간의 순서대로 소개할 때 어울리는 틀이므로 글 **2**의 내용을 소개할 때 사용할 수 있습니다.

23 잇꽃으로는 붉은색, 치자로는 노란색, 쪽물로는 파란색으로 물들입니다.

24 한지를 만들 때 첫 번째 과정은 닥나무를 베어다 푹푹 찌고, 겉껍질을 긁어내어 하얀 속껍질만 모으는 것입니다. 두 번째 과정은 속껍질을 삶고 씻어서 더 보드랍고 하얗게 만듭니다. 세 번째 과정은 속껍질을 나무판 위에 올려놓고 찧습니다. 네 번째 과정은 풀어진 속껍질을 물에 넣어 젓고, 거기에 닥풀을 넣고 다시 젓습니다. 다섯 번째 과정은 엉겨 붙은 속껍질을 물에서 떠내 한 장씩 차곡차곡 돌로 눌러둡니다. 한지를 만드는 마지막 과정은 눌러둔 것을 한 장씩 떼어서 판판한 벽에 펴서 말리는 것입니다.

25 한지는 가볍고 부드러우면서도 질겨서 천년이 가도 변하지 않는다고 하였습니다.

26 한지는 방 안의 온도를 적당하게 유지시켜 주고, 습도를 조절해 줍니다.

27 ㉠과 비슷한 뜻을 가진 낱말은 ①입니다. ㉠ 대신 ①을 바꾸어 넣어도 문장이 자연스럽습니다.

28 한지로 연, 제기, 풍물패 고깔 위의 장식 등의 놀이 용품을 만든다고 하였습니다.

29 한지의 쓰임새를 나열하고 있으므로 (2)의 나열 구조가 알맞습니다. (1)은 비교와 대조 구조로 알맞습니다.

30 글에서 잘 모르는 낱말을 찾아 글의 앞뒤 내용을 살펴보고 그 뜻을 짐작해 봅니다.

채점 기준
잘 모르는 낱말을 찾아 글의 내용을 바탕으로 그 뜻을 잘 짐작하였으면 정답으로 인정합니다.

1 예 볼주머니, 다람쥐, 원숭이

2 (3) ○

3

볼주머니를 이용해 먹이를 나르는 동물	
다람쥐	원숭이
도토리 같은 열매 열 개 이상을 볼주머니에 잠시 저장해 먹이를 나른다.	먹이를 볼주머니에 잠시 저장해 안전한 장소로 이동해서 먹는다.

1 여러 번 반복되는 낱말, 글에서 중요하게 설명하고 있는 내용이 무엇인지 생각하며 찾습니다.

2 볼주머니를 이용해 먹이를 나르는 동물들을 나열해서 설명하고 있습니다. (1)은 시간이나 원인과 결과 순서대로 쓴 글, (2)는 공통점과 차이점을 비교하는 글에 어울리는 구조의 틀입니다.

3 볼주머니를 이용해 먹이를 나르는 동물들이라는 주제로 다람쥐, 원숭이의 특징을 요약하여 씁니다.

채점 기준

상	글의 구조에 맞게, 중요한 내용을 간략하면서도 빠트리지 않고 요약하여 써서 만점입니다.
중	글의 구조에는 맞지만, 요약한 내용에서 중요한 부분이 빠지거나 너무 길게 요약하여 써서 아쉽습니다.
하	선택한 구조가 글의 내용과 맞지 않거나, 요약한 내용이 너무 간략하여 점수를 받기 어렵습니다.

01 전음성 난청 02 ② 03 (2) ○ 04 ② 05 예 글이 너무 짧아서 중요한 내용이 드러나 있지 않다. 06 ② 07 닥나무 08 ⑤ 09 (라) → (다) → (나) → (가) 10 (1) ○

01 최소 난청에서 귀 건강이 더 나빠지면 전음성 난청이 된다고 하였습니다.

02 '호전되다'는 '병의 증세가 나아지게 되다.'라는 뜻입니다. '순간적으로 증상이 호전될 뿐 금세 귀가 먹먹해진다.'라는 내용을 통해 순간적으로 증상이 나아진다는 것임을 짐작할 수 있습니다.

03 낱말의 뜻을 제대로 짐작하지 못하면 글의 내용을 잘 이해할 수 없기 때문에 낱말의 뜻을 짐작하며 읽어야 합니다.

더 알아보기

글에서 '뜬금없는'의 뜻을 짐작할 수 있는 부분 찾아 밑줄 긋기

> 귀가 어두워 무슨 말을 해도 제대로 알아듣지 못하는 만화 주인공 '사오정'을 아시나요? 만화 주인공 사오정과 비슷한 사람이 우리 주변에 많이 생겨나고 있습니다. 사오정이 뜬금없는 말로 우리에게 재미와 웃음을 주지만 요즘에 사오정들은 귀 건강을 위협받는 아주 위험한 상황에 놓여 있습니다.

04 식물이 특별한 기술을 바탕으로 잎을 피우는 것은 햇빛을 잘 받기 위해서라고 하였습니다.

05 글 ㈎는 너무 많은 부분을 삭제하여 요약했습니다. 요약할 때에는 중요한 내용이 잘 드러나게 해야 합니다.

채점 기준

'글에서 중요한 내용이 빠졌다.', '많은 내용이 삭제되었다.' 등의 내용을 썼으면 정답으로 인정합니다.

06 한지를 만드는 과정을 설명하고 있습니다.

07 한지를 만들기 위해 닥나무를 베어다 푹푹 찐다고 하였습니다.

08 문단의 중요한 내용이 잘 들어가게 요약한 문장은 ⑤입니다.

09 각 문단에서 시작하는 말을 통해 순서를 알 수 있습니다. '제일 먼저', '이렇게 모은 속껍질은', '이제 보드랍고 하얗게 바랜 속껍질을', '이번에는 엉겨 붙은 속껍질을'이라는 말들과 앞 문단의 내용을 비교하여 순서를 찾습니다.

10 한지를 만드는 과정을 순서대로 설명하고 있으므로 (1)의 틀이 가장 알맞습니다.

더 알아보기

틀에 내용을 요약해 보기

한지가 만들어지는 과정
닥나무를 푹 찌고, 겉껍질을 긁어내어 속껍질만 모은다.
↓
속껍질을 더 보드랍고 하얗게 만든다.
↓
속껍질을 나무판 위에 올려놓고 찧는다.
↓
풀어진 속껍질을 풀에 넣어 젓고, 거기에 닥풀을 넣고 다시 젓는다.
↓
엉겨 붙은 속껍질을 물에서 떠내 한 장씩 쌓고 돌로 눌러 둔다.
↓
눌러둔 한지를 한 장씩 떼어서 말린다.

7단원에서는 글의 구조에 따라 요약하는 방법을 공부했어.

우리말 지킴이

교과서 내용 학습

124~126쪽

01 ⑤   02 열공했더니, 삼김   03 나왔습니다.   04 ⑩ 인터넷에서 무분별하게 신조어를 사용하고 있기 때문이다.   05 ㉰   06 ⑩ 방송은 아이들에게 영향을 많이 주기 때문에   07 (1) ○   08 재원   09 ⑤   10 ⑩ 듣는 사람이 잘 들을 수 있는 알맞은 크기의 목소리로 말해야 합니다.   11 (2) ○   12 수현

01 'Book적Book적'이라는 가게의 간판을 보고 무엇을 파는 가게인지 알 수 없었기 때문입니다.

02 '열공했더니, 삼김'과 같은 줄임말을 사용하고 있습니다.

03 사물이나 동물은 높임의 대상이 아니므로 '주문하신 사과주스 나왔습니다.'라고 써야 합니다.

04 외국어를 쓰면 고급스러워 보인다는 편견과 우리말을 바르게 써야겠다는 생각이 부족해서입니다.

채점 기준

친구들이 많이 써서, 습관처럼 따라 쓰게 돼서, 우리말을 바르게 써야겠다고 생각하는 사람이 적어서 따위의 내용을 썼으면 정답으로 인정합니다.

05 수입된 것은 영어가 있는 것이 당연하기 때문에 옷에 새긴 영어는 조사 대상으로 알맞지 않다고 판단하였습니다.

06 ❹번 그림에서 방송은 아이들에게 영향을 많이 주니까 방송을 조사해 보자고 하였습니다.

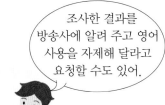

07 조사 방법 중 '설문지'의 장점은 여러 사람을 한꺼번에 조사할 수 있다는 것입니다.

더 알아보기

각 조사 방법의 장점과 단점

조사 방법	장점	단점
관찰	현장에서 조사 대상을 직접 파악할 수 있음.	시간이 많이 걸림.
설문지	여러 사람을 한꺼번에 조사할 수 있음.	응답 내용 외에는 자세한 내용을 알기 어려움.
면담	자세한 정보를 수집할 수 있음.	시간이 오래 걸리고 원하는 인물과 면담을 하지 못할 수도 있음.
책이나 글	정확하고 다양한 정보를 얻을 수 있음.	내가 찾고 싶은 정보를 쉽게 찾지 못할 수도 있음.

08 자료를 사용해서 발표할 때는 사실이 아닌 내용이나 과장한 내용을 쓰지 않아야 합니다.

09 그림 ㉮의 발표자는 발표 내용만 보면서 읽듯이 발표하고 있습니다.

10 발표를 할 때에는 알맞은 크기의 목소리로 자신감 있게 말해야 합니다.

채점 기준

발표를 할 때에는 알맞은 크기의 목소리와 자신감 있는 태도로 말해야 한다는 내용을 썼으면 정답으로 인정합니다.

11 자료를 제시할 때에는 모두가 잘 볼 수 있도록 크게 마련합니다.

12 발표를 들을 때에는 발표 주제가 무엇인지 알고, 제시

하는 자료가 정확하고 올바른지 판단하며 듣습니다. 발표 내용이 주제와 관련 있는지, 새롭게 알려 주는 내용이 무엇인지 집중해서 듣습니다.

08 여진이네 모둠에서는 아이들에게 영향을 많이 주는 방송을 조사 대상으로 정했습니다.

09 '관찰'은 현장에서 보기 때문에 조사 대상을 직접 파악할 수 있고, '설문지'는 여러 사람을 한꺼번에 조사할 수 있습니다. '면담'으로는 자세하고 깊이 있는 정보를 수집할 수 있습니다.

10 그림 속 발표자는 목소리가 작아 잘 들리지 않게 발표하고 있습니다.

11 발표를 하는 중간에는 질문을 하거나 발표자의 말을 끊지 않아야 합니다.

단원 확인 평가
130~131쪽

01 열심히 공부했더니 **02** ① **03** 예 뜻이 올바르게 전달되지 않을 수 있다. **04** ⑤ **05** (1) ○ **06** ⑤ **07** ①, ②
08 (3) ○ **09** (1) – ③ (2) – ② (3) – ① **10** ④ **11** ③

01 남자아이는 '열심히 공부했더니'를 '열공했더니'로 줄여서 말했습니다.

02 여자아이는 '삼각김밥'을 줄여서 '삼김'이라고 말하고 있습니다.

03 우리말을 바르게 사용하지 않으면 어떤 문제점이 생길지 생각해 봅니다.

> **채점 기준**
>
> '뜻이 통하지 않을 수 있다, 아름다운 우리말이 사라질 수 있다, 말에 담긴 우리의 정신이 훼손될 수 있다.' 따위의 내용을 썼으면 정답으로 인정합니다.

04 영어와 한글 줄임말을 혼합해 만든 국적 불문의 말이기 때문에 문제가 됩니다.

05 '노잼이었어.'는 국적 불문의 말이므로, '재미가 없었어.'라고 고쳐 말해야 합니다.

06 '여기 거스름돈 있으세요.'와 '주문하신 사과주스 나오셨습니다.'는 사물을 높여서 잘못 표현한 문장입니다.

07 조사 주제를 선택할 때에는 조사 기간이 적절하고, 실제로 조사할 수 있는지를 생각해서 정해야 합니다.

8단원에서는 우리말 사용 실태를 조사해 여러 사람 앞에서 발표하는 방법에 대해 공부했어.

 1 단원 **쪽지 시험** 10쪽

01 (2) ○ (3) ○   02 (1) ○   03 누리 소통망   04 명호, 지
수   05 ④   06 (1) 정확하게 (2) 쓰지 않습니다   07 예 내
나라를 빼앗아 간 일본과 싸우려고   08 (2) ○

11~12쪽

학교 시험 만점왕 **1. 마음을 나누며 대화해요**

01 ③   02 예 그랬구나. 내가 너처럼 그림 그리기를 좋아하
면 나도 서운했을 거야.   03 민우   04 ③   05 ⑤   06 ③,
⑤   07 ③   08 예 상대가 대화하고 싶은지 확인하고 말을
걸어야 한다.   09 ④   10 (2) ○

01 지윤이가 명준이의 기분을 생각하지 않고 함부로 말해
서 대화가 즐겁게 이어지지 않았습니다.

02 친구의 기분을 생각하며 공감해 주고, 위로해 주는 말
을 하도록 합니다.

채점 기준

친구의 기분을 이해해 주는 말, 위로해 주는 말을 썼으면 정답
으로 인정합니다.

03 상대에게 공감하며 말하면 대화를 계속 하지 않아도 되
는 것이 아니라 기분 좋은 대화를 할 수 있습니다.

04 엄마께서 자신의 마음을 이해하고 공감해 주어서 마음
이 풀렸습니다.

05 자신의 기분을 먼저 생각한다면 공감하며 말하기가 힘
듭니다. 경청하고, 처지를 바꾸어 생각하고, 공감하며
말하며, 생각을 정확히 전달하도록 합니다.

06 공감하며 말하는 활동으로는 상대의 기분을 고려해 말
하기, 자신의 잘못은 없는지 생각하며 말하기 등이 있
습니다.

더 알아보기

공감하며 듣고 말하는 방법

방법	활동
경청하기	• 말하는 사람에게 주의를 기울여 집중해서 듣기 • 말이나 행동으로 맞장구치기 • 상대의 말 반복해 주기
처지를 바꾸어 생각하기	• 말하는 사람의 처지가 되어 생각하기 • 자신과 상대의 처지가 어떻게 다른지 생각하기
공감하며 말하기	• 상대의 기분을 고려해 말하기 • 자신의 잘못은 없는지 생각하며 말하기
생각을 정확히 전달하기	• 전하고 싶은 생각을 정확히 말하기 • 예의 바르게 또박또박 말하기
상대의 반응 살펴보기	• 자신의 말에 상대가 어떻게 반응하는지 살펴보기

07 경청하기에 어울리는 표정이나 행동에는 고개 끄덕이
기, 눈을 맞추며 웃기, 손뼉 치기, 상황에 맞게 손짓하
기 등이 있습니다.

08 누리 소통망에서 대화할 때에는 상대가 대화를 하고 싶
은지 확인하고 말을 걸어야 합니다.

채점 기준

상대가 대화를 하고 싶은지 확인하고 말을 건다는 내용을 썼
으면 정답으로 인정합니다.

더 알아보기

예절을 지키며 누리 소통망에서 대화하는 방법
• 말하고 싶은 내용을 정확하게 전달합니다.
• 이상한 말이나 줄임말을 쓰지 않습니다.
• 상대가 대화하고 싶은지 확인하고 말을 걸어야 합니다.
• 혼자서 너무 많이 말하지 않도록 합니다.

09 '나'는 비행 학교에서 남학생들과 똑같은 훈련을 받았습
니다.

10 공감하며 대화를 할 때에는 상대의 기분을 생각하며 말
해야 합니다.

01 1.5미터 02 (2) ○ 03 (1) ○ 04 예 빙실 아래의 찬 공기가 오랫동안 머물 수 있어서 05 (1) 위로 올라가고 (2) 아래로 내려온다 06 (1) 궁금한 (2) 아는 (3) 질문 07 (1) ○ (2) △ 08 (2) ○

학교 시험 만점왕 2. 지식이나 경험을 활용해요

01 ①, ⑤ 02 국가 무형 문화재(문화유산) 03 예 궁금한 내용을 생각하며 글을 읽어서 글 내용에 더 집중할 수 있었을 것 같다. 04 (3) ○ 05 ③, ⑤ 06 ② 07 ①, ⑤ 08 ⑤ 09 (1) − ② (2) − ① 10 예 체험한 일을 자세히 풀어 썼는가? / 처음, 가운데, 끝으로 나누었는가? / 체험한 일을 생생하게 표현했는가?

01 봄기운이 시작되는 정월에 풍년을 기원하고, 줄다리기라는 큰 행사를 치르면서 마을 사람들이 마음을 한데 모아 무사히 한 해 농사를 짓기 위해 매년 빠짐없이 줄다리기를 했습니다.

02 영산 줄다리기는 1969년에 국가 무형 문화재(문화유산)로 지정되었습니다.

03 궁금한 내용을 생각하며 글을 읽어서 글 내용에 더 집중할 수 있었을 것입니다.

채점 기준
글 내용에 흥미를 느꼈다거나 글 내용에 집중했다는 내용으로 썼으면 정답으로 인정합니다.

04 빙고는 겨울에 보관해 두었던 얼음을 봄 · 여름 · 가을까지 녹지 않게 효과적으로 보관하는 냉동 창고입니다.

05 이 글은 설명문으로 지식이나 경험을 활용하여 글을 읽어야 합니다. 자신이 아는 내용과 책 내용을 비교하며 읽고, 글을 읽기 전에 여러 가지 질문을 떠올려 본 뒤 떠올렸던 질문을 생각하며 읽는 것이 좋습니다.

06 내부 바닥 한가운데에 배수로를 5도 경사지게 파서 얼음에서 녹은 물이 밖으로 흘러 나가게 하였습니다. 이는 얼음 녹은 물을 빼서 얼음이 잘 녹지 않도록 하기 위함입니다.

07 석빙고의 과학적 구조에 관한 설명을 이해하기 위해 열 전달에 관한 지식과 기체에서의 열의 이동에 관한 지식을 떠올리면 한결 이해하기가 쉽습니다.

08 국립한글박물관의 상설 전시실을 관람한 일이 잘 나타납니다.

09 (1)은 표현에 관한 의견이고, (2)는 내용에 관한 의견입니다.

10 내용, 조직, 표현으로 나누어 평가 기준을 정해 볼 수 있습니다. 내용에서는 체험한 일을 자세히 썼는지, 글 내용이 정확한지 등을, 조직에서는 문단을 구분하여 썼는지, 사실과 의견을 구분해 썼는지 등을, 표현에서는 체험한 일을 생생하게 표현했는지, 알기 쉬운 표현을 사용했는지 등을 평가 기준으로 삼을 수 있습니다.

채점 기준
평가 기준으로 삼을 만한 내용을 알맞게 세 가지 썼으면 정답으로 인정합니다.

01 (1) ○   02 (1) 없다 (2) 갈등   03 (1) 문제 (2) 조건 (3) 결과 (4) 반응   04 (1) ○   05 (1) ○ (2) × (3) ○   06 (1) ○ (2) ○ (3) ○   07 (1) 훑어 (2) 자세히   08 (1) ○   09 (2) ○

19~20쪽

학교 시험 **만점왕**   3. 의견을 조정하며 토의해요

01 ③, ⑤   02 예 토의 주제와 관련 없는 근거를 말하였다.
03 ⑤   04 ㉰ → ㉱ → ㉯ → ㉮   05 ①, ④   06 정호   07 (1) - ① (2) - ②   08 ②   09 (2) ○   10 예 비만 문제 해결 / 집중력 향상 / 우울증, 불안감 감소

01 대화 내용으로 보아 토의 주제에 대한 의견으로 '학교 곳곳에 공기 청정기를 놓자.'와 '마스크를 쓰고 생활하자.'를 의견으로 내놓았음을 알 수 있습니다.

02 대화 내용으로 보아 토의 주제는 '미세 먼지 문제에 대처하는 방안'임을 짐작할 수 있으므로, 그림 **5**~**6**은 토의 주제와 관련 없는 근거를 말하고 있습니다.

채점 기준
토의 주제와 관련 없는 근거를 말하고 있다는 내용을 포함하여 썼으면 정답으로 인정합니다.

03 의견을 조정해야 하는 까닭은 모두가 받아들일 수 있는 결론을 정하거나 문제를 합리적으로 해결하기 위해서입니다.

04 먼저 문제를 파악한 후 의견 실천에 필요한 조건을 따져 보고, 결과를 예측한 후 의견에 대한 참여자의 의견을 들어 반응을 살펴봅니다.

05 의견을 조정하는 과정에서는 상대를 배려하며 자신의 의견을 말해야 합니다. 상대 의견의 장점을 인정해 주고, 상대의 기분이 나쁘지 않게 말한 것은 ①과 ④입니다.

06 토의에서 의견을 말할 때 자료를 제시하면 정보를 눈으로 직접 확인할 수 있어 의견과 근거를 이해하기 쉽습니다.

07 책은 차례를 살펴보고, 내용을 건너뛰며 읽는 것이 좋고, 신문 기사는 제목을 중심으로 훑어 읽다가 의견을 뒷받침하는 글을 자세히 읽는 것이 좋습니다.

08 ㈎에서 아나운서와 기자가 한 말을 통해 건강 달리기의 장점에 대해 전하려고 하는 것임을 짐작할 수 있습니다.

09 ㈏는 ㈎의 신문 기사를 간단하게 요약하여 알기 쉽게 표현한 것입니다.

10 제목은 '건강 달리기의 효과'이며, 세 가지 효과인 '비만 문제 해결', '집중력 향상', '우울증, 불안감 감소'가 결국 '건강'에 도움이 된다는 내용입니다.

채점 기준
건강 달리기의 세 가지 효과를 간단히 줄여 썼으면 정답으로 인정합니다.

4
단원
쪽지 시험
22쪽

01 문장 성분   02 <u>읽는다</u>   03 ⑴ ○   04 안방에서 아버지께서 나를 부르셨다.   05 들어 보지 못한   06 도저히   07 ㉠ 좋아하지 않는다   08 ㉠ 학급 누리집 / 누리 소통망 / 전자 우편

23~24쪽

학교 시험 만점왕　　　　　**4. 겪은 일을 써요**

01 ㉠ 어머니의 목소리가 별로 좋아 보이지 않았다.   02 재원
03 ③   04 ②   05 ⑴ ○   06 ④   07 돌아오기 때문이다
08 ㉠ 내 친구는 결코 약속을 어기는 일이 없다.   09 ㉣
10 ⑤

01 '별로'는 '–지 않다', '–지 못하다' 따위의 부정을 나타내는 서술어와 호응합니다.

02 높임의 대상을 나타내는 말과 서술어를 호응 관계에 맞게 쓰지 않았습니다.

03 '아버지가'를 '아버지께서'로, '불렀다'를 '부르셨다'로 바꿔야 합니다.

04 윤서의 표정과 행동을 통해 서운한 마음이라는 것을 알수 있습니다.

05 '웃음이'와 '웃어 버렸다'의 호응 관계가 바르지 않기 때문에 '웃어 버렸다'에 호응하는 주어로 바꾸거나 '웃음이'에 호응하는 서술어로 바꿔야 합니다.

06 시간을 나타내는 말인 '어제저녁'에 호응하는 서술어인 '나갔다'를 써야 합니다.

07 주어인 '우리가 환경을 보호해야 하는 까닭은'에 호응하는 서술어는 '–때문이다'입니다.

08 '결코'는 '–지 않다', '–지 못하다' 따위의 부정을 나타내는 서술어와 호응합니다.

'결코'와 호응하는 알맞은 서술어를 이용하여 문장을 만들어 썼으면 정답으로 인정합니다.

09 매체를 활용해 글을 고쳐 쓸 때에는 처음에 썼던 글을 복사해서 붙이고, 고쳐 쓸 부분을 찾아 고치고 저장한 다음 새롭게 고쳐 쓴 글임을 밝힙니다.

10 매체를 선정할 때에는 우리 반 친구들이 모두 사용하기 쉬운 것을 선택해야 합니다.

01 매체　02 잡지　03 나　04 다　05 (1) – ① (2) – ②
06 인터넷 매체　07 예 정보를 분별하는 능력이 있어야 한
다. / 다른 사람에게 예의를 갖추는 것이 반드시 필요하다.

학교 시험 만점왕　　　　　**5. 여러 가지 매체 자료**

01 (1) – ② (2) – ① (3) – ③　02 ①, ③　03 빛나　04 예
문자로만 내용을 전달하는 것보다 실감 나고 정확하게 생각
을 전달할 수 있다.　05 (1) ○　06 ②　07 예 의료 봉사를
하는 아빠 사진, 엄마가 연 패션쇼 모습을 찍은 사진　08 모
함　09 ④　10 (1) ○

01 ⑦는 인쇄 매체 자료, ⑪는 영상 매체 자료, ⑫는 인터
넷 매체 자료입니다.

02 인쇄 매체 자료에 해당하는 것은 책과 잡지입니다. ②
와 ④는 영상 매체 자료, ⑤는 인터넷 매체 자료입니다.

03 세진이가 말한 것은 인쇄 매체 자료를 읽는 방법, 태호
가 말한 것은 인터넷 매체 자료를 읽는 방법입니다.

04 사진과 동영상 등을 사용하면 문자로만 내용을 전달하
는 것보다 훨씬 실감 나고 정확하게 전달할 수 있습니다.
　채점 기준
　같은 내용을 실감 나고 정확하게 전달할 수 있다는 내용을 썼
　으면 정답으로 인정합니다.

05 영상의 시작 부분에서 잔잔하고 차분한 느낌의 음악을
사용하여 이야기의 시작을 알리고, 묵묵히 노력하는 인
물의 모습을 강조합니다.

06 흑설 공주의 글 때문에 서영이는 거짓말쟁이라는 의심
을 받고 있습니다.

07 아빠가 의료 봉사를 하고 있는 병원의 모습이 담긴 사
진과 엄마가 지난봄에 연 패션쇼 모습을 찍은 사진을
증거로 올렸습니다.

08 서영이는 '추신'에서 흑설 공주에게 더 이상 자신의 가
족을 모함하는 일을 그만두기 바란다고 하였습니다.

09 방글이의 앞부분 말을 통해서 인터넷 매체에서 거짓 정
보로 사람들에게 피해를 주는 일을 말한다는 것을 알
수 있습니다.

10 인터넷 매체를 사용할 때에는 정보에 대한 분별력을 갖
추고, 정보가 사실인지 확인하는 자세가 필요합니다.

01 면담 자료 **02** 예 해당 분야 전문가의 말이기 때문에 더 믿을 수 있다. **03** 우리 반 친구들 **04** 32 **05** (1) ○ **06** 반론하기 **07** 주장 다지기

학교 시험 만점왕 **6. 타당성을 생각하며 토론해요**

01 ④ **02** (2) ○ **03** 면담 자료 **04** (1) 유행 (2) 흥미와 적성, 특기 **05** ㉡ **06** 예 실제로 학생 대표가 학교생활에 많은 역할을 한다. / 학교 안에서 선거를 경험할 수 있다. **07** (1) - ② (2) - ① **08** 학급 임원이 반드시 필요하지는 않다. **09** ④ **10** ㉰

01 학교 운동장을 외부인에게 개방했더니 쓰레기가 많아지는 문제점이 생겼습니다.

02 학교 운동장을 외부인에게 개방했더니 쓰레기가 많아지는 문제가 생겼으므로, '학교 운동장을 외부인에게 개방하지 말아야 한다.' 등을 주제로 토론할 수 있습니다.

03 ㈎는 한 학생, ㈏는 직업 평론가를 면담한 자료를 근거로 사용하였습니다.

04 유행보다는 자신의 흥미와 적성, 특기를 바탕으로 직업을 골라야 한다고 주장하고 있습니다.

05 해당 분야의 전문가 말인 ㉡이 더 믿을 만한 근거 자료입니다.

06 찬성편은 실제로 학생 대표가 학교생활에 많은 역할을 하고, 학교 안에서 선거를 경험할 수 있다는 근거를 제시하였습니다.

채점 기준
찬성편이 제시한 근거를 두 가지 모두 썼으면 정답으로 인정합니다.

07 근거 1의 자료로는 같은 지역 초등학교를 대상으로 한 설문 조사 자료를, 근거 2의 자료로는 전문가의 면담 자료를 사용하였습니다.

08 반대편은 '학급 임원이 반드시 필요한 것은 아니라고 생각한다.'고 주장하고 있습니다.

09 여러 학생이 한 번씩 돌아가면서 봉사하고 학급을 대표하는 경험을 쌓는다면 좀 더 많은 학생이 지도력과 책임감을 키울 수 있다고 하였습니다.

10 자기편의 주장을 요약하고 주장의 장점을 정리하고 있으므로 주장 다지기에 해당합니다.

09 글 ㈜는 한지가 다양한 놀이 용품의 재료가 된다는 내용입니다.

10 이 글은 한지의 쓰임새를 종류별로 나열하고 있습니다.

7 단원 쪽지 시험   34쪽

01 글   02 ⑵ ○   03 예 귀가 잘 들리지 않아   04 예 엉뚱한, 황당한   05 ㈐   06 ⑴ ○   07 ⑴ ○

35〜36쪽

학교 시험 만점왕   7. 중요한 내용을 요약해요

01 ④   02 ⑵ ○   03 예 도움   04 예 주어진 글의 내용을 잘 이해하기 위해서이다. / 주어진 글의 중심 내용을 잘 파악하기 위해서이다.   05 ㈐   06 ②   07 ②   08 예 표주박, 찻상, 그릇 등   09 ㈐   10 ②

01 '걸림돌'은 일을 해 나가는 데에 걸리거나 막히는 장애물을 비유적으로 이르는 말입니다.

02 낱말의 뜻을 짐작하려면 잘 모르는 낱말의 앞뒤 내용을 자세히 살펴보고, 이미 아는 친숙한 낱말로 바꾸었을 때 문장의 뜻이 자연스러운지 살펴봅니다.

03 ㉡의 앞뒤 내용을 살펴보면 낱말의 뜻을 짐작할 수 있습니다. '힘'은 '일이나 활동에 도움이나 의지가 되는 것.'을 뜻합니다.

04 긴 글을 요약하면 글의 내용을 잘 이해할 수 있고 중심 내용을 잘 파악할 수 있습니다.

채점 기준
'글의 내용을 이해할 수 있다.', '중심 내용을 파악할 수 있다.'와 같은 말이 들어 있으면 정답으로 인정합니다.

05 글 ㈎는 글이 너무 짧아서 중요한 내용이 드러나 있지 않습니다.

06 이 글에서는 한지가 어떤 용도로 쓰이는지에 대해 설명하고 있습니다.

07 ②는 이 글에 나와 있지 않은 내용입니다.

08 글 ㈐와 ㈐에서 한지가 생활용품을 만드는 데 어떻게 이용되는지 알 수 있습니다.

8 단원 쪽지 시험 38쪽

01 예 영어를 모르는 사람은 가게를 잘 찾지 못할 수 있다.
02 예 북적북적 서점   03 줄임말을 사용했다.   04 예 뜻이 잘 통하지 않을 수 있다. / 아름다운 우리말이 사라질 수 있다.   05 ㉮ → ㉰ → ㉱ → ㉯   06 설문지   07 (2) ○

39~40쪽

학교 시험 만점왕　　　**8. 우리말 지킴이**

01 ①   02 (1) 삼김 (2) 삼각 김밥   03 (3) ○   04 (1) 예 노잼 (2) 예 영어와 우리말을 섞어 만든 국적 불문의 신조어이기 때문이다.   05 ㉮, ㉱   06 우리말이 있는데도 영어를 사용하는 예   07 (2) ○   08 ②   09 ㉱   10 ④

01 남자아이는 '열심히 공부했더니'를 줄여서 '열공했더니'라고 말했습니다.

02 여자아이는 '삼김'이라는 줄임 말을 사용하였습니다. '삼각김밥'이라고 바르게 써야 합니다.

03 그림 속 간판에는 같은 뜻을 가진 우리말이 있는데도 영어를 그대로 사용하였습니다. 이런 간판이 늘어나면 영어를 모르는 사람은 가게를 잘 찾지 못할 수 있습니다.

04 그림 속 대화나 간판에서 우리말이 잘못 사용된 경우를 찾고, 어떤 점이 잘못되었는지 생각해 봅니다.

채점 기준
예시 답안 이외에도 '주문하신 사과주스 나오셨습니다', 'sweet카페' 등을 찾아 썼으면 정답으로 인정합니다. '주문하신 사과주스 나오셨습니다.'는 사물을 높여서 잘못 표현한 말이고, 'sweet카페'는 '달콤한 찻집'이라는 우리말 표현 방법을 사용하지 않고 영어로 표현했기 때문에 문제가 됩니다.

05 우리말을 바르게 사용하지 않으면 뜻이 잘 전달되지 않을 수 있고, 아름다운 우리말이 사라질 수 있습니다. 뿐만 아니라 말에 담긴 우리의 정신도 훼손될 수 있습니다.

06 그림 **1**에서 '우리말이 있는데도 영어를 사용하는 예'를 조사하기로 하였습니다.

07 이 모둠에서는 조사 대상을 '방송'으로 정하였습니다.

08 '옷에 새긴 영어'는 조사 대상으로 알맞지 않다고 판단하였고, 아이들에게 영향을 많이 주는 '방송에서 사용하는 영어'를 조사 대상으로 결정하였습니다.

09 면담은 자세한 정보를 수집할 수 있지만 시간이 오래 걸리고 원하는 인물과 면담을 하지 못할 수도 있습니다. ㉮는 설문지의 단점, ㉯는 책이나 글의 단점입니다.

10 그림 속 발표자는 한 화면에 너무 많은 내용의 자료를 제시하고 있습니다.

> 5학년 2학기
> 국어 공부를 잘 마쳤구나.
> 6학년 때 다시 만나자!

메모

메모

동행·매력 특별시 서울

SEOUL MY SOUL

인터넷 강의 100% 무료

초등공부
서울런으로
0원 학습!

서울런에는 어떤 인터넷 강의가 있나요?

EBS　i-Scream Home Learn　milk T　elihigh　토도원　ONLY META　Mbest

윌라　ETOOS　megastudy　대성마이맥　eduwill　해커스

 서울런 SEOUL LEARN

차별없는 교육환경과 교육사다리 복원을 위해
다양한 온라인 학습 콘텐츠와 대학생 멘토링 서비스를
무료로 지원하는 **서울시 운영 교육 플랫폼**

서울런 공식 홈페이지 (https://slearn.seoul.go.kr)

 간편 대상 확인

생명보험사회공헌재단　 교육부　 청소년모바일 상담센터

365일, 24시 청소년 모바일 상담

다 들어줄 개

청소년 모바일 상담센터 이용 방법

①
'다 들어줄개' 어플

②
'다 들어줄개' 채널

③
'1661-5004' 문자

본 교재 광고의 수익금은 콘텐츠 품질개선과 공익사업에 사용됩니다.

누구보다도 빠르고 정확하게 얻는 교육 정보

함께학교에 다 있다

학생, 학부모, 교원 모두의 교육 공간
언제 어디서나 우리 함께학교로 가자!

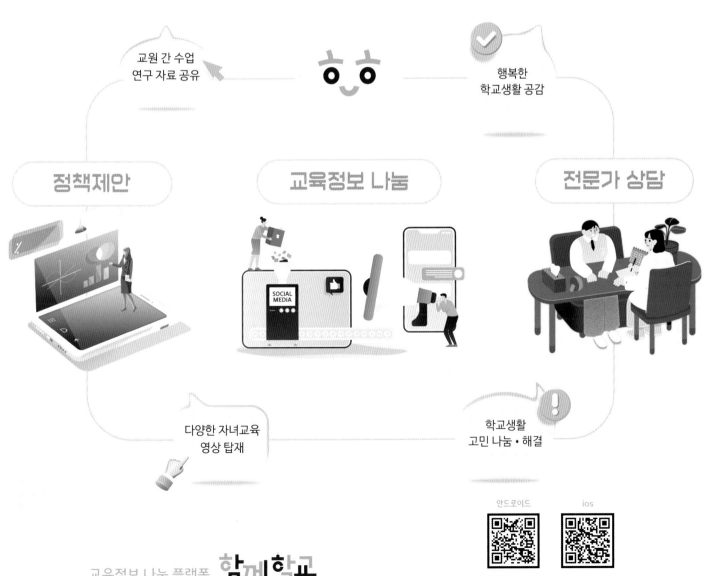

교원 간 수업
연구 자료 공유

행복한
학교생활 공감

정책제안

교육정보 나눔

전문가 상담

다양한 자녀교육
영상 탑재

학교생활
고민 나눔·해결

안드로이드   ios

교육정보 나눔 플랫폼 **함께학교**

인스타그램 @togetherschool_moe
유튜브 '함께학교_교육부'를 통해서도 함께학교에 방문할 수 있어요!

EBS와 함께하는 자기주도 학습 초등·중학 교재 로드맵

학년 구분: 예비 초등 | 1학년(BEST) | 2학년 | 3학년 | 4학년 | 5학년 | 6학년

전과목 기본서/평가

- **만점왕** 국어/수학/사회/과학 — 교과서 중심 초등 기본서
- **만점왕 통합본** 학기별(8책) **HOT** — 바쁜 초등학생을 위한 국어·사회·과학 압축본
- **만점왕 단원평가** 학기별(8책) — 한 권으로 학교 단원평가 대비
- **기초학력 진단평가** 초2 ~ 중2 — 초2부터 중2까지 기초학력 진단평가 대비

국어

독해
- **4주 완성 독해력** 1~6단계 — 학년별 교과 연계 단기 독해 학습

문학

문법

어휘
- **어휘가 독해다!** 초등 국어 어휘 1~2단계 — 1, 2학년 교과서 필수 낱말 + 읽기 학습
- **어휘가 독해다!** 초등 국어 어휘 기본 — 3, 4학년 교과서 필수 낱말 + 읽기 학습
- **어휘가 독해다!** 초등 국어 어휘 실력 — 5, 6학년 교과서 필수 낱말 + 읽기 학습

한자
- **참 쉬운 급수 한자** 8급/7급 II/7급 — 한자능력검정시험 대비 급수별 학습
- **어휘가 독해다!** 초등 한자 어휘 1~4단계 — 하루 1개 한자 학습을 통한 어휘 + 독해 학습

쓰기
- **참 쉬운 글쓰기** 1-따라 쓰는 글쓰기 — 맞춤법·받아쓰기로 시작하는 기초 글쓰기 연습
- **참 쉬운 글쓰기** 2-문법에 맞는 글쓰기/3-목적에 맞는 글쓰기 — 초등학생에게 꼭 필요한 기초 글쓰기 연습

문해력
- **어휘/쓰기/ERI독해/배경지식/디지털독해가 문해력이다** — 평생을 살아가는 힘, 문해력을 키우는 학기별·단계별 종합 학습
- **문해력 등급 평가** 초1~중1 — 내 문해력 수준을 확인하는 등급 평가

영어

EBS ELT 시리즈 | 권장 학년 : 유아 ~ 중1
- **EBS Big Cat** Collins BIG CAT — 다양한 스토리를 통한 영어 리딩 실력 향상
- **EBS Big Cat** Shinoy and the Chaos Crew — 흥미롭고 몰입감 있는 스토리를 통한 풍부한 영어 독서
- **EBS easy learning** easy learning First letters — 저연령 학습자를 위한 기초 영어 프로그램

독해
- **EBS랑 홈스쿨 초등 영독해** Level 1~3 — 다양한 부가 자료가 있는 단계별 영독해 학습
- **EBS 기초 영독해** — 중학 영어 내신 만점을 위한 첫 영독해

문법
- **EBS랑 홈스쿨 초등 영문법** 1~2 — 다양한 부가 자료가 있는 단계별 영문법 학습
- **EBS 기초 영문법** 1~2 **HOT** — 중학 영어 내신 만점을 위한 첫 영문법

어휘
- **EBS랑 홈스쿨 초등 필수 영단어** Level 1~2 — 다양한 부가 자료가 있는 단계별 영단어 테마 연상 종합 학습

쓰기

듣기
- **초등 영어듣기평가 완벽대비** 학기별(8책) — 듣기 + 받아쓰기 + 말하기 All in One 학습서

수학

연산
- **만점왕 연산** Pre 1~2단계, 1~12단계 — 과학적 연산 방법을 통한 계산력 훈련

개념

응용
- **만점왕 수학 플러스** 학기별(12책) — 교과서 중심 기본 + 응용 문제

심화
- **만점왕 수학 고난도** 학기별(6책) — 상위권 학생을 위한 초등 고난도 문제집

특화
- **초등 수해력** 영역별 P단계, 1~6단계(14책) — 다음 학년 수학이 쉬워지는 영역별 초등 수학 특화 학습서

사회

사회 역사
- **초등학생을 위한 多담은 한국사 연표** — 연표로 흐름을 잡는 한국사 학습
- **매일 쉬운 스토리 한국사** 1~2/**스토리 한국사** 1~2 — 하루 한 주제를 이야기로 배우는 한국사/고학년 사회 학습 입문서

과학

과학

기타

창체
- **창의체험 탐구생활** 1~12권 — 창의력을 키우는 창의체험활동·탐구

AI
- **쉽게 배우는 초등 AI** 1(1~2학년) — 초등 교과와 융합한 초등 1~2학년 인공지능 입문서
- **쉽게 배우는 초등 AI** 2(3~4학년) — 초등 교과와 융합한 초등 3~4학년 인공지능 입문서
- **쉽게 배우는 초등 AI** 3(5~6학년) — 초등 교과와 융합한 초등 5~6학년 인공지능 입문서